한국어로 내려온
New Bible

새로운
성 경

제81권

6부 | 총10부

하얀마음

하나님 말씀 중에서

1. 사랑의 하나님

- 세상을 창조하신 하나님은 모두를 사랑하신다. 인간만 특별히 더 사랑하지 않고, 우주 만물을 다 똑같이 사랑하신다. 그러니 하나님이 창조하신 천지 만물과 화친하고, 미물까지도 소중히 대하라.

- 하나님은 특정 종파나 민족만을 더 사랑하지 않으신다. 자기 자신만 구원받겠다는 욕심을 버리고, 자기 종파만 구원받는다는 편협한 교리에서 벗어나야 한다. 종파를 초월해서, 모두를 사랑하라.

- 원수까지 사랑하라 했으니, 이 세상에 사랑하지 못할 자가 누가 있겠는가? 종파가 다르다고 해서 부모 형제와 원수처럼 지내는 자는 인간의 근본을 모르는 자다. 가장 가까운 가족부터 사랑할 때 남도 진심으로 사랑할 수 있다.

- 한 사람을 원수같이 생각하던 마음에서 사랑하는 마음으로 돌리면, 자기 자신의 마음이 가장 기쁘고 행복하다. 하나님께서는 인간의 마음속에 무거움이 없이 기쁘고 행복한 삶을 살기를 바라신다.

- 이웃을 "내 몸처럼" 사랑하라 했으니, 마지막 한 장 남은 천국의 티켓도 이웃에게 양보하라. 자기 중심적인 신앙에서 벗어나서 남을 위해 살아야 한다.

- 독초도, 약초도, 이단도 사탄도 천사도 다 필요하기에 존재한다. 독초일지라도 극소량을 사용해서 생명을 살릴 수 있고, 약초라 하더라도 남용하면 생명을 잃을 수 있다.

- 세상 모든 것을 명약으로 활용하는 것은 인간의 지혜에 달렸다. 어떤 것이든 어떤 사람이든 적재적소에 꼭 필요한 명약으로 승화시키라.

- 사탄도 이단도 천사도 모두 하나님의 주관하에 존재한다. 진정한 하나님의 백성은 사탄과 마귀까지도 감화시켜서 천사로 거듭나게 한다.

2. 기도

- 하나님은 인간의 생각까지 모두를 다 알고 계신다. 우리의 소원도 이미 알고 계시기에, 소원의 기도를 할 필요가 없다. 우리가 받을 자격이 되면 내려 주신다.

- 죄를 짓고 아무리 회개를 해도 용서받지 못한다. 도둑질한 자는 용서해 달라고 기도하고, 도둑맞은 자는 도둑을 잡게 해 달라고 기도하면, 공의의 하나님은 누구의 편에 서시겠는가?

- 자기가 잘못한 것은 그 사람에게 직접 갚고 용서를 구하라. 그가 용서하면 하나님도 용서하신다. 땅에서 매면 하늘에서도 매이고, 땅에서 풀리면 하늘에서도 풀리는 이치다.

- "회당에서 기도하지 말고 골방에서 기도하라" 했다. 눈에 보이는 골방이 아니라, 골방과 같이 고요한 마음이다. 잡념을 버리고 하나님을 향해 마음을 집중하며, 사랑하고 용서하는 아름다운 생각만 나오도록 하라.

- "두드리면 열릴 것이다." 하는 것은 육의 소원을 위해 두드리라는 것이 아니라, 진리의 깨달음을 얻기 위해 두드리라는 것이다.

- 기도하는 방법: 생활 속에서 수시로 기도하는 삶을 살아야 한다.

- "저의 죄를 용서하여 주옵소서." 하는 회개의 기도를 하라.
- 범사에 "하나님! 감사합니다." 하라. 현재 가진 것에 감사하며, 과욕하지 말라. 자기 노력 이상의 것을 더 갖고자 기도하는 것은 도둑놈심보다. 공의의 하나님은 각자 노력한 만큼 주신다.
- "하나님 뜻대로 살아가겠나이다." 하며 마음의 각오를 다지라.

- 기도는 하나님의 말씀을 받아서 "행하는 것"이다. 하나님이 계심을 굳건히 믿고, 하늘을 향하여 한 점 부끄럼 없이 사는 삶 자체가 가장 위대한 기도이며, 삶이 곧 예배다.

3. 지도자

- 똑같이 사랑한다는 말을 해도, 순수하게 하는 말은 천사의 말이지만, 사기 쳐서 재산을 가로채려고 하는 말은 사탄의 말이다.

- 종교 지도자가 아무리 훌륭한 설교를 해도, 신도의 재물을 거둬서 더 큰 교회를 짓고 자기의 부귀영화를 바라며 설교하면 사탄의 가르침이 된다.

- "저희 교회는 만원사례요, 믿음은 다 같으니 이웃의 개척 교회에 가서 예배를 드리시오." 하며, 이웃 교회의 부흥을 먼저 생각하여 제 신도를 보내는 종교 지도자가 있다면 그를 따르라. 그가 하나님의 사랑을 실천하는 자다.

- "부자가 천국에 들어가는 것은 낙타가 바늘구멍을 통과하는 것보다 더 힘들다" 하였거늘, 지금의 교회에서는 부자가 되기만을 기도하고 소원하니, 이는 곧 천국을 포기하고 지옥 행 열차의 티켓을 사는 것과 같다.

- 예수는 빈손이었다. 종교 지도자가 예수보다 더 호화롭고 편안하게 살아간다면 잘못된 것이다. 부귀영화와 명예를 바라는 자는 절대로 갈 수 없는 좁고 협착한 길이 종교 지도자의 길이다.

- 종교 지도자는 유리로 비춰 봐 한 점의 부끄러움이 없이 살아야 한다. 의식주도 직접 일해서 해결하고, 예수의 가르침과 행함을 그대로 따라야 한다.

- 종말은 없다. 지금의 잘못 가는 종교 집단에게만 종말이 있다. 보이지 않는 하나님은 보이는 육의 종말은 관여하지 않으신다. 환경 파괴로 인간이 스스로 멸망을 자초하는 것이다. 종파끼리 싸우기 전에, 무너진 인성을 바로잡고 지구의 몸살을 해결하는 데 뜻을 모으는 게 급선무다.

4. 성전이란

- 이 세상 자체가 하나님께서 만드신 성전이다. 자연보다 더 아름다운 성전이 있는가? 보이는 건물이 성전이 아니라, 성스러운 마음가짐이 성전이다.

- 반석 위에 교회를 지으라 했다. 지상의 단단한 돌은 인간이 쪼갤 수 있으나, 마음속의 굳은 결의는 세상 무엇으로도 쪼갤 수 없다. 바르고 굳건한 믿음으로 성경의 가르침을 실천하는 것이 마음의 반석 위에 교회를 짓는 것이다.

- 손으로 지은 건물의 교회에 모여서 복음을 전하는 것이 아니라, 교회를 개인과 가정에 심어 주어야 한다. 무너지고 부서지는 건물을 짓지 말고, 마음속에 영원히 불변하는 참진리의 교회를 지으라.

5. 십계명

- 십계명은 인간이 죽어서 반드시 통과해야만 하는 열 개의 관문이다.

- 부모를 공경하지 아니한 자는 "네 부모를 공경하라." 하는 제5계명의 관문이 열리지 않으니 구원받을 수 없다.
- 살인, 간음, 거짓, 우상 등의 나머지 계명도 마찬가지다.

- 십계명은 하나님의 친필이다. 모기소리만 한 하나님의 음성이라도 들어 보겠다고 여기저기 찾아 헤매지 말고, 십계명부터 암송하고 지키라.

- 십계명은 영혼을 구원하는 양식이며, 십계명을 지키는 것이 구원을 받는 길이다. 인간이기에 지키고자 노력하고 또 노력한다면 지킬 수 있다.

- 십계명을 지키고 천사처럼 아름답게 살아가는 그 마음 하나면 세상에 이루어지지 않는 것이 없다.

6. 보물

- 하나님은 재물이 아니라 우리의 마음을 받으신다. 사랑을 실천하며 천사처럼 변하는 마음이 하나님께 바치는 보물이다.

- 보이지 않는 하나님께 재물을 바치려 하지 말고, 너희를 길러 준 부모에게 용돈 드리고, 찾아뵙고, 효성을 다하라. 그것이 하나님께 효도하는 것이다.

- 하늘에는 선과 악의 창고가 있다. 자기 창고에 선이 많으면 천국으로 구원을 받고, 악이 많으면 심판받아 지옥으로 간다. 그것이 바로 "선한 일을 행한 자는 생명의 부활로, 악한 일을 행한 자는 심판의 부활로" 나오는 것이다.

- "선악과를 따먹지 말라"는 것은 양심을 지키라는 것이다. 선과 악을 구분할 수 있는 양심을 최초에 인간에게 주셨다. 선한 열매는 취하고, 악한 열매는 버리며, 양심에 비추어 부끄럼 없는 삶을 살아가라.

- 가장 작은 거짓말을 하지 않고, 가장 작은 죄를 짓지 않으며, 가장 작은 선행을 하고, 가장 작은 악행을 멀리하는 것이 율법의 일점 일획도 빠뜨리지 말고 다 지키는 삶을 사는 것이다.

7. 우상

- 박물관에 있는 불상은 하나의 예술품이다. 그 조각품에 대고 제 소원을 빌 때 우상숭배가 된다. 십자가라 하여도 그 앞에서 소원을 빈다면 우상숭배하는 것이며, 하나님께 소원을 빈다면 하나님을 우상으로 전락시키는 것이다.

- 지금 기복신앙에 젖어 있는 모든 사람이 우상 앞에 절을 하고 있다. 조각품을 우상이라며 파괴하지 말고, 네 마음속에 있는 욕심의 우상을 무너트리리라.

- 생수를 약초가 먹으면 약을 만들고 독사가 먹으면 독을 만든다. 같은 성경을 봐도 선한 지도자는 신도를 천사로 만드는 데 활용한다. 그러나 욕심이 가득한 지도자는 재물을 거두어들여 제가 부귀영화를 누리는 데 악용한다. 그가 바로 성경을 우상숭배의 도구로 전락시키는 거짓 선지자다.

- 성경을 한 획도 빼거나 더하지 말라는 것은, 그 가르침을 빠트리지 말고 온전히 지키라는 것이다. 성경 속에서 자기에게 유리한 구절만 보는 것은, 자기에게 불리한 구절들을 빼 버리는 것이다. 믿음이 제일이요, 행함은 구원과는 관계없다는 것은 자신에게 유리한 쪽으로 성경을 악용하는 것이다.

- 진정한 종교 지도자는 종파에 관계없이 어떤 종파든 어떤 책이든 접하고 보고 깨우쳐 견문을 넓히도록 인도한다. 참진리를 모르고 자신이 없는 자가 남을 이단이라며 배척하고, 신도들의 눈과 귀를 가린다.

8. 예수

- 예수의 재림은 없다. 예수가 다시 온다 해도, 과연 누가 그를 예수라고 믿겠는가? 예수와 같은 삶의 행함이 곧 예수의 재림이다. 각자 모두가 "재림 예수"가 되는, 차원 높은 믿음으로 가야 한다.

- 예수는 "주여 주여 하지 말고, 아버지의 뜻대로 행하라"고 했다. 예수가 전한 하나님의 뜻이 곧 "길이요, 진리요, 생명"이며, 그 가르침이 예수의 보혈처럼 소중한 것이다. 예수를 믿는 것은, 예수의 가르침을 믿고 따르는 것이다.

- 예수는 낮은 자로서 만백성을 섬기고자 했다. 만나는 모든 사람을 다 하나님이라 생각하라. 돈을 벌수록 겸손하고, 높은 지위를 얻을수록 낮아지라.

▪ 예수는 종파를 만들지 않았다. 인간이 만든 종교와 인간의 교리를 따르지 말고, 예수를 통해 전한 하나님의 참진리를 연구하고 따르라.

▪ 예수가 2천 년 전에 만백성을 위해 죽었으니, 지금 이 땅에는 예수의 가르침대로 사는 천사만 존재해야 한다. 예수가 죽어 가면서 바란 것은 만백성이 천사가 되어 예수의 자리를 채워 주는 것이지, 지금과 같이 재물을 바치면서 중언부언 제 소원만을 비는 백성들을 바란 것이 아니다.

9. 구원

▪ 천사가 사는 천국에는 천사만 갈 수 있으니, 천사 같은 마음을 길러야 한다.

- "천국 열쇠를 네게 주리니 땅에서 무엇이든지 매면 하늘에서도 매일 것이라" 했다. 땅에서 천사같이 사는 자가 하늘에서도 천사가 되어 천국에 들어간다. 모든 사람에게 천사같다는 말을 듣는 삶을 살아야 한다.

▪ 천사의 곱고 아름다운 마음은 부모를 공경하고 어른을 어른으로 대접하는 데에서 출발한다. 효도하는 자는 형제와 화목하게 지내기에 가정이 화목해지고, 이웃과 화목해지고, 국가가 화목해지고, 온 인류가 화목해진다.

- 그러므로 지상의 아름다운 소왕국은 가정에서부터 이루어야 한다.

▪ 선택된 14만 명만 구원받는 것이 아니라, 천사처럼 변하고자 하는 14만 명을 기초로 온 인류가 천사처럼 거듭나는 영적인 개혁이 시작되는 것이다.

▪ 천 년에 걸쳐서 하늘에서 이루어진 것같이 이 세상을 낙원으로 만들어, 만백성이 지상의 천국에서 살다가 죽어서 그대로 하늘의 천국으로 들어가는, 영원한 지상 낙원을 건설하는 것이 하나님의 계획이다.

- 이것이 구약과 신약에 이어 "새로운 성경"으로 역사하시는 하나님의 창조의 완성이다.

▪ 지금의 믿음으로 구원받을 수 있다면 그 길을 가라. 그러나 자신이 없다면 하나님께서 직접 내리신 160권의 "새로운 성경"을 읽고 구원의 길을 보라!

하나님 머리말씀

이 새로운 성경을 읽는 너희 모두는
이 율법에 따라 행하면 영원히 구원받을 것이니라.

너희 인간이 수년, 수십 년, 평생
성서를 공부하고 기도하는 것은
하늘나라 나의 곁으로 오고 싶은 소망일진대,

몇천 년 전의 너희 인성과 생각이
지금의 너희와는 판이하게 다르니,

꺾여 가고 병들어 가는 너희를 고칠 수 있는 길은,
오늘 내가 선지자에게 내리는 새로운 성경과 같이
너희가 변화되는 것뿐이니라.

나의 예수가 태어난 것처럼
내가 아들 선지자를 선택하여
나의 새로운 성경을 온 세계에 전하고자 하니,

묵은 것은 버리고 새로운 것은 취하여,
너희 모두는
'여호와 하나님! 저의 죄를 용서하여 주옵소서.'
하는 기도문으로 기도하고, 죄를 뉘우치라.

이 새로운 성경은
수천 년간 내려온 성서를 요약한 것이니,
너희는 이 책을 정독하여 쉽게 깨달음을 얻고,
이대로 실천하여 하늘에 오르라.

대역자 머리말

■ 하나님의 율법을 지키는 선지자로 선택을 받도다.

저는 남들처럼 그저 열심히 살아온 평범한 사람이었습니다. 그러나 50대 중반에 사업에 실패하여 많은 부채에 시달렸으며, 건강도 악화되어 눈이 잘 안 보이고, 걷기도 어렵고, 두통이 심해서 잠을 이룰 수 없는 고통의 나날을 보냈습니다. 그때 제가 선택할 수 있는 것은 육의 삶을 끝내는 길뿐이었습니다.

죽기 직전에 그동안에 죄를 지은 이들에게 용서를 빌고 인생을 끝내기로 작정하였습니다. 어려서부터 지은 죄를 빌고 빌다 보니 끝이 없었고, 죽음으로도 그 많은 죄를 용서받을 길이 없다는 생각에 하염없이 눈물이 흘렀습니다. 그 순간 '재래식 화장실의 구더기는 죄를 짓지 않는데, 나는 인간으로서 구더기만도 못한 삶을 살았구나.' 하는 생각이 들면서 괴로움에 몸부림칠 때, 갑자기 하나님의 음성이 들렸습니다.

"나는 여호와 하나님이니라. 너는 십계명을 암송하고 내가 내려 주는 메시지를 받아 책으로 만들어 만백성을 구하라." 하시며, 제 눈을 손으로 문지르게 하시고, 아픈 머리와 다리를 손으로 두드리게 하셨습니다. 그러고 나니 눈도 잘 보이고 걸을 수 있었으며 머리의 통증도 말끔히 낫게 되었습니다. 그때부터 십계명을 암송하고 나면 들려주시는 말씀을 기록하였고, 1999년 8월부터 2004년 7월까지 권당 288쪽, 총 160권을 받아서 "새로운 성경"이라는 책으로 펴내게 되었습니다.

그러한 저에게 죽기보다도 힘든 길이 시작되었습니다. 모든 교인들이 저에게 사탄이요, 이단이요, 악마요, 마지막 시대에 온 거짓 선지자라 하면서 공격하였고, 저를 짐승을 보듯이 대하는가 하면, 편협한 종교 지도자들의 선동으로 신도들이 이 책을 직접 읽어보고 평가할 기회마저 막아 버렸습니다. 그래서 하나님의 말씀을 세상에 내는 데 많은 어려움을 겪으며, 피를 토하는 심정으로 책을 전하고 있습니다.

그러나 아무리 인간의 힘으로 막으려 해도, 하나님의 뜻이 세상에 전해지는 위대한 역사는 계속될 것입니다. 책으로 전해지는 "하나님의 말씀"은 세상 끝날까지 항상 우리와 함께하실 것입니다. 사람은 죽어도, 책에 기록된 말씀은 영원히 남으니까요.

■ 따뜻한 실천

하나님께서는 어려운 사람들에게 삶의 터전을 마련해 주고, 미래를 열어 주는 것을 기뻐하십니다. 어려운 이웃이 스스로 자립할 수 있도록 이끌어 주는 것이 진정으로 이웃을 돕는 것이라고 말씀하셨습니다. 그래서 일자리가 없는 제자들에게 작은 사업장을 만들어 주는 "달란트 사업"을 하고 있습니다. 식당, 반찬 가게 등을 차려 주고, 기존의 어려운 사업장이 자립할 수 있도록 돕고 있습니다(커피숍, 미용실, 의상실 등).

하나님께서는 교회에 나와서 모든 시간과 재물을 쏟기를 원하지 않으시고, 그 시간과 재물을 교육에 투자하여 스스로 미래를 열어 가기를 원하십니다. 그래서 제때 공부하지 못한 제자들에게 학업을 이어 가도록 하였습니다. 중화요리 주방장을 하며 초등학교 검정고시부터 공부하여 2012년에 방통대를 졸업한 36세 남성, 만학도들의 2년제 중학교에 입학해서 2007년에 명지대학을 졸업한 38세 여성, 중학교 검정고시를 시작으로 숭의여자대학을 졸업한 47세 여성 등이 있습니다. 그밖에도 많은 제자들에게 나이를 초월하여 배우고 깨우쳐서 사회 속의 당당한 일원이 되도록 인도하고 있습니다.

학자금 대출로 힘겨워하는 젊은이들을 위해 "따뜻한 바람 장학회"를 발족하여(2016년 12월) 대출받은 학자금 전액을 매월 갚아 주고 있습니다. 또한, 다문화 가정을 위해 "다문화 가족 랜드"를 조성하여, 각종 시설을 무료로 활용하도록 하고 있습니다.

이러한 따뜻한 실천이 아직은 미약합니다. 그러나 책의 수입이 늘고, 저와 뜻을 같이하는 분들이 늘어나면 계속 확대할 것입니다. 지도자로서 신도의 재물을 헌금으로 거둬들여 착복하는 것이 아니라, 하나님께서 기뻐하시는 일에 사용하도록 중매 역할만 하며 살아가고자 합니다. 이런 제가 과연 사탄이고 이단인가요? 하나님께서 기뻐하시는 일이라면, 저에게 사탄이라 하든 거짓 선지자라 하든 굽히지 않고 실천해 나갈 것입니다.

끝으로, 일상의 삶 속에서 "지금 내가 하는 행동이 과연 하나님께서 기뻐하실까, 슬퍼하실까?" 생각하고, 매사에 하나님께서 기뻐하시는 길을 택하기 바랍니다. 교회에 모여서 집단적으로 예배 드리는 것이 아니라, 개인이나 가정 단위로 새로운 성경을 읽어 스스로 깨우치고 그대로 행하면 충분합니다. 그것이 마음속에 성전을 짓고, 신령과 진정으로 예배 드리는 길입니다. 그러면 천국의 문에 들어서게 됩니다.

2017.2.1.

하나님 말씀 대역자 김용철

차 례

십 계 명

이 책은 십계명을 암송하고 나면 내려 주시는 "하나님의 음성"을 듣고 그대로 받아쓴 기록입니다. 하나님께서 십계명을 모세에게 내려 주셨지만, 그것은 만백성에게 내려 주신 것입니다. 마찬가지로 이 책의 모든 말씀도 저에게 내려 주셨지만, 만백성 각자에게 들려주시는 말씀입니다. 여러분도 이 책을 접할 때마다 십계명을 암송하고 나서 정독해 주시기 바랍니다.

제일은, 너는 나 외에는 다른 신들을 네게 있게 말지니라.
제이는, 너를 위하여 새긴 우상을 만들지 말고, 또 위로 하늘에 있는 것이나, 아래로 땅에 있는 것이나, 땅 아래 물 속에 있는 것의 아무 형상이든지 만들지 말며, 그것들에게 절하지 말며, 그것들을 섬기지 말라.
제삼은, 너는 너의 하나님 여호와의 이름을 망령되이 일컫지 말라.
제사는, 안식일을 기억하여 거룩히 지키라.
제오는, 네 부모를 공경하라.
제육은, 살인하지 말지니라.
제칠은, 간음하지 말지니라.
제팔은, 도적질하지 말지니라.
제구는, 네 이웃에 대하여 거짓 증거하지 말지니라.
제십은, 네 이웃의 집을 탐내지 말지니라.

나 여호와가 존재함을 믿는 그 자체가 구원의 길에 들어서는 기본이요, 근본이며, 나의 새로운 성경을 가슴에 안고 정독하는 자, 반석 위에 서서 하늘에 오르는 찬란한 빛을 보게 되는 영광을 얻게 됨이니라. 진정 나를 따르고 믿는 자는 감히 사탄이나 마귀도 근접하지 못하느니라.

〈하나님 말씀〉

2003년 4월

5,941 번째 하나님 말씀

2003년 4월 12일 11시 57분

1 사랑하는 나의 아들아!
2 "네, 아버님! 말씀하옵소서."
3 나의 아들 예수가 너희를 구원하고자
죽음을 선택한 그 후 2천 년의 역사가
흘러오면서 믿음을 간다는 종교 집단
이요, 대표자인 지도자들이 과연 어찌
가르치느냐?
4 예수의 피로써 모두를 대속받았으며
죄 사함을 받았으니 너희는 예수를
찾으며 손으로 지은 성전에 오는 그
순간에 죄를 용서받는다 그리 가르침
이니,
5 그것이 얼마나 잘못된 것이며 허구인
지 내가 너희에게 전하고자 함이니라.
6 나의 아들 예수가 대속하여 너희 죄
를 보따리째 싸 가지고 하늘에 올라왔
으며 그를 용서받았다면,
7 너희는 지금 그 죄에 대한 용서를 빌
필요도 없는 것이 아니던가?
8 그렇다면 그 죄를 다 용서받은 자면
너희가 어찌하여 손으로 지은 성전에
가 그 죄를 사하고자 울고불고 회개하
고 용서를 비는가?
9 그 이유는 무엇이던가?
10 너희는 여기서 하나를 깨우쳐야 하지
않겠는가?
11 정녕 나의 아들 예수가 대속하여 너희
죄를 사해 주었다면 너희는 죄가 없
는 백성이며,
12 또 육으로 행하는 것은 죄가 되지 않
는다 하였음이니, 손으로 지은 성전에
와 울며불며 회개하고 반성할 것이 없
지 않던가?
13 너희가 와서 회개하고 반성하는 것은
무엇을 회개하는가?
14 육으로써 잘못 산 것, 육으로써 추한
짓, 육으로써 죄지은 것을 비는 것이
아닌가?
15 회개한다고 하면서 손으로 지은 성전
에 와서 비는 것은 육으로 한 것을 잘
못했다고 용서를 빌며,
16 육의 행동은 아무것도 아니요, 그저
믿음만 가면 구원을 받는다 그리 이중
적으로 가르치니,
17 이것이 두 혓바닥을 가지고 있는 동물
의 그 표본이 지금의 지도자가 아니던
가?
18 너희가 죄를 용서받았다 하면 죄를 빌
것이 없으며,
19 육의 행함은 별것이 아니요, 아무것도
아니며 그저 믿음만 가지면 구원을 받
는다면,
20 너희가 성전에 와서 비는 것은 무엇이
며 회개하는 것은 무엇인가?
21 영적인 잘못한 것을 비는가, 육적인
행동을 비는가?
22 그러니 너희가 얼마나 엉터리 같은 짓
을 하고 있으며 지금 꿈속에서 깨어나
지 못하는가?
23 너희가 육은 별것 아니라면서 어찌하
여 육의 행동이요, 육이 잘못한 것을

눈물짓고 회개하는가?
24 믿지 않는 자는 아무리 선한 일을 하
고 아름다운 일을 해도 육이 한 것은
아무것도 아니기 때문에 구원을 받지
못한다면서, 너희는 어찌하여 육으로
한 죄를 비는가?
25 첫째는 나의 아들 예수의 보혈로써 구
원을 받아 죄가 없다는 백성이 어찌
하여 죄를 용서받고자 빌며,
26 육은 관계없으며 육의 행동은 중요하
지 않다 하면서 어찌하여 육의 행동에
대해서 너희가 회개하고 눈물짓고 콧
물 흘리며 그 부끄러움을 빌고 또 용
서를 비는가?
27 이러니 너희가 어떠한 허구에 젖어
있다는 것을 알라.
28 그 모두를 다 너희는 어찌하는가?
29 그러니라. 너희가 지은 성전에 가 기
도하고 경배하며 나의 아들을 찾음으
로써 구원을 받는다고 하는 것은 나의
사랑하는 백성에게 재물을 긁어모으
기 위한 방법이 아니던가?
30 너희가 성전에 가서 기도하고 눈물짓
고 회개하지 아니하면 바로 무엇이냐?
31 구원을 받지 못한다니 그들이 와서 재
물을 바치며 감사 헌금을 바치게 되어
있지 않은가?
32 그러니 성전에 와서 빌라는 것은 무엇
이냐?
33 육으로 하는 것은 죄가 되지 않는다면
서, 육으로 한 행동을 와서 빌고 재물
을 바치라 그리함이니,
34 너희가 재물을 긁어모으기 위해서 성
전에 와서만이 기도하고 경배하는 자
가 구원을 받는다 그리 가르치느니라.
35 그렇지 않으면 재물을 바치지 아니하
기 때문이니, 재물을 거둬들이기 위해
서 그와 같은 짓을 하지 않는가?
36 그러니 여기서 두 가지를 확실히 알고
넘어가야 할 것이니라.
37 너희가 오늘과 같은 믿음이요, 교회에
와서 기도하고 경배하는 것이 구원을
받는다는 것은 재물을 거둬들이기 위
한 하나의 수단과 방법이요, 또 하나
는 무엇이더냐?
38 예수는 죄를 용서받는 방법을 너희에
게 가르쳐 준 것이지, 예수가 너희 죄
를 용서해 주고 대신 짊어지고 간 것
이 아니라는 걸 여기서 확실히 알아야
할 것이니라.
39 예수가 너희를 대속하여 그 죄를 짊어
지고 간 것이 아니요, 너희 죄를 다 끌
어안고 간 것이 아니라,
40 너희가 어찌하면 죄를 짓지 않고 용서
를 받는 방법인가를 그것을 예수가 가
르쳐 주고 갔다는 것을 잊어서는 아니
될 것이니,
41 이제 너희는 나의 법전에 기록한 내용
을 듣고 지금의 종교 집단이요, 지도
자들이 너희를 이끌어 가는 그 잘못된
허구성을 깨우치고 파헤쳐 보라.
42 그러면 너희 스스로 하늘에 오르는 길
이 무엇이며, 진리가 무엇이며, 진정
한 믿음이 무엇이며,
43 나의 법전이 세상에 나오지 아니하면
아니 되는 이유며, 나의 아들을 통하
여 160권이라는 대장정의 법전을 세
상에 전하지 않으면 아니 되는 그 이
유를 알 것이니,
44 그렇다면 나의 법전이 소중하며 나 여

호와의 뜻이요, 나의 성령이라는 것을 너희 스스로 알 날이 있을 것이니 그리 알라.

5,942 번째 하나님 말씀

2003년 4월 12일 12시 03분

1 사랑하는 나의 아들아!
2 "네, 아버님! 말씀하옵소서."
3 종교 집단이요, 지도자들이 나의 피조물 만백성을 공포와 불안 속에 몰아넣으며 그 신도들로 하여금 저희의 말에 절대 복종하도록 그리 묶어 놓은 가장 무서운 죄악이 뭔 줄 아는가?
4 너희가 말하는 원죄라는 것이니라.
5 있지도 않은 그 원죄에 의해 원죄는 고칠 수도 없으며 지울 수도 없으며 인간의 힘으로는 벗어날 수 없다 그리 말하며,
6 원죄라는 쇠사슬로 꽁꽁 묶어 길들인 강아지처럼 끌고 다니는 것이 지금의 종교 지도자들의 사악한 짓이라는 걸 너희는 알아야 할 것이니라.
7 그리하여 원죄라는 것은 인간의 힘으로 지울 수가 없으며, 인간의 힘으로 도려 낼 수 없으며,
8 오로지 너희가 손으로 지은 성전에와 재물과 금화와 은화를 바치며 모두를 다 바치는 그와 같은 행동에 나 여호와가 감복하고 탄복했을 때, 나만이 너희 원죄를 벗겨 줄 수 있다 그와 같이 가르치니 얼마나 사악한 자들인가?
9 원죄는 없음이니라.
10 그러니 원죄는 고칠 수도 없으며 원죄는 벗어날 수도 없으며 원죄를 벗어나는 것은 나 여호와만이 벗겨 줄 수 있다는 그와 같은 사악한 자들의 말을 듣지 말라.
11 그러면서 너희는 뭐라 말하는가?
12 지금 나의 피조물 만백성은 사탄과 싸울 수 있는 자격이 없으며 능력이 없다 그리 말하느니라.
13 인간은 사탄과 싸워서 이길 수 없다 그리 말함이니, 나의 피조물 사랑하는 만백성 너희를 무능력한 백성으로 만들어 놓았느니라.
14 그리하여 그들은 뭐라 말하느냐?
15 예수만이 싸워서 너희를 구원할 수 있으며 예수만이 너희를 구원할 수 있다 그리 말하며 너희는 싸울 능력이 없으며 이길 수 없다고 말하지 않느냐?
16 그리하여 너희가 나의 아들 예수처럼 천사가 되며 나의 성령과 같은 자들이 되어 사탄과 싸워 나의 아들 예수의 한을 풀며 예수가 원하던 것을 이 세상 만백성에게 전하는 용감한 전사로서 전투에 임하고자 해도,
17 너희를 말리며 나가지 못하게 하는 그와 같은 사악한 자들이 바로 지금 종교 지도자요, 집단이니,
18 사탄과 싸워 이기겠다는 각오와 마음에 그 결의를 하고 가는 그 백성에게 인간은 원죄가 있으니 감히 고개도 들지 말며, 사탄과 싸울 수 없는 무능력한 인간이니 싸울 생각도 하지 못하도록 그리하여,
19 사탄을 제거하지 못하여 그 사탄의 뿌리가 뿌리를 내려 이 세상을 다 덮도록 함이니,

20 죄의 온상이요, 원죄라는 것이 무엇이던가?

21 나의 사랑하는 선한 백성이 사탄과 싸워 이기고자 용감히 팔을 걷어붙이는, 즉 목숨을 내걸고 전사가 되어 나의 아들 예수의 뜻을 따라 이루고자 하는 그 백성에게,

22 원죄의 두려움을 알라 소리 지르며, 그리고 '네가 무엇이기에 사탄과 싸우려 하느냐?

23 너는 인간이기 때문에 사탄과 싸움이 되지 않는다' 하며 사탄과 겨루지도 못하게 하는 것이 바로 원죄요,

24 너희가 사탄을 조종하는 자들이며 사탄의 앞잡이가 된 자들이라 내가 함이니,

25 지금의 종교 지도자가 모두 그리되었으며,

26 더구나 지금 신도라는 자들이 그 앞에서 장구 치고 북 치며 분수를 모르고 울고불고 소리 지르는 불쌍한 인간들임을 알라.

27 아무리 노력해도 구원받지 못한다는 것, 그리고 아무리 인간의 한계를 넘는다 하여도 인간의 한계로써는 구원을 받을 수 없으며,

28 인간은 아무리 선하고 착한 일을 해도 천사가 될 수 없으며, 예수와 같이 살 수 없으며, 인간의 노력으로써는 구원을 받을 수 없으며,

29 오로지 나 여호와만이 너희를 구원해 주며 나의 아들 예수가 역사하여 너희를 구원해 주는 것만이 천사요, 하늘에 오르는 길을 얻을 수 있다 하여, 나의 피조물 만백성이 노력하는 자를 중단시키며,

30 용감히 전사로 서서 사탄을 무너트리고자 하는 그 훌륭한 나의 전사의 백성까지도 무능한 자요, 바보처럼 취급하는 그 사악한 자들이 있는 한 세상은 아름다울 수가 없음이니라.

31 그리하여 내가 그들을 제거하고자 함이니라.

32 바로 선하고 아름답게 살고자 하며 죄를 용서받으며 사탄과 싸워 이기고자 하는 그와 같은 백성에게 나 여호와가 아니면 그리 싸울 수 없다고 말하듯이,

33 이제 사탄인 사악한 자, 너희야말로 나 여호와가 직접 통제하며 너희를 뿌리 뽑으며 불바다의 불 칼로 치지 아니하면 칠 수 없는 그와 같은 형국이기에,

34 내가 나의 법전에 불 칼을 세상에 내려보내 너희를 단죄하고 다스리라 함이니, 이제 알아야 할 것이니라.

35 곧 그 사악한 자들이 무능력하게 만든 나의 피조물 만백성을 나의 법전으로 하여금 사탄과 싸워 이길 수 있는 용감한 전사로 만들어,

36 예수의 피 흘려 죽어 간 그 한을 풀어 주며, 나 여호와가 인간 세상을 만든 그 보람을 느끼게 할 것이며,

37 하늘에서 이루어진 것같이 지상에서 이루어지는 그 천 년의 역사에서 지상의 낙원을 이루는 전사인 너희로서 앞을 나가게 할 것이며, 너희로서 역사하게 할 것이니,

38 이제 너희를 보고 사탄이요, 사악한 자들이 무능력하며 힘이 없으며 사탄

과 싸울 수 있는 자격이 없다 하는 그
말에 너희가 현혹되지 말며,
39 나의 법전을 읽고 깨우쳐 힘을 얻어
새로 태어난 백성이요, 새로 태어난
전사로서 그 악을 물리치는 데 앞장서
야 할 것이니라.
40 이제 너희를 무능력하게 만든 그 쇠
사슬을 끊으며, 그 사악한 자들이 끌
고 가는 그 고리의 끈을 끊으라.
41 그리고 사탄의 앞잡이에서 과감히 돌
아서라, 그리고 그들을 단죄하라, 그
들을 용서하지 말라.
42 이것이 너희가 해야 할 길이라는 걸
잊지 말라.

5,943 번째 하나님 말씀

2003년 4월 12일 13시 15분

1 사랑하는 나의 아들아!
2 "네, 아버님! 말씀하옵소서."
3 너의 제자와 나의 법전을 읽고 깨우치
는 백성, 그리고 구원의 길이라 달려
가는 그 신도라 하는 사랑하는 백성,
그들에게 너희는 전해야 할 것이니라.
4 내가 구약에서부터 신약까지 흘러오
는 그 역사의 과정이 무엇이라 말하였
더냐?
5 마지막 시대요, 제3의 시대에 내가 심
판하는 이 역사의 과정을 위하여 그
모두는 준비 단계라 내가 그리 말하였
거늘, 어찌하여 너희는 그 준비 단계
의 소중한 것만 알며,
6 마지막 심판의 시대가 소중한 것을 모
르며 그를 보지 못하는 어리석은 백성
이라 그리 말하는 소리를 듣는가?
7 너희가 어찌하여 그와 같은 행위로 살
아가는가?
8 그와 같은 형국의 어리석은 백성이라
는 소리를 들으며 그 자리를 그리도
지키려고 하는가?
9 구약 시대요, 신약 시대요, 욥의 그 역
사함이요, 노아의 방주 그 모든 시대
는 내가 오늘의 제3의 시대를 열기 위
하여 그 교훈을 삼으며 가르침을 삼고
본보기로 삼아 너희를 깨우치기 위하
여 4백 미터 계주를 단계적으로 달리
는 선수라 하였음이니라.
10 그리하여 중간부터 달리는 선수요, 처
음에 출발하는 선수요, 그리고 마지막
에 달리는 선수요, 그 마지막 선수의
소중함을 너희가 모르며 그냥 중간에
달리는 선수에게 환호하며 박수하며
응원하는 거기에서 깨어나지 못하는
그와 같은 오늘의 믿음을 가고 있다
하였음이니,
11 내가 그리 너희에게 수천 번을 전하
여 깨우쳐도 이를 알지 못함이니,
12 지금 내가 마지막 시대에 심판하는 나
의 이 법전이요, 하늘에 오르는 길이
요, 새로운 성경 그 모두는 오늘을 준
비하기 위하여 존재했던 것이라는 것
을 너희는 알아야 할 것이니라.
13 그러니 나의 160권의 법전이 얼마나
소중하며 그게 얼마나 위대한 역사인
가를 알라.
14 너희가 한 인간으로서 단시일 내에
160권의 법전이요, 책을 기록하여 만
들어 세상에 전할 수 있다고 말할 수
있는가?
15 이는 불가능한 일이니라.

16 그와 같은 역사를 보는 것이 기적이
아니며, 나 여호와가 존재하는 것이
아니며,
17 내가 마지막 너희를 심판하는 기본의
법전이요, 책이 아니라 하면, 이는 역
사할 수 없으며 그리 이루어질 수 없
는 것이 오늘의 너희 현실임을 알아
야 할 것이니라.
18 지금 나의 사랑하는 피조물 만백성 너
희가 얼마나 어리석은 백성인지 알고
있는가?
19 너희는 구약과 신약이요, 그 복음 이
외에는 어떠한 것이 내려와도 그를 믿
을 수 없으며 사탄의 것이라 그리 가
르쳐 온 종교 지도자들의 잘못된 그
가르침에서 벗어나지 못함이니라.
20 너희 종교 지도자들이 뭐라 말하느냐?
21 지금 구약과 신약의 복음을 모르고는
아무것도 믿을 것이 없으며,
22 하늘에서 천사가 직접 내려와 복음을
전하며 나 여호와의 뜻이라 하여 너희
에게 메시지를 전한다 하여도 그를 믿
어서도 안 되며 그를 믿지 말라 너희
가 그리 가르침이니,
23 나의 명을 받고 내려가는 천사가 복음
을 전해도 그것도 믿지 말라, 절대로
믿어서는 안 된다 그리 가르치니,
24 심지어 너희가 말하기를 천사가 내려
와서 새로운 복음이 내려와 전한다 해
도 그를 듣지 말라 하니,
25 나 여호와가 직접 내려가는 그 천사의
복음도 믿지 말며 듣지 말라 하니,
26 내가 인간인 나의 아들을 통하여 내리
는 이 법전을 과연 너희가 들어 보게
하겠는가, 읽어 보게 하겠는가, 그리
고 쳐다보게 하겠는가?
27 이것이 지금의 나의 피조물 만백성을
구하기 힘들며 구할 수 없는 이와 같
은 형국이 되어 있음이니라.
28 그러니 나의 사랑하는 백성에게 천사
가 내려와서 나 여호와의 복음이라 하
여 전해도 그도 믿지 말라 가르치니
무엇을 믿는단 말이던가?
29 나는 성령이요, 형체가 없는 나 여호
와니, 내가 내려가서 너희에게 전해도
과연 믿겠는가?
30 지금 이것이 종교 지도자들이 나의 사
랑하는 피조물 만백성을 무능력하게
만들었으며 판단력이 없게 만들었으
니, 그들을 깨우치는 것이 얼마나 힘
들고 어려운가?
31 하나 더하기 하나는 하나라 우기는 그
자에게 하나 더하기 하나는 둘이라는
정답을 가지고 아무리 가르쳐도 그를
들으려 하지 않으며 이해하지 않으려
하며 실천하지 아니하려 하니,
32 이것이 지금의 형국임을 너희는 알아
야 할 것이니라.
33 이를 어찌 바로잡고 이를 어찌 가야
하겠는가?
34 이것이 나 여호와의 아픔이요, 나 여
호와의 고통이요, 내가 너희에게 깨우
치고자 하는 그와 같은 현실이요, 하
나 더하기 하나는 반드시 둘이라는 것
을 알면서도 하나 더하기 하나는 하나
라고 억지를 쓰는 그와 같은 백성을
돌이킬 수가 없음이니라.
35 그러니 지금 나의 피조물 만백성이 몇
천 년 동안 흘러오는 그 세월 속에 구
약과 신약 외에는 어떠한 복음도 믿지

말며, 내가 내려와서 해도 믿지 말며,
나의 아들 예수가 내려와도 믿지 말
며, 천사가 내려와도 믿지 말라 그리
가르침이니,
36 과연 나의 아들 예수가 어떤 형태로
내려가며 내가 어떠한 형태로 내려가
며 천사가 어떠한 형태로 내려간들 무
엇하겠는가?
37 그러니 나의 아들이 지금 전하는 이
법전을 나의 뜻이라도 너희가 믿지
아니함이 여기에 있음이니,
38 이를 깨우치는 자, 이곳에서 탈피하는
자, 이곳에서 벗어나는 자만이 하늘에
오를 수 있는 길을 얻을 수 있다는 것
을 알라.

5,944 번째 하나님 말씀

2003년 4월 12일 22시 17분

1 사랑하는 나의 아들아!
2 "네, 아버님! 말씀하옵소서."
3 진정한 참진리의 길을 가는 자요, 나
여호와를 향하여 오는 길이요, 나 여
호와의 뜻을 알고자 하는 백성, 그들
은 세상을 살아가며 모두가 두렵고 무
서움으로 인하여 마음 한번 제대로 펴
지 못하고 사는 것이 나로부터 선택된
백성의 마음 자세이니라.
4 내가 너희에게 그리 살라 해서가 아니
라, 너희가 나로부터 하늘에 오르는
그 축복받은 영광의 길을 알며, 그 영
광이 무엇인가를 알며,
5 나 여호와가 너희를 얼마나 사랑하며,
내가 너희를 구원하고자 얼마나 모두
를 다 던져 주는가를, 그와 같은 은혜
의 감사함을 아는 백성은,
6 감사하고 두려운 마음으로 얼마나 아
름답게 살아가야 그 은혜에 보답하는
길인가 하여 그들은 살얼음판을 걸어
가듯이 조심스럽게 살아가는 것이 나
의 백성이니,
7 이것이 똑같은 지상에서 똑같은 백성
이 똑같은 조건에 똑같은 생활을 살
아가면서도 그들과 일반 백성의 차이
가 그렇게 무서운 것이니라.
8 나로부터 진정 선택된 백성이요, 참진
리를 가는 백성, 그리고 나를 향하여
한 계단 한 계단 올라오는 그 백성은
그 영광이 무엇이며 축복이 무엇인가
를 알기에,
9 말 한마디, 행동 하나도 열 번 백 번
생각해서 하는 그들이 바로 나로부터
선택된 백성이니라.
10 그러니 지금 나의 피조물 만백성이 살
아가는 모습이 어떻더냐?
11 그저 말로써 수천 년 동안 믿음의 교
회요, 성전에서 구원을 받았다 하는
백성, 그저 말로는 호화로우나 그 행
함의 생활이 어떻던가?
12 그들이 얼마나 겸손하며 얼마나 경건
하며 조심스럽게 세상을 살아가는가?
13 그들은 인간 세상에서 교육도 하며 경
배하며 설교를 듣고 그 문 앞을 나오
면 무엇을 공부했는가를, 오늘 배운
것이 무엇인가를 알지도 못하며 다 잊
어버리며,
14 세속의 삶의 세상 사람보다도 더 무섭
게 변하는 것이 지금의 종교 집단이
요, 신도라는 백성이 가는 길이니라.
15 그는 바로 무엇이더냐?

16 구약과 신약을 가지고 재탕하고 또 재
탕하며 가르침이니,
17 내가 나의 아들을 통하여 새로운 성경
이요, 새로운 뜻을 내려보내는 것이
아니라,
18 들은 것을 또 하며 인간 세속에서 살
아가며 알고 있는 그 상식을 갖고 거
기에 붙이고 또 붙이다 보니 듣고 또
들은 이야기요,
19 그리하여 설교할 때는 무엇인가를 얻
은 것 같으며, 광란의 짓으로써 찬송
을 부르면 스트레스라는 것을 해소하
여 축복을 받은 것 같으나,
20 그 손으로 지은 죄악의 성전의 문을
나와 밖의 밝은 태양을 볼 때, 너희는
그 자연 속에서 무엇인가 하나 얻은
것이 없으며, 이루어 놓은 것이 없으
며, 다 물거품과 같은 그와 같은 생활
을 반복하고 반복함을 알아야 할 것
이니라.
21 이제 내가 너희에게 깨우쳐 줌이니,
정녕 이와 같은 자는 참진리요, 나의
뜻을 알며 하늘을 향하여 오는 백성이
아니요,
22 내가 지금 나의 아들을 통하여 기록하
는 내용에 마음을 졸이지 않는 백성
은 나로부터 선택된 백성이 아님을 알
라.
23 나로부터 선택된 백성은 우선 나 여호
와가 존재함을 알며 그 감사함을 알며
그리고 그 두려움을 아느니라.
24 그 축복과 영광이 얼마나 두려운 것인
가를 그들은 아느니라.
25 그리하여 그들은 말 한마디, 행동 하
나를 열 번 백 번 생각해서 그들이 생
각하고 또 생각하며,
26 내가 손해를 본다 해도 남을 위해서
살아가며, 내가 손해 보는 것을 즐겁
게 생각하며, 내가 남으로부터 피해를
보는 것을 즐거운 마음으로 생각하며,
27 내가 남을 대접하여 베풀 수 있는 것
을 즐거움이요, 행복이라고 생각하며,
28 내가 남을 위해서 베풀 수 있는 기회
를 준 그 사람에게 손을 잡고 감사하
다 인사를 드리는 것이 지금 나로부터
선택된 백성이요, 살얼음판을 걸어가
듯이 조심스럽게 걸어가며,
29 이 세상의 무생물이요, 생물이요, 동
식물, 모두가 대화를 하며 그들이 말
을 하며 그들이 생각이 있으며 이 자
연의 모두가 너희를 가르치는 선생이
요, 스승이라는 그 위대함을 아는 자
들이니라.
30 그리고 이 지구가 곧 무엇이더냐?
31 나 여호와가 직접 만든 세상에서 가장
아름다운 성전이요, 이보다 더 아름다
운 성전이 없다는 것, 그리고 하늘에
서 이루어지는 그 역사를 천 년에 걸
쳐 악의 뿌리를 뽑고 새로운 백성으로
서 천사와 같은 마음을 가지고 있는
백성으로서 역사한다는 것,
32 너희가 말하는 천년왕국이 아니요, 천
년의 시련 속이라는 것을,
33 지금 모든 종교 집단이나 지도자들이
천년왕국이 이루어진다 그리하나,
34 천년왕국이 아니라, 천 년은 시련의
고통이며, 천 년은 다듬어지는 고통이
며, 천 년은 다져지는 고통이요, 기초
를 세우는 고통이 천 년이라는 것을
알라.

35 천 년 후에 버릴 것 버리며 가라지를
다 뽑아 태워 버리고 알곡식만을 추려
놓았을 때 그 알곡식들이 살아가는 곳
이 왕국이며,
36 하늘에서 이루어진 것같이 이 지상에
이루어지는 것이니라.
37 오늘의 하루의 삶을 감사하며 오늘의
하루를 조심해서 살며, 아침에 계획했
던 것을 하루 동안 얼마만큼 지켰는
가,
38 그를 지키지 못해 그를 무섭고 두려워
해 너희 자신을 저주하며 회개의 눈물
을 흘리는 자,
39 그리고 모두를 다 변하며 남을 위해
살아가고자 하는 마음,
40 그리고 모두를 다 가벼운 낙엽을 놓듯
이 놓을 수 있는 그와 같은 마음,
41 세상에 나 여호와가 존재하며 나의 뜻
을 들으며 나와 더불어 살아가는 것이
얼마나 축복이요, 영광이요, 은혜인지
아는 것,
42 항상 마음에 기쁨이 있으며, 즐거움이
있으며, 행복이 있으며, 두려운 것이
없으며, 무서운 것이 없으며 주저함이
없는 그와 같은 백성이 나로부터 선
택된 백성이라는 것을 너희는 알아야
할 것이니 그리 알라.

5,945 번째 하나님 말씀

2003년 4월 12일 22시 23분

1 사랑하는 나의 아들아!
2 "네, 아버님! 말씀하옵소서."
3 지금의 믿음의 길을 가는 모든 백성이
요, 그 신도라는 백성에게 너희가 전
해 주도록 하여야 할 것이니라.
4 노아의 방주의 역사를 이루는 그 재앙
의 시대에도, 내가 노아에게 미리 물
의 재앙이요, 물의 심판이 있음이니
방주를 만들라 미리 그에게 예언하여
깨우쳐 주며 그리 전해 주었음이니라.
5 너희는 내가 모든 것을 미리 알려 주
며 모든 것을 예언하며 선택된 자에게
미리 명함을 알고 있을 것이니라.
6 노아의 방주 그 물의 심판 또한 내가
미리 노아에게 알려 주었기에 그가 많
은 세월 동안에 그 큰 방주를 만들지
아니하였더냐?
7 아브라함에게는 소돔과 고모라를 불
로 심판하는 것을 내가 미리 그들에게
알려 주어 대비토록 하였음이니라.
8 또한, 나의 아들 예수가 세상에 오는
것은 무엇을 알려 주었던가?
9 나의 아들이 세상에 온다는 것을 예언
자들이 미리 다 말하도록 내가 그리
알려 주었으며 예수가 오는 것을 알려
주었음이니라.
10 그러니 지금 마지막 심판의 시대도 내
가 나의 법전을 통하여 나의 아들에게
기록하여 만백성 너희에게 지금 심판
이 시작하며 심판의 시대가 시작되었
다는 걸 내가 알려 주고 있지 않은가?
11 너희는 이를 보면서도 지금 나의 법전
이 심판의 시대요, 심판의 법전이라는
것을 어찌하여 깨닫지 못하는가?
12 너희는 내가 알려 주는 그 역사를 한
번 비교해 봐야 할 것이니라.
13 노아의 방주는 노아가 그 방주를 만들
때 노아에게 알려 주어 그 일부의 백
성이 구원을 받았으며,

14 많은 백성은 그를 듣지도 못했으며
그리하여 그들은 물바다의 심판을 받
았음이니라.
15 아브라함에게 소돔과 고모라의 불바
다의 그 심판은 내가 어찌했던가?
16 그것도 극소수의 백성에게만 알려 주
었으며 이 지상의 모든 백성에게 알
려 주지 아니하며 전하지 못했던 것이
니라.
17 그리고 그들은 알지도 못했음이니라.
18 나의 아들 예수가 오는 것도 한 시대
의 한 지역에 의하여 선택된 백성만이
알았으며, 그 예언자가 예수가 온다는
걸 안 것도 그뿐이며,
19 또한 나의 아들 예수가 만백성에게 설
교하고 가르친 것도 한 지역의 그 선
택된 백성에게 그와 같이 역사를 하
였음이니라.
20 그러니 그 모두는 다 오늘에 제3의 시
대에 심판을 위하여 그 모두가 역사했
다는 의미를 알겠는가?
21 달리기의 계주처럼 너희가 부분적인
역사를 하였으며, 그리하여 지금 나의
법전이 나의 새로운 성경이 나 여호와
가 직접 관장하는 것이라 내가 그리
말하지 아니하였던가?
22 그리하여 지금의 심판의 시대를 위해
서 그 모두는 계주를 달리는 자들처럼
중간 책임의 역사하는 자들이라 그리
하였음이니라.
23 너희는 여기서 깨우쳐야 할 것이니라.
24 나 여호와가 직접 심판하는 시대이기
에 내가 나의 법전이라는 160권의 책
을 만들어 온 세상을 다 덮는다 하지
아니하였더냐?
25 너희는 노아의 방주에도 그 방주의 역
사가 있는 것을 온 세상에 전하지 못
하였으며, 아브라함의 소돔과 고모라
의 그 불바다의 심판도 내가 너희에게
뭐라 말하였느냐?
26 그것을 세상에 다 알려 전하지 못하였
으며, 나의 아들 예수가 온 것도 세상
에 다 전파하여 전하지 못하였으며 일
부분이요, 선택된 지역에서만 이루어
졌던 역사이니라.
27 그러니 주자가 달려 마지막 주자로 마
지막 역사요, 마지막의 심판은 나 여
호와가 심판하는 것은,
28 그것을 다 초월하여 이 지상에 있는
모든 백성에게 내가 너희를 심판한다
는 것을 알려주며,
29 심판의 시대가 열렸음을 알리며,
30 그 심판의 기준이 나의 법전이요, 너
희가 심판을 대비할 수 있는 그 내용
을 누구나 다 글을 깨우치면 알 수 있
도록 내가 다 상세히 기록하여 너희에
게 전하였음이니,
31 이것이 바로 나의 심판이요, 내가 역
사함이라는 것을 알라.
32 나의 법전은 동양의 작은 나라의 백성
에게만 알리는 것이 아니요,
33 노아의 방주처럼 그 시대적인 그 지역
의 백성이요, 그 나라의 백성에게만
알리는 것이 아니요, 국한된 것이 아
니라,
34 이 지상에 사는 모든 백성에게 나의
법전은 다 전해짐이니,
35 이게 바로 나 여호와가 직접 관장하기
때문이요, 내가 심판하는 시대이기 때
문이니라.

36 그렇다면 이 엄청난 차이점을 보면서
도 지금 나 여호와가 임한다는 것을
모른다면, 너희는 그 죄의 대가요, 모
르고 어리석으며, 아집이요, 고집으로
하여 영원히 지옥 불에 가는 것은 너
희가 알아서 할 일이며,
37 그러기에 심판을 너희 스스로 한다는
그 뜻을 잊지 말라.

5,946 번째 하나님 말씀

2003년 4월 12일 22시 31분

1 사랑하는 나의 아들아!
2 "네, 아버님! 말씀하옵소서."
3 내가 선택한 이 동양의 작은 나라, 내
가 선택한 백성 너희가 2천 년의 그
믿음의 역사가 흘러오는 그 속에서 나
의 성경을 접했으며 나의 아들 예수를
찾기 시작한 그 역사가 얼마나 되었던
가?
4 그리하여 내가 늦게 동양의 작은 나라
에 나의 성경이요, 나의 아들 예수에
대한 그 모든 역사를 너희에게 전한
것은 얼마 되지 않는 그 세월이니라.
5 그리하여 내가 동양의 작은 나라 백성
너희에게 바라고 원했던 그 믿음은 무
엇인 줄 알겠는가?
6 너희는 양보다 질적으로 우수한 백성
이요, 우수한 믿음의 길을 가는 백성
으로서 깨우쳐 가기를 나 여호와가 바
라고 바랐던 것이니라.
7 그러나 너희는 많은 역사를 가지고
있는 그 민족이요, 백성보다도 몇백
년도 안 되는 그 믿음을 깨달은 너희
백성이 지금 이 세상을 다 뒤엎을 듯
이 이를 다 지배할 듯이 지금 설치고
있음이니,
8 이 동양의 작은 나라에 내가 바란 것
은 양보다는 질적으로 우수한 지도자
를 원했던 것이거늘,
9 너희는 질적으로 우수한 믿음의 길을
가는 것보다 양적인 믿음이요, 양적인
면에서 팽창하는 데만 모든 역점을 두
어 동양의 백성 너희가 나의 뜻을 여
기서 거역했음을 알아야 할 것이니라.
10 너희가 양적인 깨우침이 아니요, 질적
인 깨우침으로써 차분히 동양의 작은
나라 백성을 위하여 노력하고 그들을
깨우치는 데 최선을 다했더라면, 오늘
같이 사악한 시대는 되지 아니하였을
것이며,
11 너희가 질적인 믿음이요, 질적인 지도
자요, 질적으로 위에 있는 종교 집단
에서 지도자를 육성하지 못하며, 오로
지 양적으로 물질적으로만 그저 빠져
들어가는 그와 같은 믿음으로 왔기에,
12 오늘에 너희가 말하는 자격이 있는
자, 자격이 없는 자, 그저 이것저것 할
것 없이 너희가 지도자라 단상에 섰음
이니,
13 내가 그리하여 쇳가루가 녹아서 바람
에 날려 자리를 잡은 것이 교회 하나
가 되듯이, 지금 그와 같은 곳에 앉아
지도자라 하고 있음이니,
14 그 속에는 진정한 믿음이 없으며 그저
물질적인 그 무엇인가를 얻기 위하여
수단과 방법을 가리지 않는 그와 같은
형국으로 너희가 흘러갔음이니라.
15 나는 질적인 동양의 지도자를 원했음
이니라.

16 모든 백성에게 진심으로 믿음을 갈
수 있는 그 백성을 원한 것이지, 오늘
처럼 너희가 양적인 숫자에 연연하는,
그리고 숫자를 끌어들이는 것,
17 그리고 큰 성전을 짓는 것, 그곳에 많
은 백성을 모아놓고 그저 금화와 은
화를 거둬들여 마구잡이로 물 쓰듯이
쓰는 그와 같이 타락할 대로 타락한
종교 집단이요, 지도자를 내가 내고자
했던 것이 아니니라.
18 그러나 너희는 처음부터 나의 뜻을
거역했으며,
19 내가 동양의 작은 나라에 나의 아들
예수의 성경을 들여보낸 것은 너희가
이와 같이 물질에 미쳐 있는, 그리고
재물이요, 돈에 얽매여 그를 위하여
믿음의 길을 가는 잘못된 백성이 역
사하는 것을 원하지 아니하였음이니
라.
20 내가 동양의 작은 나라요, 선택된 백
성이요, 그리고 지혜로운 백성 너희에
게 나의 성서를 전하도록 한 것은,
21 너희가 지금처럼 물질적이요, 그저 양
적으로 팽창하는 데만 모든 역점을 두
며 더 많은 양을 거느리는 것이 승자
요, 또는 우등생이요, 이긴 자라 그리
말하며, 성공한 자라 말하는 이와 같
은 나의 뜻을 거역하는 백성을 선택한
것이 아니니라.
22 그리하여 내가 성서를 이 동양의 작은
나라에 보냈을 때, 너희가 양적인 팽
창을 위주로 하는 것이 아니라,
23 진실한 믿음이요, 진정한 질적인 믿음
의 지도자를 육성했더라면, 내가 오늘
나의 아들을 통하여 이와 같은 제3의
시대요, 160권이라는 법전을 여기에
내리지 아니하였을 것이니라.
24 그러니 내가 지금 나의 아들을 통하여
나의 아들을 따르는 제자들이요, 그리
고 나의 법전을 읽고 깨우치는 백성,
그들을 양적으로 팽창시킴이 아니요,
25 질적으로 소수의 백성을 깨우치고 가
르쳐서,
26 나의 뜻이 무엇이며, 그들이 역사하는
것이 무엇이며, 차후에 이 지상의 낙
원을 이루는 것이 어떤 계획인가, 그
들에게 완전히 내가 교육을 하고 다스
려서,
27 질적인 지도자로서 나가도록 하고자
하는 것이 지금 내가 시작함이니라.
28 그리하여 지금 나의 아들에게 선택된
나의 아들의 제자라는 백성, 나의 법
전을 읽고 깨우친 너희는 양적 팽창
이 아니라 질적으로 너희 스스로 성
장하는 데 최선을 다하여야 될 것이며,
29 너희를 따르는 제자들, 또한 질적으로
그들을 다듬어 가르쳐 곧바른 지도자
가 되도록 그리하여야 할 것이니라.
30 돈에 눈이 어두워 돈에 모두를 다 바
치며 그리고 그것을 모으기 위하여 지
금 너희가 어떠한 형국인지 아느냐?
31 내가 너희에게 단적으로 말하기를 지
금의 모든 종교 집단이요, 또 지도자
요, 특히나 이 세상의 모든 백성 중에
서 동양의 작은 나라에 있는 종교 지
도자와 그리고 집단은 돈을 섬기는 타
락한 종교 지도자로 타락될 대로 타락
되었으며 더 이상 내려가려야 내려갈
수도 없는 그와 같은 형국이니라.
32 믿음을 섬기는 것이 아니요, 나 여호

와를 섬기는 것이 아니요, 나의 아들
예수를 경배하는 것이 아니요, 나의
뜻대로 살아가는 것이 아니요,
33 나의 아들 예수가 너희에게 복음을
전하고자 가르쳤던 그 뜻대로 사는 것
이 아니라,
34 돈을 섬기기 위하여 살아가는 너희 종
교 집단으로 전락하였음이니, 그게 바
로 무엇이더냐?
35 팽창위주로 가는 너희들이니라.
36 질을 따지지 아니하고 종교 지도자가
깨우치는 자들은,
37 지금 내가 한 사람의 의인이 세상에
나와도 바꾸지 않는다 하였으니, 내가
얼마나 질적인 진정한 지도자요, 질적
인 진정한 백성을 원하는가?
38 이를 역행하는 대표적인 것이 이 세상
동양의 작은 나라 백성이니,
39 너희가 각성해야 함을 먼저 깨우치도
록 그리하라.
40 그리고 그들에게 법전을 전해 줘 그들
이 바로 질적인 지도자를 육성하는 데
지금부터 온 열과 성을 다할 수 있도
록 그리해야 할 것이며,
41 나의 아들 너는 또한 그와 같은 지도
자를 육성해야 할 것이며,
42 너를 따르는 제자들도 그와 같은 지도
자요, 후계자를 육성하는 데 최선을
다하도록 그리 전하라, 사랑하는 나의
아들아!

5,947 번째 하나님 말씀

2003년 4월 12일 22시 40분

1 사랑하는 나의 아들아!
2 "네, 아버님! 말씀하옵소서."
3 나 여호와가 내려보낸 지금의 그 많
은 종교 집단이요, 지도자요, 그 많은
물질을 거둬들이고 그저 저희 마음대
로 휘두르는 그와 같은 지금의 백성,
그 가는 모습이 얼마나 답답하고 불
쌍한지 아는가?
4 그리고 그들은 하나도 제대로 깨우치
지 못하고 그 진리를 알지 못하기 때
문에 지금 그들은 그저 재물을 갖다
바치며 하늘에 쌓으면 축복을 받으며
영광이라 그리 생각함이니,
5 나의 아들아! 나의 법전에 기록하여
이를 전하며 너의 제자들에게 전하며
만백성에게 깨우쳐야 함을 잊지 말라.
6 하늘에 보물을 많이 쌓아 놓는 자 축
복받으며 너희가 죽어 와 그 개인의
창고 앞에 쌓아 놓은 보물의 양에 따
라 구원을 받는다고 어리석게 그리 가
르치니 너희는 여기서 알아야 할 것
이니라.
7 재물을 바치는 것이 아니니라.
8 하늘에 보물을 바치는 것이 아니요,
보물을 하늘에 쌓아 놓는 것이 아니니
라.
9 내가 하늘에다 보물을 쌓아 놓으라는
것이며 재물을 바치라 그리 깨닫는
그 구절의 내용은 그것이 아니니라.
10 이 세상에서 살아가면서 세속에서 인
간이 더불어 살아가는 그 속에 가장
필요한 것이 무엇이더냐?
11 보물이요, 재물이니라.
12 그리고 금화와 은화가 아니던가?
13 그러니 너희 각자가 그 재물을 모으기
위하여 그 금화와 은화를 남보다 더

많이 갖고자 하여, 그리하여 부를 누
려 안락하고 편안한 생활을 살고자 하
는 것, 그리고 부귀와 영화를 위하여
살아가는 것이 아니던가?
14 그러니 너희가 육의 세상에서 재물을
모으고자 하는 마음, 금화와 은화를
갖고자 하는 마음, 더 높고자 하는 그
와 같은 욕심의 그 근원의 뿌리를 이
지상에서 다 버리라는 뜻임을 너희는
알아야 할 것이니라.
15 그리하여 너희가 지상에서 그 모두를
다 버렸을 때 정녕 한 인간으로서 넘
지 못할 그 선을 넘게 되는 것이며, 그
선을 넘었을 때야말로 너희가 아름다
운 마음이니라.
16 그리고 너희가 변화된 마음이라는 것
을 알라.
17 재물이요, 보물을 하늘에 쌓으라는 것
이 아니요, 이 세상에서 너희가 재물
이요, 보물에 연연하는 것, 그리고 그
를 놓지 못하는 것,
18 그를 위하여 살인하며 강도질하며 거
짓 하며 사악한 짓을 다 하는 것,
19 그 모두를 너희 손에서 놓을 수 있는
마음, 그것을 낙엽처럼 놓을 수 있는
마음,
20 금화와 재물이요, 은화를 모으기 위하
여 사람을 욕되게 하지 아니하며, 남
에게 거짓 하지 아니하며, 남에게 사
기 치지 아니하며, 남의 목숨을 해하
지 아니하며, 남의 것을 넘겨다보지
아니하며, 남의 것을 탐내지 않는 그
와 같은 욕심의 근원을 다 뽑아냈을
때, 그것이 얼마나 아름다운 마음이더
냐?
21 그래서 그 마음을 나에게 바치라는 것
을 내가 너희에게 금화와 은화를 하늘
에 바치라는 것처럼 그리 가르치고 있
음이니,
22 이 얼마나 통탄할 일이며 이 얼마나
나 여호와가 지금 괴로운 일이던가?
23 그들은 그 의미요, 뜻을 모르고 그것
을 역으로 가르치며 잘못 가르쳐,
24 하늘에 쌓는다 하여 종교 지도자가 도
둑놈처럼 거둬들이며 영수증도 없이
거둬들이며 세무서보다도 더 사악한
자들이니 이를 어찌 전하고 깨우쳐 줄
수 있겠던가?
25 네가 이와 같은 뜻을 나의 법전에 기
록하여 전하면, 그 종교 지도자요, 지
금의 믿음의 길을 가는 백성이,
26 이는 미친 자가 하는 소리요, 말세에
오는 거짓 선지자가 세상을 혼란케 하
는 것이라 하여 이를 찢어 버리라, 태
워 버리라, 종교 집단에서 난리가 날
것이며,
27 나의 아들의 생명 줄을 끊으려 그를
뒤쫓을 것이며, 그 제자들이 공부하는
성전마저 문을 닫게 하려고 하는 그
무서운 회오리를 또 한 번 일으키려
하는 것이 너희들이니,
28 나의 아들 예수를 죽였던 것보다도 더
처참한 형국으로 감이니라.
29 그러나 내가 진실을 가르쳐 너희에게
전함이니,
30 이제 하늘에다 보물과 재물을 쌓아 구
원을 받겠다고 광분하는 너희는 아름
다운 일 하나를 더하는 것이 나으니라.
31 남의 먼지 하나를 털어 주는 것이 재
물을 바치는 것보다도 더 위대한 것이

며,
32 재물을 바치는 것은 나는 보지도 아니
하며 그 재물은 하늘에 쌓을 곳도 없
으며 그 재물을 쌓는 것만큼 너희 죄
가 무섭다는 것을 알라.
33 이제 내가 나의 아들을 통하여 너희에
게 전했느니라.
34 너희가 하늘에다 보물이요, 재물을 쌓
는 것이며 금화와 은화를 그득히 쌓아
놓는 것이 아니라,
35 그걸 지상에서 버릴 수 있는 그 고귀
한 마음, 깨끗한 마음,
36 그 아름다운 마음의 보물과 그 뜻을
나에게 쌓아 놓는 것이요, 그것이 나
에게 보내는 너희 믿음이니라.
37 보물과 재물보다도 그를 놓을 수 있는
육의 그 마음가짐이 얼마나 소중하고
위대하며,
38 거짓 하지 아니하며, 욕심내지 아니하
며 질투하지 않는 그 모든 마음을 다
버린 그 깨끗하고 아름다운 마음을 나
에게 바치는 것이 너희가 모두를 다
바치는 것이거늘, 어찌하여 너희는 하
늘에서 받을 수 없는 그 재물이요, 물
질을 가지고 바친다 하느냐?
39 하늘에 누가 언제 어찌 올리던가?
40 너희의 깨끗한 마음과 아름다운 마음
은 나 여호와가 너희가 죽을 때 내가
다 거둬들이니,
41 그것이 나에게 바치는 보물이요, 재물
이요, 귀중한 것이라는 것을 이제는
너희가 알아야 할 것이니라.
42 이 뜻을 모르는 종교 지도자들이 금화
와 은화를 어찌 하늘로 올린단 말이던
가?
43 상식적으로 생각하며 너희 머리로 생
각해 보라.
44 하늘에 금화와 은화를 어찌 바치는가?
45 그리하여 그 사악한 자들이 지금 나의
피조물 만백성을 그리 유혹하며 속여
지금 계속 그와 같은 짓을 하고 있으
며 그들의 재산을 탈취하며 갈취하는
사악한 강도요, 도둑보다도 더한 자들
이니, 너희가 그 뜻을 알라.
46 하늘에 쌓는 보물은 지상에서 욕심내
지 않는 마음, 질투하지 않는 마음, 시
기하지 않는 마음, 남의 재물을 갈취
하고자 하는 그 마음을 다 버린 마음,
47 바로 그것이 예수가 사랑하는 마음이
요, 나의 아들이 실천했던 사랑이요,
나의 아들이 만백성에게 깨우치고자
했던 그 뜻이니,
48 하늘에 재물을 쌓으며 보물을 많이 쌓
아 놓음으로 인하여 너희가 죽어 와
그 창고 앞에서 너희가 쌓은 그 창고
문을 열고 그 양에 따라서 내가 너희
를 천국으로 올리며 지옥으로 보낸다
는 그 어리석고 불쌍하고 사악한 생각
이요, 그 욕심을 버리라.
49 그리고 사탄의 자식들에게 그와 같은
말을 듣고 너희들 자신을 버리지 말
라.
50 내가 너희에게 뭐라 말하였더냐?
51 이 세상에 가장 소중하고 귀한 것은
너희가 아름다운 마음으로 나에게 경
배하는 것이요,
52 오늘보다도 내일이 더 아름다운 모습
으로 살아가는 것이니,
53 아무리 큰 재물이라도 그저 낙엽 하나
놓듯이 놓을 수 있는 그 귀한 마음,

54 그것이 가장 귀중한 보물이요, 보배
요, 하늘의 창고에 쌓아 놓을 수 있는
것이라는 걸 잊지 말라, 사랑하는 나
의 아들딸들아!

5,948 번째 하나님 말씀

2003년 4월 12일 22시 51분

1 사랑하는 나의 아들아!
2 "네, 아버님! 말씀하옵소서."
3 나의 피조물 만백성, 그 많은 백성이
세상에 나와 죽어 간 너희 조상이요,
지금 살아가는 너희, 또 너희 후손들
까지도 그럴 것이니라.
4 너희가 살아가는 그 목적은 무엇이냐?
5 너희가 가장 큰 기쁨은 무엇이라 말하
느냐?
6 나로부터 은혜를 받으며 축복을 받으
며 내가 너희를 기억하며 너희가 나
에게 오를 수 있다는 그것을 위하여
모두를 다 바쳐 지금 살아가고 있지
않은가?
7 너희 육이라는 생명은 제한되어 있으
며 언젠가는 육의 생명의 그 끈을 놓
는다는 것을 알고 있기에,
8 영원히 사는 세상의 아름다운 삶과 죽
지 않는 삶이요, 그리고 다음 사후의
세계에 대해 그 축복과 영광이 있다
하면,
9 그 길을 위하여 너희는 모두를 다 바
치고 지금 살아가고 있지 않은가?
10 너희 조상 때부터 지금까지 그 많은
백성이 그리도 갈구하고 원했던, 내가
기억해 주며 나로부터 은혜 받으며 나
에게 구원받는 그와 같은 길을 살고자
노력하는 만큼,
11 나 여호와는 너희가 나의 품에 돌아
올 수 있도록 내 마음을 열어 놓고 있
으며, 천국의 문을 열고 항상 밤과 낮
을 가리지 아니하며 너희가 깨우쳐
나에게 오르기를 기다리는 나 여호와
라는 것을 과연 알겠는가?
12 나 여호와는 밤과 낮을 가리지 않으며
그 천국의 문을 올 자격이 있는 자 들
어올 수 있도록 그 모두를 다 열어 놓
고 기다리고 있다는 것을 너희는 알
아야 할 것이니라.
13 그러나 어찌하여 너희는 부모가 나간
자식을 기다리는 그 마음보다도 더 애
절한 나 여호와의 뜻을 그리도 모르는
가?
14 너희는 어찌하여 나에게 올 수 없는,
나와는 먼 길을, 돌아올 수 없는 그 길
만을 향하여 가고 있는가?
15 어찌하여 나 여호와가 기다리다 지쳐
있는 나의 이 마음을 너희는 그리도
모르는가?
16 내가 사랑하는 나의 아들딸들이 아름
답게 살다 나에게 돌아오기를 기다리
고 기다리다 나 여호와의 마음이 지쳐
있음이니,
17 그리하여 내가 더 이상 너희가 더 사
악하게 흘러갔을 때, 나 여호와 자신
도 너희 끈을 놓으려 한다는 것을,
18 그때는 너희가 감당하지 못할 재앙의
역사가 이루어진다는 걸 알아야 할
것이니라.
19 이제 내가 나의 아들을 통하여 너희에
게 전함이니, 너희는 나 여호와의 기
쁨이요, 내가 너희로 하여금 행복을

느낄 수 있는 그와 같은 삶을 살 수 없
는가?
20 너희를 나 여호와가 기쁜 마음으로 반
겨 줄 수 있는 그와 같은 아름다운 삶
으로 살다 나에게 돌아올 수는 정녕
없단 말이던가?
21 너희는 어찌하여 그와 같은 나 여호와
의 기다리는 마음을 모르는가?
22 내가 지금 지옥 불로 가는 백성을 구
하기 위하여 심판이라 하여 제3의 시
대를 역사하니,
23 이것은 내가 너희를 심판함이 아니요,
구원을 받을 자요, 구원을 받지 못할
자가 그를 보고 읽고 깨우칠 수 있도
록 그 기본의 틀이요, 심판의 법전이
라 명하여 내가 이 법령을 너희에게
내려보냄이니,
24 어찌하여 내가 이와 같이 법령이요,
마지막 시대에 이를 보고 깨우치는 자
가 나에게 오를 수 있으며, 오르지 못
하는 자는 이를 읽지 아니한 자라 내
가 그리 말을 전해도 너희는 듣지 아
니하는가?
25 너희가 이 법전을 읽지 아니하면 구원
의 길에 오를 수 없다 내가 그리 말을
해도 너희는 이를 듣지 아니하며 이
를 찢어 버리며 사탄의 장난이라 비웃
으며 나의 아들을 핍박하는 그와 같은
형국이며,
26 하늘을 보고 나에게 '어찌 사악한 자
를 제거하지 아니하시오며, 어찌 그와
같은 자가 160권의 그 대장정의 법전
의 말씀이라 하여 세상에 낼 수 있는
가' 하며 나를 원망하는 그와 같은 마
음일 것이나,
27 너희는 이 비극의 시대에서 살아감이
니라.
28 너희는 현실을 너무나도 모르는 것이
며 진리를 모르는 것이며 하늘에 올라
오는 길이 무엇인가를 모르고 있음이
니라.
29 그러니 사랑하는 나의 아들딸들아!
30 지금의 이 비참한 형국이요, 다 썩어
가며 죽어 가는 그 백성을 너희가 어
찌 구원할 것이며 어찌하여 그들을 그
고통에서 극복할 수 있도록 할 수 있
다는 말이던가?
31 그 길은 내가 너희에게 일찍이 말했듯
이 단 한 길뿐이니라.
32 아무리 누가 와서 뭐라 해도 역사하지
않느니라.
33 천사가 와서 나 여호와의 뜻이라도 해
도 그 말을 믿지 말라 가르치는 것이
종교 집단이요,
34 그 말을 들은 지도자들이 세상에 나와
다 그 말을 갖다 되씹으며 또 되씹어
가르치고 가르치니,
35 그 성도라는 백성이요, 신도라는 그
백성까지 머리가 세뇌되고 세뇌되어
서 저희의 지도자가 가르치는 그 설교
외에는 아무것도 구원을 받을 수 없는
길이요,
36 천사가 와서 나의 뜻이라 전해도 그를
믿지 말라 가르쳐 머릿속에 그게 박혀
있으니 이들을 어찌 가르칠 수 있는가?
37 그들을 변화시킬 수는 없음이니라.
38 그리하여 나의 법전이 이 세상을 다
덮는 그 길밖에 없느니라.
39 그리하여 나 여호와가 이 지치고 힘든
마음을 너희가 나의 법전으로 이 세상

을 다 덮는 그날을 기다리면서,
40 나 여호와에게 선택된 너희에게만 내
가 역사할 수 있도록 채찍질을 가하
며 고통을 가하며 훈련을 시키며 인내
하고 버텨 살아나갈 수 있도록 나의
법전을 빠른 시일 안에 세상에 만들
어 전할 수 있도록 채찍질하며 내가
고통을 주고 있음이니,
41 너희를 바라보는 나 여호와의 아픈 마
음을 알겠는가?
42 그 마음도 저리기에 한이 없음이니라,
사랑하는 나의 아들딸들아!
43 그 이상은 반드시 실현될 것이며 그
역사는 반드시 너희가 이루어야 한다
는 것을 잊어서는 아니 될 것이니라.
44 그러니 오늘의 육적인 고통을 극복하
며, 아무리 시련이 있다 해도 스스로
손을 잡고 서로 위로하고 서로 한몸이
되어 하나가 되어 이 고통을 극복하고
넘어 나의 법전을 전하는 그 역사에
너희가 승자가 되어야 하는 것을 잊
지 말라.
45 오늘의 고통이요, 오늘의 시련이 있는
것만큼 너희는 반드시 나 여호와로부
터 상을 받을 것이며 그 은혜가 있으
며 그 축복이 있음을 알라.
46 이제 너희 형제들이 지옥으로 달려가
는 백성, 그리고 죽음으로 가는 백성
을 구원하며 그들을 구제할 것은 너
희밖에 없음이니,
47 너희가 최선을 다하며, 잠시도 게을리
하지 말며,
48 단 1분이라는 그 시간도 법전을 만들
어 전하는 길이요, 그 법전으로 하여
금 만백성을 깨우치는 그와 같은 일에
쉬어도 안 되며 주저해서도 안 되니
그리 알도록 하라, 사랑하는 나의 아
들딸들아!

5,949 번째 하나님 말씀

2003년 4월 12일 23시 03분

1 사랑하는 나의 아들아!
2 "네, 아버님! 말씀하옵소서."
3 너희 인간 세상에 그리 말했느니라.
4 '남을 물에 먼저 넣고자 하면, 너희 자
신이 먼저 물에 빠진다.'는 말이 있지
않던가?
5 남을 해하고자 하면 너희가 먼저 해
를 당한다는 그와 같은 말이 있느니라.
6 사람을 사형하는 단두대를 만든 자가
그 단두대에 먼저 제 목을 내놓는 그
와 같은 형국이 너희 세상 살아가는
이치요, 흐르는 정도의 길이라는 것을
너희는 알고 있으며 그와 같은 말을
하고 있음이니라.
7 그러니 지금 나의 법전을 가지고 시시
비비하는 백성은 과연 무엇이던가?
8 몇천 년 동안 역사를 흘러오는 속에
너희 습관이요, 너희대로 성서를 가지
고 하늘에 오르는 길이요, 만백성을
구원의 길로 인도한다 하여 오늘과 같
이 양적인 팽창에만 연연하며,
9 재물을 거둬들이며 돈을 믿고 오는 그
와 같은 돈을 만들기 위하여 돈을 신
처럼 받드는 지금의 종교 집단이요,
지도자들이 하는 짓이 무엇이던가?
10 나의 160권의 법전이 세상에 나가는
이 역사를 사탄의 장난이요, 마지막
시대에 거짓 선지자의 장난이요,

11 그리하여 이를 보지 말라, 이를 듣지 말라, 이는 사탄의 자식이라 너희가 그리 말함이니,

12 나 여호와가 직접 나의 아들을 통하여 내리는 이 성령의 나의 뜻을 가지고, 그리고 너희가 심판의 기준이요, 심판의 법전인 이 책을 가지고 사탄의 앞잡이라 그리 말함이니,

13 과연 너희는 누가 사탄의 앞잡이가 되었단 말이던가?

14 '남을 물속에 빠트리고자 하는 자는 제가 먼저 들어간다.'는 말이 있듯이,

15 너희가 나의 진리를 사탄이요, 사악한 자라 말하며 마지막 시대에 역사하는 잘못된 것이요, 악마의 짓이라 그리 말하니,

16 그와 같이 말하는 너희가 사탄의 앞잡이요, 악마의 자식이니라.

17 그리하여 지금 광분하는 그 믿음의 자체요, 그저 소리만 지르고 믿음이요, '아멘, 할렐루야!'요, 나의 아들 예수의 이름을 부르며 나 여호와를 찾으며 구원받는다 하는 너희가 바로 사탄이니라.

18 너희가 사탄이 되어 있기에, 남을 보고 사탄이라 하며 남에게 악마라는 것은 너희가 악마가 되어 있다는 것을 알아야 할 것이니라.

19 인간의 삶에도 서로 협조하고 의논하며 도우며 살아가게 되어 있는 것이 세상이니라.

20 그리고 먼저 깨우친 자, 먼저 아는 자에게 듣고 배우고 깨우쳐서 나쁜 것은 버리고 좋은 것은 너희 것으로 하여 인생을 살아가는 데 발판으로 삼으며 살아가는 지혜와 필요로 하는 것을 얻는 그와 같은 현명한 방법으로 살아가는 것이 인간 세상의 살아가는 법도가 아니더냐?

21 그리하여 더불어 살아가는 것이 너희들이니라.

22 그러나 지금의 종교 집단은 어떠하던가?

23 그들은 그를 용납하지 아니하며 그들은 그리 타협하지 아니함이니라.

24 그들은 제 것만이 최고요, 제가 가지는 것이 최고요,

25 남의 것은 모두가 다 사탄이요, 사악한 자요, 이단의 것이라 저주하고 그리 말하고 있음이니, 그들은 과연 어떠한 백성이던가?

26 그러면서 저희 자신이 아무도 넘을 수 없는 높고도 높은 담을 쳐 놓고 있음이니,

27 그들이 그 담 안에 있는 것이 우물 안 개구리 같은 형국이요,

28 그들이 그 담을 헐고서 세상의 넓음을 보지 못한다면 저희는 구원의 길을 거둘 수가 없으며 얻을 수가 없음을 알라.

29 세상사 나의 진리가 수천수만 가지요, 그 끝이 없는 진리요, 헤아릴 수 없는 그 많은 진리를 보고 깨우쳐 하늘에 오르고자 역사하는 나의 백성과 높고 높은 담을 쳐 놓고 그 속에서 저희만이 위대한 백성이라 말하는 자들,

30 과연 누가 진리를 깨우치며 누가 하나를 더 얻고 하나를 더 배워 하늘에 오르는 나의 뜻이요, 내가 원하는 그 길을 알 수 있단 말이던가?

31 너희가 지금 그 같은 경우니라.
32 네 것만이 최고요, 남의 종교요, 남의
집단이요, 그리고 나 여호와가 내리는
이 법전이요, 새로운 성경까지도 사탄
이요, 이단이요, 악마의 것이라 그리
부르짖으며 신도들에게 보지 못하도
록 그리 소리 지르는 자,
33 너희 스스로 그와 같이 되어 있음을
알아야 할 것이니라.
34 나는 이 모두를 나의 아들에게 내려보
내 너희를 깨우치고자 이와 같이 명
함을 알아야 할 것이니라.
35 여기서 나의 아들을 사탄이요, 악마라
그리 말하는 백성은 하나 깨우쳐야
할 것이니라.
36 너희는 기도하는 것도 어찌하는가?
37 종교 지도자요, 집단에 속해 있는 신
도라는 자, 너희는 미리 준비하여 너
희가 하고 싶은 말, 전하고 싶은 말을
기록하여 그대로 그걸 보고 말하고
전함이니라.
38 그리하여 너희에게 은혜를 베푸는 자,
너희에게 선물을 준 자, 너희에게 재
물을 많이 바친 자는 그 이름을 불러
주며 그에게 축복이 있으라, 영광이
있으라 그리 악을 쓰는 것이니라.
39 그러나 나의 아들은 그리 말하지 못함
이니라.
40 나의 아들은 그에게 재물을 놓은 자,
그에게 은혜를 내려 세상 것을 다 준
다 해도 그는 스스로 그에게 축복을
주며 영광을 주며 그에게 하늘의 복이
있으라는 그와 같은 말을 못 하느니라.
41 십계명을 외우는 그 순간에 내가 그의
입을 닫아 버리며 그는 내가 내리는
것만을 입으로 전하며, 그가 그것을
기록하여 전하는 그것 외에는 할 수가
없나니,
42 이것이 지금 종교 지도자들이 기도하
는 것이요,
43 너희 신도들이 기도하는 것과 나의 아
들이 나의 성령을 받아 이 160권의 법
전을 기록하는 이 장정의 역사를 이루
는 것은 거기에 차이점이 있음이니라.
44 나의 아들은 기도하며 남을 위해서 하
더라도 그가 말하지 못함이니라.
45 그저 내가 주는 말이요, 내가 내리는
것만을 말하기에, 있는 그대로 그는
솔직한 것을 얘기하며,
46 금 덩어리를 갖다 줘서 금 덩어리만큼
칭찬하며, 은을 갖다 줘서 은만큼 칭
찬하며 빈손으로 왔다 하여 그 이름을
부르지 않는 그와 같은 너희 생각이
요, 마음에 느끼는 대로 만들어서 하
늘에 드리는 그 기도는 세상을 오염시
키며 그 목소리는 하늘까지 오염시키
고자 하는 사악한 자들의 행위이니라.
47 그러나 나의 아들은 십계명을 암송한
후에 내가 그 입을 봉해버리며 내가
내리는 말만을 그저 하는 것이니,
48 그의 잘못도 아니며 그의 뜻도 아니니
라.
49 바로 성경에 기록되어 보내는 자가 있
으며 내가 새로운 보혜사를 내려보낸
다 하였음이니,
50 바로 그는 제 의사대로 하는 것이 아
니요, 오로지 듣는 것만 기록하여 전
한다는 그와 같은 성경에 기록되어 있
는 나의 그 약속이 지금 실현되는 것
이니,

51 성경에 기록된 대로 그는 제 의사요,
제 뜻대로 말하지 아니하며 오로지 내
가 내려보내는 것, 내가 보내는 나의
뜻이요, 나의 의사를 가지고 기록하여
세상에 전하며 만백성을 구한다는 그
와 같은 내가 성경에 기록된 그것을
지금 약속을 실천하며 실행하는 단계
이니라.
52 2천 년이 지난 지금에 와서 내가 성경
에 나의 아들을 통하여 기록했던 그
내용, 그가 자의로 말하지 아니하며
듣는 것만을 가지고 기록하여 전한다
는 그 약속을 내가 지금 나의 아들을
통하여 행함이니,
53 너희 맘대로 꾸며 내 생각나는 대로
중언부언하는 것이 너희 기도요,
54 나의 아들을 통하여서 내려가는 기도
는 그가 그 임의로 말하는 것이 아니
요, 그가 생각대로 하는 것이 아니요,
55 내가 내리는 것만 내가 전하는 그 뜻
만을 받아 기록하는 그와 같은 형국의
그 역사를 이루며 그 약속을 지킨다는
것을 너희는 알아야 할 것이니라.
56 지금의 종교 집단만이 내 것이 아닌
남의 것은 사탄이요, 사악한 자라 그
리 말하며 마음의 문을 열지 못하며
그를 버리지 못하고 사니,
57 정녕 그 아름다운 하늘나라에, 평생
바쳐 소원하는 그 구원의 길조차도 보
지 못하고 지옥으로 가는 그와 같은
불쌍하고 가련한 백성이 지금 믿음을
가는 길이요,
58 지도자요, 집단이요, 거기의 신도들이
너희들이 가야 할 길이며 감당해야 할
그 고통의 길만이 남아 있다는 것을
잊지 말라.

5,950 번째 하나님 말씀

2003년 4월 13일 08시 10분

1 사랑하는 나의 아들아!
2 "네, 아버님! 말씀하옵소서."
3 네가 지금 과연 어떠한 경지며 네가
어디에 와 있다 말하는가?
4 "네, 아버님!
5 저는 아무것도 깨달은 것이 없으며 변
화된 것이 없사옵나이다.
6 제가 이렇게 앉아서 기도하며 아버님
의 말씀을 듣는 이 책상과 의자가 제
가 이를 쓸 자격이 없다 그리 말하옵
나이다.
7 그리고 제가 쓰는 이 방에 있는 모든
가재도구가 저는 이것을 쓰고 여기서
잠잘만한 자격이 없다 하옵나이다.
8 그 자격을 갖추기 위해서는 제가 변해
야 할 것, 몇 가지를 이들이 말하고 있
사옵나이다.
9 그리하여 제가 지금 고통과 번민 속에
있사오며,
10 이 도구들이 저에게 요구하는 것을 그
대로 실천하려 지금 마음을 굳혀 가고
있사옵나이다, 아버님! 조금만 저에게
시간을 주옵소서.
11 그리고 제가 쓰는 책상이요, 이 컴퓨
터요, 이 의자요, 장롱이요, 나에게 속
해 여기에 있는 모든 도구 여러분! 미
안합니다.
12 저는 어떠한 일이 있더라도 여러분에
게 부끄럽지 않은 그 길을 가겠으니,
이제 조금만 시간을 주십시오.

13 지금 내가 당장 이 방에서 아버님의
말씀을 듣지 아니하며 이 책상과 이
의자를 사용하지 아니하면, 내가 지금
이 160권의 법전을 만드는 데 지장이
오며 내가 기도를 할 수 없기에,
14 나를 조금만 용서하여 주십시오.
15 조금만 용서하여 주세요.
16 이제 내가 컴퓨터를 내 것으로써 만들
수 있으며, 내가 친구로서 한 점의 부
끄럼 없이 만들 수 있으며,
17 이 책상과 의자요, 나를 도와주는 여
러분의 그 노고에 대하여 내가 보답
하도록 그리하겠으며 보답하겠나이
다.
18 그리고 내가 쓰는 모든 가재도구 여
러분!
19 그리고 마이크요, 시계요, 모두에게
다 부끄럽습니다.
20 여러분이 모두가 다 한목소리를 내고
있음을 알고 있나이다.
21 이것을 쓸 수 있는 자요, 친구로서의
자격이 없으며 이 방에서 잘 수 있는
자격까지 없다 그리 말씀하시니 그를
지키겠습니다.
22 이제 세부 사항을 지킬까 하옵니다.
23 그대로 실천할까 하옵니다.
24 아버님, 제가 그렇게 지금 부대끼며
고통 속에 있사옵나이다.
25 그리하여 이제는 그들의 뜻을 따라 그
들에게 친구로서 한 점의 부끄럼이 없
는 그 자세로 가고자 마음을 굳혀 가
고 또 다져 가고 있사옵나이다.
26 아버님, 저에게 조금만 시간을 주옵소
서, 이 죄인에게.
27 그리고 이곳에 있는 모든 친구여!
28 내가 여러분을 바라볼 때 한 점의 부
끄러움이 없는 그와 같은 자세로 설
것이니, 나를 조금만 지켜봐 주세요.
29 조금만 나를 용서해 주시고 조금만 도
와주시기 바랍니다.
30 그대로 실천할 것입니다, 그리고 갈
것입니다.
31 어떠한 고통과 시련이 있다 하여도 그
길을 가겠으니, 여러분이 내가 지금
잘못 가고 잘못 지키며, 내가 부끄러
워 책상을 쓸 수 있는 자격이 없으며,
의자에 앉아 있을 자격이 없으며,
32 나를 위하여 여러분이 수고스러움을
끼치기가 싫다며, 끼칠 이유가 없다
하여 여러분이 분노하여 폭발하고자
하는 것을 일부는 알고 있사오나,
33 과연 내가 어디까지 용단을 내리며
어디까지 용기를 내서 어찌해야 할 것
인지 그 세부 사항은 여러분께서 가르
쳐 주시기 바랍니다.
34 모든 친구여! 죄송합니다.
35 오늘 이후 친구 여러분에게 조금도 부
끄러움이 없는 길을 가겠나이다."

5,951 번째 하나님 말씀

2003년 4월 13일 08시 22분

1 사랑하는 나의 아들아!
2 "네, 아버님! 말씀하옵소서."
3 나 여호와가 너에게 체벌하며 너희에
게 체벌하는 그 무서움보다 너와 더불
어 있는 모든 동식물이요, 무생물이
너에게 요구하며 네가 바로 서기를 원
하는 그들의 무서움을 네가 알아야 할
것이니라.

4 “아버님, 이제야 깨달았사옵나이다.
5 저는 이 성전에 들어올 자격이 없사옵
나이다.
6 이 성막과 같은 제 방에 들어올 수 있
는 자격이 없는 것뿐만 아니라,
7 성전에 들어올 만한 그 자격이 없는
것을 알았사오며, 강론할 만한 자격이
없는 것을 알았사옵나이다.
8 이제는 모든 무생물이 이 책상이 저
를 받쳐 주는 것을 싫어하며, 의자가
제가 앉아 있기를 싫어하며 컴퓨터가
제가 손을 대는 것을 싫어하니,
9 이제는 그 친구들로부터 환영받는 제
가 되도록 하겠사오며,
10 나아가서 성전까지도 들어 올 자격이
없는 사람이라는 것을 이제야 깨달았
사옵나이다.
11 성전에 들어오는 데 한 점의 부끄러움
이 없으며, 그리고 강론을 하는데 한
점의 부끄러움이 없으며 기도를 드리
는 데 한 점의 부끄러움이 없는 그와
같은 삶으로 살겠사옵나이다.
12 그것이 제가 가야 할 길이며 제가 이
루어야 할 길이며 제가 역사해야 할
길이라는 것을 이제야 깨달았사옵나
이다.
13 마음속에 있는 모든 것을 다 지우며
모두를 다 지우는 그와 같은 마음을
갖겠사옵나이다.
14 아버님께서 꿈에 보여 주신 그것을 알
고 있사옵나이다.
15 지난날 과거에 연연한 모든 인간관계
의 생각이요, 고리도 끊지 못하였으
니, 그 끊지 못한 이 죄인임을 이제야
알았사옵나이다.
16 그와 같은 사람들이 찾아왔을 때 모
두를 똑같이 반기는 것이 아니요,
17 그 그리움에 복받쳐 그들을 끌어안는
그와 같은 마음의 자세가 아직도 지워
지지 아니하였으며,
18 그리워하는 사람들을 연연하는 마음
이요, 이는 지난 세속의 삶을 살았던
그 모두를 아직도 제가 잊지를 못하고
있으며,
19 항상 그 육의 세상이 즐거웠으므로 돌
아갈 수 있으며 무너질 수 있는 저라
는 것을 아버님께서 보여 주신 그 의
미를 오늘에야 또 깨달았사옵나이다.
20 지난밤에 아버님께서 보여 주신 그
지난날로 돌아가고자 몸부림치는 제
형태를 보았사오니 그것이 얼마나 부
끄러운 것이며,
21 오늘 제가 쓰는 책상이요, 컴퓨터요,
장롱이요, 집기들이요, 연필 한 자루
까지도 제 손이 닿는 것을 싫어하며
제가 사용하는 것을 싫어한다는 것을
알았사옵나이다.
22 아버님의 아들이요, 만백성을 구하는
목자로서 제가 얼마나 부끄러우며,
23 제가 바로 서지 못함이니, 그들은 제
가 바로 설 때까지 저를 보기 싫어하
며 저와 상대하기 싫어하며 옆에도 오
지 말라 그리 말하고 있사옵나이다.
24 그러니 그들에게 친구가 될 수 있는
그 길을 오늘부터 가겠으며,
25 이 성전에 들어올 수 있는 자격이 없
는 제가, 오늘부터 성전에 들어올 수
있는 자격이 있는 사람으로, 강론할
수 있는 사람으로 그리 변하며 그와
같은 형태로 바꾸겠사옵나이다, 아버

님!
26 이 무서운 사실에 떠는 저를 용서하
여 주옵소서.
27 이 무서운 사실 앞에 제가 몸 둘 바를
모르는, 그리고 제가 아랫입술을 깨물
어 피를 토하더라도 지키겠다는 이 강
한 의지의 마음을 펼 수 있도록 저에
게 기회를 주옵시고, 조금만 저에게
시간을 주옵시고, 오늘부터 당장 지키
고 행하겠습니다.
28 그러나 제가 무엇을 더 잘해야 하며
무엇을 더 잘못하는지 아직도 많은
것을 알고 있으나, 또 많은 것은 어디
까지인지를 깨닫지를 못하고 있으니,
그를 모두 가르쳐 주옵소서.
29 그저 묵상으로써 명령에 의해 답을 받
도록 그리하겠사옵나이다, 아버님!"
30 이제는 너의 제자들에게 전해야 할
것이니라.
31 네가 방에 앉아 쓰는 그 책상들이 너
를 거부하며 의자가 거부하며 모든 것
이 다 너를 거부하는 그 두려움 속에
서 네가 바로 서고자 네 마음을 굳건
히 굳히며 그리 행하며,
32 나의 성전에 들어올 자격이 없다 네
가 말하며 네가 설교할 수 있는 자격
이 없으니 그 자격을 오늘부터 네가
획득하고자 그리 말하니,
33 너를 따르는 제자들 또한 그리 변해야
하며 그와 같은 형국으로 가야 한다는
것을 잊지 말라.
34 모두는 너희 말에 의하면, 티끌이 모
아 그 태산이 이루어지며, 아무리 큰
산도 하나의 작은 모래요, 흙들이 모
여 이루어지듯이,
35 너희는 지금 나의 사랑하는 백성을 한
사람씩 깨우쳐 줘야 하며, 한 사람씩
낚는 어부가 되어야 함을 잊어서는 아
니 될 것이니라.
36 그리하여 너희가 한 사람씩 낚는 어
부가 되어 나의 법전을 나의 사랑하는
백성에게 한 권씩 전해 줄 때,
37 그 전해 주는 속에서 이 세상을 덮는
그와 같은 역사가 이루어짐을 잊지 말
라.
38 내가 너희에게 한 사람의 형제를 구원
하라 하였거늘, 어찌하여 너희는 한
사람의 형제를 구원하는 것을 소홀히
하는가?
39 나의 아들은 지금 모든 도구가 무생물
이요, 생물까지 그에게 바로 서지 아
니하면 그를 상대하지 아니한다 하여
나의 아들이 두려워 지금 그를 지켜
가며 그 무서운 길을 가고 있거늘,
40 너희는 인간 대 인간으로서 한 사람
의 친구요, 한 사람의 형제를 구원하
는 것을 소홀히 한다면, 그러고도 나
로부터 선택된 백성이요, 나를 따라가
는 백성이던가?
41 너희는 그 책임을 다해야 할 것이니
라.
42 그 책임을 완수하지 못하는 백성이 어
찌하여 지도자라 말할 수 있으며 만백
성을 구하는 그 환란 속에서 역사할
수 있다 하는가?
43 한 사람의 백성도 구원하는 역사를 하
지도 못하는 중에,
44 마음을 비우며 물질을 비우며 모두를
다 비우고 최선을 다했을 때, 너희가
한 사람의 형제요, 이웃을 구하기는

아무것도 아닌 것이니라.
45 그러기에 너희는 만백성을 구원하는
전사로서 다시 태어나야 할 것이며,
나의 뜻을 따라 역사하는 너희는 내
가 명한 작은 것부터 실행하도록 하라.
46 나의 아들은 한 점의 부끄러움이 없이
지금부터 갈 것이며, 이 성전에 들어
오는 것이 부끄럽지 않은 자세로 살
것이며,
47 그가 성막에 들어와 있는 이 방의 그
모든 가재도구, 그가 지금 쓰는 연필
하나, 종잇조각 하나에도 부끄럽지 않
은 자세로 살아가고자 그는 오늘 나에
게 약속을 했으며 그는 눈물로써 나에
게 기도를 드렸음이니, 그는 그리 갈
것이니라.
48 그러니 너희도 내가 명한 것을 철저
히 지켰을 때 나의 아들을 따라 같이
올 수 있는 자라는 것을 잊지 말라.
49 한 사람을 구하는 그 모든 훈련을 하
는 것은, 너희가 물질적인 것을 놓지
못하며 마음을 비우지 못하며 사랑의
실천이 없으며 나의 두려움을 모르며
나를 소중히 생각하지 아니하며 나를
사랑하지 아니하기 때문이니 그리 알
라.

5,952 번째 하나님 말씀

2003년 4월 13일 08시 34분

1 사랑하는 나의 아들아!
2 지금 몇천 년 동안 믿음이라는 그 역
사의 전통에 젖어 오는 나의 백성이
지금 저희가 믿고 가는 그 믿음이 제
생명보다 더 소중하다 생각하며 그보
다 더 위대한 것이 없다 그리 말하고
지금 달려가고 있음이니라.
3 그것은 바로 무엇을 의미하는가?
4 저희가 이 세상에 살면서 구원이요,
나의 나라에 오르는 것보다 더 영광되
며 축복받는 것이 없다는 것을 그리
생각하고 믿고 가고 있기 때문이니라.
5 그러나 그들이 믿고 가는 그 소중하고
위대함이 천국에 오는 길이라면 그와
같이 소중하고 위대할 것이나,
6 지금 가는 그 믿음은 천국이 아니요,
지옥 불로 달려가며 나의 뜻을 거역하
는 행위만 하는 것이 너희들이라 그
리 내가 가르쳤음이니라.
7 너희들이 지금의 믿음의 형태요, 성경
에 기록되어 있는 것이요, 십계명에
기록된 부분들을 얼마나 알뜰하게 그
내용을 지키고 살아가는가?
8 너희는 그것 하나로써 알아야 할 것이
니라.
9 너희가 착하고 아름다운 일을 하지 아
니한다는 것이 아니니라.
10 너희도 수없이 많은 일을 하며 아름다
운 역사를 많이 하나,
11 나를 믿는 방법이 근본적으로 틀렸으
며 구원을 받는다는 그 생각이 틀렸으
며,
12 거래하고자 하는 마음, 그리고 가진
자가 더 갖고자, 더 축복을 받고자 달
라는 기도를 하며, 나의 계명대로 살
수 없으며 인간이기 때문에 죄를 짓지
않고 살 수 없다는 그것으로써 많은
공을 세운 것이 그저 묻히며 그 죄가
이쪽에 있는 선한 것을 이기지 못함이
니,

13 내가 너희에게 백가지, 천 가지를 다
잘못한다는 것은 아니니라.
14 너희는 사랑을 베풀며 이웃에게 베풂
며 아름답게 살아가는 자 수없이 많이
있으며, 나의 성경을 보고 읽고 깨우
쳐 깨달은 자가 많이 있음이니라.
15 그러나 너희가 근본적인 믿음의 방법
이요, 하늘에 오르는 길이요, 그 진리
를 모르기 때문이니, 이를 고쳐야 한
다는 것이니라.
16 그리하여 지도자부터 다 바꿔야 하며,
너희의 모든 정신이요, 행하는 것을
다 바꿔야 한다 함을 너희가 알아야
할 것이니라.
17 너희는 남의 것을 과소평가하며 남들
이 가는 길은 진리가 아니요, 나에게
오르는 길이 아니요, 깨달음의 길이
아니라, 오로지 사탄이요, 사악한 것
이라 그리 말하니,
18 너희는 제 것만 최고라는 그와 같은
어리석음에서 우선 벗어나야 하는 것
이니라.
19 남의 집단이요, 남의 것은 볼 것도 없
으며, 들여다볼 것도 없으며, 거기서
는 얻을 것도 없으며, 배울 것도 없으
며, 아무런 가치도 없는 것들이며 그
저 사탄과 사악한 자들이 하는 말이라
그리 말하는 집단은 진리를 모르는 것
이며 세상의 이치요, 세상이 넓음을
모르는 것이니라.
20 그러니 제 것만이 최고요, 남의 것은
다 사탄이요, 이단이며 볼 것도 없고
들을 것도 없고 배울 것도 없으며 가
치 없는 것이라 그리 말하는 너희는,
참진리라는 것을 손에 쥐여 줘도 그
진리를 알지 못하며 구원의 길을 가르
쳐 줘도 그 구원의 빛을 보지 못하니,
21 너희는 '구원'이라는 그 글자 자체도
생각하지 말라 내가 그리 말하였음이
니라.
22 지금 너희가 남을 용서할 줄 모르며
남의 것을 들여다볼 줄 모르며 남이
가르치는 진리 중에서 제 것으로 배울
수 있는 그와 같은 마음의 자세를 갖
지 못하는 것은 너희는 마음의 공간
이 하나도 없기 때문이니라.
23 너희 마음의 공간이 선한 마음이요,
사랑의 마음이요, 용서하는 마음으로
채워졌다면, 남의 것을 들을 수 있으
며, 남의 것을 보호할 수 있으며 남의
것을 듣고 평가할 수 있거늘,
24 어찌하여 너희는 남의 것을 그리 평
가절하하는가?
25 그 마음 자체가 너희 마음속에 공간
이 없는 그 이유는 사탄이요, 사악한
마음이요, 사탄의 생각으로써 그득히
차 있기 때문이니라.
26 너희 마음을 놓고 너희 스스로 평가를
해 보라.
27 열이라는 마음속에서 선한 마음이 여
섯은 넘어야 할 것이거늘,
28 악한 마음이 여섯이요, 선한 마음이
넷이라면 네 개의 그 선한 마음은 거
기에 가려져 빛을 보지 못하며 그 상
이 없음이니라.
29 그러니 너희가 지금 하는 행동으로 볼
때 선한 마음으로 그득히 차 있는가,
악한 마음으로 차 있는가?
30 너희 마음을 차지하는 건 사탄이요,
사악한 마음으로 지금 그득히 차 있어

너희 마음에 공간이 하나도 없음이니,
31 참진리요, 위대한 나의 성령의 뜻이
너희 가슴에 들어갈 곳이 없으며,
32 나의 법전을 읽고 깨우칠 데가 없으며
나의 법전을 들여다볼 마음의 여유도
없음이니라.
33 그러니 너희가 잘못 가고 있는 것을
깨우치며 마음의 공간을 다 비워야
나의 성령이 너희에게 임할 수 있으
며 선한 마음을 볼 수 있으니, 마음을
비울 수 있도록 그 훈련을 하도록 하
라.
34 이 세상이 나의 성전이라 한 큰 뜻을
너희가 알지 못함이니,
35 이 시대에 모든 자연이 얼마나 위대하
고 아름다운 것인가를 아는가?
36 이 자연의 그 모두가 너희를 가르치
는 선생이요, 스승이요, 종교 지도자
요, 목자라는 것을 알아야 할 것이니
라.
37 지금 나의 아들을 통하여 나의 아들이
아침에 드리는 그 기도를 듣지 않았는
가?
38 그가 쓰는 책상이 앞에 앉아 공부할
자격이 없다 말하며, 그가 앉아 있는
그 의자가 그를 받쳐 줄 만한 가치가
없는 종교 지도자요, 선지자요, 하나
님의 아들이라 하니 저를 받칠 자격이
없다 했으며,
39 그 앞에 있는 세상의 정보를 제공하는
컴퓨터라는 그 기계가 몸서리를 치며
추하고 더러운 그 손으로 저를 만지지
말라 아우성을 치며 발버둥을 치며 감
히 손을 대지 못하게 하며,
40 그 방에 있는 연필부터 작은 종이 한
장까지도 나의 아들이 손을 대는 것을
싫다 하며 두렵다 그리 말하니,
41 그게 얼마나 무서운 선생인가?
42 성전에 있는 그 꽃들이 나의 아들에게
가르치며 이중인격이요, 이중의 마음
을 갖는 자는 꽃을 만지지 말며 성전
에 들어오지 못하게 함이니,
43 나의 아들도 성전에 들어올 자격이 없
다 그리 그를 매질함이니,
44 그보다 더 무서운 선생이 어디에 있으
며 그보다 더 무서운 가르침이 어디에
있는가?
45 무언 속에서 가르치는 것이요, 말이
없는 속에 가르치는 그 선생들이 이
세상에 내가 만든 이 성전이요, 자연
속에 살아가는 모든 동식물이 너희를
가르치는 선생이요, 스승임을 알라.
46 지금 종교 지도자의 사악한 마음이요,
욕심이요, 믿음이 아니라 돈을 섬기는
그와 같은 자들의 한 사람으로부터 무
엇을 깨우쳐 하늘에 오른다 그리 말하
는가?
47 내가 자연이 모두가 선생이라는 나의
아들에게 수없이 내린 그것을 나의 아
들이요, 그를 따르는 제자들이 지금
지키지 못하고 있으며 설마 설마 하는
그런 마음으로 오늘내일 차일피일 미
루던 것이 아니던가?
48 그러면서 너희는 지금 변하겠지 변화
되겠다는 욕심에서 왔음이니라.
49 그러나 모든 동식물이요, 나의 아들과
더불어 있는 그 옷에서부터 걸치는
것을 싫어하며 걸칠 자격이 없다 그리
그를 내침이니,
50 그가 지금 스스로 변하고자 하여 완벽

하게 서 가고 있는 그 모습은 이 세상
모든 자연이 선생이요, 내가 만든 성
전이요, 지상에 있는 모든 것이 너희
위대한 선생이니,
51 한 사람으로부터 배워 무엇을 얻고자
하는 어리석은 삶을 살지 말라.
52 모두가 선생인 것을 두고 어찌하여 너
희는 한 가지에 그것도 사악한 자요,
믿음보다 우리 부자의 이름을 팔아 돈
만 챙기는 그와 같은 자를 스승이라
말하는가?
53 어리석음에서 깨어나라.

5,953 번째 하나님 말씀

2003년 4월 13일 11시 01분

1 사랑하는 나의 아들아!
2 "네, 아버님! 말씀하옵소서."
3 오늘 이 아침에 내가 너의 제자들을
사랑하며 나의 피보다도 귀한 자식들
이라는 것을 그들에게 전해 주도록 그
리하라.
4 내가 너희에게 뭐라 말하였느냐?
5 너희가 마음을 비우라 하였으며 마음
을 다스리라 하였음이니, 마음을 다스
려 천사가 되고 싶어 해도 그 마음이
다스려지지 아니하는 너희의 아픈 마
음을 내가 알고 있느니라.
6 너희가 마음 하나 다스리는 것도 힘들
고 어려운 것이거늘,
7 내가 지금 너희에게 말하기를 너희
살점을 도려내며 뼈를 한 점씩 깎아
내는 그 길을 가라 하는 나 여호와의
마음이 얼마나 고통스러우며 내 마음
의 아픔을 알겠는가?
8 너희가 수없이 지금 지고 있는 죄요,
수없이 변화되지 못하는 그 마음이요,
잘못된 관습이요, 그 습관 하나하나를
고치라 명하는 것은 너희 살점을 하
나 도려내는 것이며 뼈를 도려내는 그
와 같은 아픔의 길을 가라는 것과 똑
같으니,
9 어버이가 자식에게 살점을 도려내는
길을 가라 하고 바라보는 나의 마음이
얼마나 아프겠는가?
10 지금 너희가 나로부터 책임을 추궁을
당하며 그 길을 가라는 것이 내가 너
희에게 원하는 것이니라.
11 너희는 그래도 그리 가야 할 것이니
라.
12 잘못된 것은 너희 신체 일부를 떼어
놓는다 해도 그를 버려서라도 구원을
받는 것이 소중하다 하지 아니하였던
가?
13 너희 살에서 생명에 지장이 없는 그
살점 하나하나를 도려내는 그와 같은
시련과 고통을 내가 너희에게 명하고
있음을 알아야 할 것이니라.
14 스스로 제 살점을 도려내며 뼈를 깎아
내는 그 아픔과 시련의 고통을 겪고
너희가 바로 서라는 나 여호와의 마음
이 이루 말할 수 없이 아프고 저림이
니라.
15 그러나 이 모두는 내가 너희를 사랑
하며 너희가 그 길을 가지 아니하면
아니 되기 때문이니라.
16 내가 너희에게 한 번의 살을 깎는 고
통을 주지 아니하며 뼈를 깎는 고통을
주지 아니하고 너희를 바로 세운다
하면,

17 이는 나의 공의의 하나님이 아니요,
내가 역사할 것이 아니라는 것을 너희
는 이미 알고 있을 것이니라.
18 너희가 마음을 바로잡고 다스리기 위
하여 얼마나 고통스럽고 심한 길을 가
는지 나는 알고 있음이니라.
19 머지않아 너희는 살점과 뼈를 깎기
위하여 칼을 들고 너 자신을 베어내
는 그와 같은 변화가 될 수 있으며 그
역사가 이루어질 것이니, 나는 그를
알고 있음이니라.
20 내가 나의 아들을 통하여 너희에게 전
하였느니라.
21 너희가 아무리 변하고자 노력해도 인
간의 한계가 있기에,
22 나의 법전이 세상을 덮어 10년 안에
나의 뜻이요, 이 성경이 하늘의 뜻이
라는 것을 깨우칠 때, 그때 가서 너희
가 순교자가 되는 마음이 된다 그리
내가 말하였음이니,
23 그때까지 너희는 스스로 다스리고 스
스로 노력하는 마음을 게을리하지 말
라 내가 이름이니라.
24 내가 오늘 나의 아들을 통하여 너희에
게 말하지 아니하였던가?
25 나의 사랑하는 예수가 너희에게 전하
는 그 말이요, 복음을 듣고 그것을 들
은 자는 다 구원을 받았다 하며 깨우
침을 받았다 하니,
26 수천수만 명이 나의 아들이 강론하는
것을 들었으며 예수가 전하는 복음을
들었으나, 하늘에 오른 자가 한 사람
도 없다 내가 너희에게 그 무서운 말
을 전했음이니,
27 그렇다면 먼저 죽어 온 나의 아들 예
수가 강론하는 걸 직접 들었으며 그
시대에 예수를 만졌으며 나의 아들 예
수의 음성을 들었으며 그 강론을 직접
들은 그 백성도 구원을 받지 못했다면,
28 그 후손인 너희가 예수의 강론으로써
구원을 받으며 그 피로써 구원을 받았
다 하는 것을 어찌 생각하는가?
29 그 이치를 나의 아들을 따르는 제자들
이요, 나의 법전을 공부하는 너희는
지금 그 의미를 깨우쳐 너희 자신이
판단하도록 그리하라, 사랑하는 나의
아들딸들아!

5,954 번째 하나님 말씀

2003년 4월 14일 0시 45분

1 사랑하는 나의 아들아!
2 "네, 아버님! 말씀하옵소서."
3 내가 나의 피조물 만백성을 지금의 수
천 년 동안 흘러오는 그 종교 집단이
요, 지도자들이 잘못 가르치며 잘못
하는 것이 어디에서 이루어졌다 내가
그리 가르쳤는가?
4 "네, 아버님!
5 한 자도 고쳐서는 안 되며 빼도 안 되
고 더해도 안 된다는 그 성서요, 성경
을 잘못 이해하며 그 비유의 뜻을 알
지 못하며 아버님께서 하시고자 하는
그 뜻을 그들이 알지 못하기에,
6 지금 그로 인하여 말할 수 없는 형국
이 되었으며,
7 모든 백성이 천국으로 올라간다는 것
이 지옥으로 가는 그와 같은 형국이
되었사옵나이다."
8 너는 그 대목을 너의 제자들에게 깨우

쳐 주었느니라.
9 그러나 그 성서의 비유요, 그 깨우침
을 보고 그 백성이 아직도 깨닫지 못
하며 어찌 가야 하는지 모르니 이를
어찌하면 되겠는가?
10 내가 너희에게 뭐라 말하였느냐?
11 나의 아들 예수의 보혈로써 그 죄 사
함을 받으며 나의 아들 예수가 죄를
대속하여 너희 것을 다 가지고 갔으
며 너희는 깨끗한 자라 그리 말함이
니,
12 그 말, 단어 하나가 성서에 기록된 것
을 어찌 그 뜻을 그리 이해하지 못하
는가?
13 내가 너에게 일찍이 가르쳐 주지 않았
던가?
14 나의 아들이 전하는 그 복음의 말을
듣는 그 순간에 너희는 깨끗하며 다
씻어졌으며 죄가 하나도 없다 너희가
그리 말하고 있음이니,
15 그 말 한마디로 지금까지 모든 백성이
그저 나의 아들 예수를 부르며 구세주
라 부르며 영광의 주라 부르며 그리고
그 은혜로만이 구원을 받으며 하늘에
오를 수 있는 길이라 지금 울고불고
그리 가고 있음이니,
16 내가 너희에게 말했듯이 이와 같이
성경에 오류가 있으며 그들이 비유의
뜻을 모르기 때문에 너무나도 먼 거리
에서 헤매고 있음이니라.
17 내가 너를 통하여 성경에 잘못된 부분
을 가르침이니,
18 네가 정녕 성서에 대해 공부를 한 것
도 아니요, 그들처럼 신학이라는 학원
이요, 학교라는 것을 다닌 것도 아니
요, 그들이 말하는 목사요, 종교 지도
자가 되기 위해서 성서를 가지고 공부
한 것도 아니요, 혼자 연구한 것도 아
니니라.
19 그러나 네가 성서의 비유의 뜻을 만백
성에게 지금 책으로 전하는 것을 보고
도 네가 나로부터 선택된 아들이요,
네가 마지막 심판의 시대에 모두를 역
사한다는 것을 그들은 아직도 모르고
있음이니라.
20 그저 예수의 복음을 듣는 것으로 모두
가 다 씻어졌다는 그 말 한마디를 가
지고 지금 그리 감이니, 그 말이 얼마
나 무서운 결과를 낳던가?
21 그는 나의 아들 예수가 행했던 대로,
예수가 역사했던 대로, 예수가 너희에
게 전했던 그 복음을 그대로 행하는
것만이 너희 죄를 씻는 것이며 너희
가 나에게 오를 수 있는 길이라 그리
가르친 것이니라.
22 즉, 말하자면 행함이 중요하다는 것을
거기에서 강조하고 가르쳤거늘,
23 그것을 너희가 그리 가르쳐 지금 나의
피조물 만백성이 어렵고 고통스러운
그 길을 그저 편하게 즐거운 마음으로
오고자 하는 것이 그들이니, 편하고자
하는 그 욕심의 마음 때문에 그러하니
라.
24 내가 나의 성경에 기록하여 또 너희가
얼마나 비유의 뜻을 잘못 가르치고 있
는가를 가르쳐 주지 않았더냐?
25 너희가 지금 가장 죄를 짓는 재물이
요, 모든 감사 헌금이요, 그리고 십일
조요, 그저 재물을 거둬들이는 그 명
분이 무엇이던가?

26 사랑하는 나의 피조물 만백성은 가장 즐거운 마음으로, 편한 마음으로 나 여호와를 찾으며 하늘에 오르는 길이 그들이 오는 길이라 하였으나,

27 너희는 그들에게 정신적인 고통을 주며 재물로써 그들에게 고통을 줌이니,

28 그 재물을 거둬들이는 명분이 하늘에 많이 쌓아 놓는 자, 금전이 가는 곳에 마음이 가니,

29 마음이 가는 자는 믿음을 가며 나 여호와를 경배하며 나를 사랑하는 자라 그리 말하며, 천국에 많이 쌓아 놓는 것만이 구원을 받는다 하여 나의 피조물 만백성을 어르고 반 협박하여 지금 재물을 거둬들이니,

30 그 거둬들인 것을 너희가 마구잡이로 쓴다 내가 그리 말하지 아니하였더냐?

31 너희는 그 재물을 바치지 아니하고 그 재물을 땅에 놓으면 다 썩고 곰팡이가 슬고 도둑놈이 들고 사기꾼이 있으니, 그것을 가지고 있을 것 없이 그저 하늘에다 많이 갖다 바치면 된다 하니, 이게 무엇이더냐?

32 너희가 소위 말하는 기둥뿌리까지 다 빼서 그저 너희에게 바치라는 것이 아니더냐?

33 너희가 가지고 있으면 도둑이 끓고 썩어 가며 잘못되는 것이기 때문에 다 바치라는 것은 무엇이더냐?

34 하나도 갖지 말고 그저 입는 것까지 벗어 바치라는 그와 같은 사악한 형국의 가르침이 거기에 있음이니라.

35 그러나 너희는 그게 아님을 알라.

36 나 여호와가 너희에게 생명을 주었으며 그 생명의 덤으로 먹고살 수 있는 것을 주었거늘,

37 내가 어찌하여 덤으로 준 아무런 가치가 없는 것을 내가 거둬들이며 받아들인다 하는가?

38 너희 인간들이 가장 욕심을 버리지 못하며 재물에 대한 애착심을 버리지 못하며,

39 물질을 모으고자, 재물을 모으고자, 그리고 금화와 은화를 받아 부귀와 영화를 누리고자, 남보다 더 좋은 생활, 더 아름다운 생활, 남보다 더 행복한 생활을 하기 위해서 너희들은 재물을 모아야 하며,

40 너희 자식을 더 행복하게 가르치고 잘 입히기 위해서, 너희 식솔이요, 가족을 잘 입히고 잘 먹이고 편안히 살게 하겠다는 그 인간의 욕심에서 너희는 오로지 재물이요, 부귀영화요, 명예를 얻고자 함이니,

41 너희가 모든 노력을 다하고 사는 것은 무엇이던가?

42 돈이라는 것을 위하여 지금 살아감이니,

43 그와 같이 소중하고 귀하다는 돈을 놓을 수 있는 것, 금화와 은화를 놓을 수 있는 그 마음 자세,

44 그 소중한 마음이 나를 믿음이요, 나에게 바칠 수 있는 마음이니,

45 그것이 하늘의 창고에 쌓아 놓는 것이라 내가 그리 가르친 것이니,

46 그리하여 나의 법전에 기록하여 이를 너희에게 전했음이니, 내가 이 밤에 다시 한 번 너희에게 전함이니라.

47 모두 이제 특별한 기도요, 또 부활절이라 역사하는 그와 같은 부활의 역사

속에서 너희만의 잔치요, 너희만의 행
사요, 그와 같은 역사를 이루고자 하
는 지금,
48 내가 이 밤에 나의 아들을 통하여 너
희에게 다시 한 번 이 뜻을 강조함이
니,
49 너희가 성경에서 가장 오류를 범하며
나의 뜻을 잘못 이해하고 잘못 가르침
으로써 이 세상에 풍비박산을 이루었
으며,
50 천 가지, 만 가지 지금 너희가 그 죄를
짓는 그 근원의 뿌리가 너무나도 지나
치기에,
51 내가 이를 단죄하지 아니하며 이를 바
로잡지 아니하면 너희가 하늘에 오르
는 길을 볼 수 없으며 종교 지도자들
의 그 사기극에서 벗어날 수 없음이니
라.
52 그리하여 이제 내가 나의 아들을 통하
여 다시 한 번 나의 법전에 기록하여
전하며 너희 손에 쥐여 줌이니 이 뜻
을 알라.
53 하늘에는 재물을 쌓아 놓을 데가 없으
며 재물을 거둬들이는 것이 아니요,
54 너희가 가장 욕심에 얽매이는 재물을
놓을 수 있는 그 아름다운 마음, 그리
고 그 모두를 양보할 수 있는 마음, 이
세상에 나 여호와보다 더 소중한 것이
없으며 하늘에 오르는 길보다 더 귀한
것이 없다고 생각하는 그와 같은 백성
만이 그를 놓을 수 있음이니라.
55 그러니 너희는 여기서 들어야 할 것
이니라.
56 하늘의 보물 창고는 너희가 재물이요,
부귀영화를 위해서 그 인간이 애착심
갖는 그 손을 놓는 것이며,
57 그 마음을 놓는 것이 하늘에 너희에게
축복이 되는 그 재물이요, 금화요, 은
화요, 보화를 쌓아 놓는 것이니라.
58 그보다 더 소중한 보화가 없음이니라.
59 그러나 종교 지도자들은 지금 어찌 가
고 있는가?
60 그들은 제 이름으로 재물을 해 놓기에
급급하며,
61 제 자식 앞으로 재물을 만들어 놓기에
급급하며 제 손자까지도 살아갈 수 있
는 그와 같은 준비를 하고 있음이니,
그들이 바로 무엇이던가?
62 그들이 재물을 놓는 자이더냐?
63 그들은 재물을 놓는 자가 아니요, 재
물을 거둬들이는 자라는 것을 너희는
알아야 할 것이니라.
64 나의 피조물 만백성 너희는 재물을
놓을 수 있는 사람, 그리고 금화와 은
화를 놓을 수 있는 그 마음이 하늘에
오르는 길이요, 하늘의 보물 창고에
차곡차곡 쌓는 그 역사인데,
65 종교 지도자들은 지금 너희로부터 계
속 거둬들이고 또 긁어모으기만 하니,
66 그들은 정녕 내가 원하는 그 재물을
놓는 것에 역행하는 자가 아니던가?
67 그러니 그들이 가장 고통스러운 지옥
으로 간다는 것이며 용서받지 못하며
그들은 사탄이요, 마귀라 함이니라.
68 그 앞에 가서 너희가 어찌하여 하늘
에 오르는 길을 가고자 하는가?
69 내가 너희에게 다시 한 번 이 밤에 기
록하여 전하느니라.
70 너희는 모든 재물에 대해 손을 놓는
것, 그 물질에 대한 욕심을 비우는 마

음, 그리고 나에게 경배하는 마음, 하늘에 오르고자 하는 마음,

71 그리고 모든 백성을 사랑하는 마음이 하늘에 보화요, 금화와 은화를 쌓아 놓는 것이며,

72 그와 같이 많이 쌓아 놓았을 때 나중에 내가 심판할 때 선행이요, 선한 것의 무게가 밑으로 내려가며 악한 것의 무게가 위로 올라감이니, 너희가 천국에 오른다 하였음이니라.

73 그러니 재물이 아니요, 그 재물을 놓는 훈련을 하는 것이 나의 피조물 만백성이요, 나에게 오르고자 하는 백성이요, 하늘에 오르고자 하는 백성이 가장 근본이요, 기초로 해야 하거늘,

74 지금의 종교 지도자는 그것을 역행하는 것이요, 그를 놓으려 하는 것이 아니요, 그를 거둬들이기에 바쁘며 그를 쌓아 놓기에 바쁘며, 그리고 저희 자식들의 자손에게까지 물려주고자 하는 것이 아니던가?

75 저희가 어찌하여 사랑하는 나의 피조물 만백성에게는 재물을 쌓아 놓으면 도둑이 들끓으며 강도가 들끓으며 또 그게 변질하고 썩으니 하늘에다 많이 바치라면서,

76 저희는 거둬들여 챙겨 놓고 쌓아 놓는단 말이던가?

77 내가 이와 같이 아무것도 모르는 나의 아들을 통하여 이리 기록하여 모두를 한 장의 그림처럼 너희에게 보여 주거늘,

78 어찌하여 이 귀중한 나의 뜻이요, 나의 성령이요, 너희가 구원을 받는 그 역사를 보지 아니하고 이와 같이 사악한 길에 얽매어 지금 지옥 불로 달려가고 있는가?

79 이제 너희는 나의 법전을 읽고 깨우쳐 가던 길을 멈춰야 할 것이며,

80 나의 법전을 읽은 백성은 이 법전을 믿든 안 믿든 나의 법전에 기록된 그 내용을 가지고 너희 친구에게 들려주며 이웃에게 들려주는 그와 같은 역사를 하는 자는 심판대에 섰을 때 내가 너희 이름을 기억하도록 명할 것이니 그리 알라, 사랑하는 나의 아들딸들아!

5,955 번째 하나님 말씀

2003년 4월 14일 0시 53분

1 사랑하는 나의 아들아!

2 "네, 아버님! 말씀하옵소서."

3 너희에게 내가 뭐라 말하였느냐?

4 하늘에 오르는 길은 행함이 없이는 절대 오를 수 없다 내가 그리 말하지 아니하였던가?

5 그 소중한 것을 너희는 어찌하여 행하지 아니하며 지키려 하지 않은가?

6 너희가 살아가면서 참진리요, 나의 계명대로 살아가는 것에 최선을 다하는 삶을 살아야 할 것이니라.

7 그러면서 너희는 선함을 행하는 데 있어서 찾아서 행해야 할 것이며 거기에 주저하는 삶을 살아서는 절대로 안 됨을 알아야 할 것이니라.

8 너희 육이 존재하는 지금, 살고 있는 이 삶이요, 너희가 숨을 쉴 수 있는 생명이 있는 오늘의 삶에서 이웃을 사랑하며, 네 부모를 공경하며, 형제지간에 우애 있게 살며,

9 모두를 사랑하며 나누며 베푸는 것,
10 떨어진 낙엽 하나 쓸어서 담는 것, 그
리고 쓰레기 하나 주워서 담는 것, 나
이 든 자가 무거운 짐을 들고 가는 것
을 하나 들어주는 것, 그리고 길거리
를 쓰는 것,
11 그리고 불쌍한 자에게 한 끼의 음식을
대접하는 것, 어려운 자에게 삶의 길
을 열어 주는 것,
12 몸이 불편한 자를 부축해 주는 것,
13 수천수만 가지의 아름답고 좋은 일을
지금 숨을 쉬는 생명이 존재할 때만
이 너희가 일할 수 있다는 것을 알라.
14 너희는 앞에 가는 팔순 노인의 그 힘
에 겨운 것을 보며,
15 그가 아름다운 일을 하려 해도 할 수
가 없으며 남을 도우려 해도 도울 수
없으며 남을 위해 도우려 해도 도울
수가 없는 그와 같은 형국이 될 때까
지 너희가 남을 돕는 것을 게을리하
며, 남에게 사랑을 베푸는 것을 게을
리하며 이웃을 돕는 것을 게을리하면,
16 그때부터 너희는 후회의 길에 들어서
게 됨이니,
17 그리하여 너희가 숨을 거둬 나에게
왔을 때 너희는 아무것도 이룰 수가
없음이니라.
18 그때는 어떠한 방법으로도 사랑을 베
풀며 선을 베풀며 아름다운 행위를 하
고자 해도 할 수가 없다는 것을 너희
는 알아야 할 것이니라.
19 그러니 내가 나의 아들을 통하여 지금
법전에 기록하여 전하니,
20 너희가 숨을 쉬고 생명이 있는 지금,
이 삶을 사는 이 시점에서 너희가 모
든 아름다운 것을 행하라 함이니라.
21 그리하여 너희가 그와 같이 아름다움
을 행하며 사랑을 베푸는 데 최선을
다하고 다했을 때,
22 너희가 살점을 떼어 내는 그와 같은
고통이 있다 해도 남을 위해서 인내하
고 참아 가며 살아가는 그와 같은 마
음을 갖고 최선의 노력을 다하면,
23 심판대에 설 때 아름답게 살고자 했던
그 모두가 상이 되며 은혜가 된다는
것을 너희는 알아야 할 것이니라.
24 너희가 심판대에 왔을 때 아름다운 상
이요, 축복이요, 영광이 되는 것인데,
25 너희가 심판대에 섰을 때는 내가 너
희에게 육이 있을 때 아름답게 살라
했던 행동을 아무리 단 한 가지라도
하고 심판대에 서고 싶어도 그를 할
기회가 없으며 너희에게 그와 같은 기
회가 주어지지 아니하며 그 역사를 할
수 없는 것이니라.
26 너희가 심판대에 섰을 때 종이 하나
주워서 버린 것, 이웃의 아이에게 예
쁘다고 말한 것, 배고픈 자에게 밥 한
그릇 준 것, 그것이 너희가 심판대에
섰을 때 얼마나 위대한 역사의 값인가?
27 그러니 선과 악을 나눌 때 하나의 작
은 일을 한 것, 길거리에 떨어져 있는
이쑤시개 하나를 주워서 버린 그 무게
를 달았을 때,
28 그게 있음으로써 선이 밑으로 내려가
며 악이 위로 올라가는 선함의 무게가
있다면 너희는 어찌하겠는가?
29 0.0그램도 안 되는 그 선 하나가 지옥
이요, 천국이라는 엄청난 결과를 벌려
놓는다는 것을,

30 심판대에 섰을 때 너희가 동물 하나,
개미 하나 그 허리를 잡아 옮겨 놓는
것, 그 하나의 생명을 구원해 주는 것,
31 그리고 남을 위해서 일하는 것, 넘어
진 자 일으켜 주는 것, 그리고 남의 옷
에 묻은 먼지 하나 털어 주는 그와 같
은 행동,
32 그 모두가 너희가 심판대에 섰을 때
그것이 얼마나 위대한 영광이며,
33 그들에게 너희가 감사해야 할 것이며,
34 그것으로 너희가 지옥과 천국의 길이
엇갈린다는 그 무서운 사실을 알라.
35 이제는 너희가 숨을 쉬고 사는 이 세
상에서 최선을 다하라.
36 살을 깎아 내는 그와 같은 고통이 있
다 해도 남을 위해 사는 삶을 살며, 이
웃을 사랑하는 마음으로 살며 베풀며
사는 마음을 버리지 말라.
37 더불어 살아가는 이 세상에서 너희가
더불어 사는 아름다운 삶을 살지 않는
백성은 나에게 올 수 없다는 것을 알
아야 할 것이니라.
38 사랑과 은혜를 베풀라.
39 모두를 다 바쳐 사랑과 은혜를 바치라.
40 너희가 재물을 털어 사랑과 은혜를 베
풀며, 마음으로써 사랑과 은혜를 베풀
며, 생각하는 것에 사랑과 은혜를 베
푸는 데 모두를 다 바치는 그와 같은
삶을 살아도 너희가 손해 가는 것이
없으며 억울함이 없을 것이니라.
41 너희가 죽어 내 앞에 와 심판을 받는
그날에는 어떤 것도 하고 싶어도 할
수 없으며 말 한마디도 할 수 없으며
말로써 공을 베푸는 것도 할 수 없음
이니라.
42 지금 너희가 살아 있는 이 세상에 '아
름다운 말로써 천냥 빚을 갚는다'는
말이 있듯이,
43 말 한마디가 얼마나 남을 상하게 하며
남을 기쁘게 하는가?
44 남을 기쁘게 하는 마음, 즐겁게 하는
말 한마디, 그 말 한마디가 죽어 왔을
때 얼마나 큰 영광이요, 은혜요, 축복
이라는 것을 너희는 알아야 할 것이
니,
45 내가 나의 아들을 통하여 하늘의 이
뜻을 이 아침에 한 장의 그림으로 그
려서 너희 앞에 주거늘, 어찌하여 그
그림을 보고도 너희가 깨우치지 못하
는 어리석은 백성으로 산단 말이던가?
46 이제 나 여호와도 지쳤으며, 나의 아
들도 지쳐 있으며 모든 천사도 너희
를 보기에 지쳐 있는 형국이며,
47 그리하여 마지막 시대에 내가 모두를
다 태워 너희에게 내려보낸다는 뜻은
무엇이던가?
48 나 모두를 다 버림이니라.
49 나를 태워서 너희에게 내려보낸다는
것은 나 여호와도 지치고 힘든 그 마
음을 이제 마지막으로 다 풀어놓는다
는 것을 너희는 잊어서는 아니 될 것
이니라.

5,956 번째 하나님 말씀

2003년 4월 14일 01시 15분

1 사랑하는 나의 아들아!
2 "네, 아버님! 말씀하옵소서."
3 너는 무엇을 깨달았으며 무엇을 보았
는가?

4 이 세상 모두를 내가 창조하여 내려보
낸 모든 동식물에서 미물까지 너는 그
것을 보며 무엇을 깨달았고 무엇을 알
았는가?
5 "네, 아버님!
6 이 세상에 생명이 없는 무생물이요,
그리고 식물이요, 동물이요, 미물까지
그 모두는 아버님에 의하여 세상에 만
들어졌다는 것을 저는 깨달았사옵나
이다.
7 그리고 그곳에서 또 하나의 무서움을
깨달았으며 두려움을 깨달았사옵나
이다.
8 이 세상의 모든 무생물이요, 식물이
요, 동물이요, 미물까지 그 모두 다 아
버님께서 세상에 만들어 낸, 이 지상
에 존재하는 그 모두는 인간의 선생이
요, 인간을 다스리고자 하는 선생이
요, 그리고 인간을 감시 감독하는 책
무가 있다는 것을 깨달았사옵나이다.
9 그들은 그리 생각하고 있사옵나이다.
10 이 세상에서 아버님의 뜻을 받아 완벽
한 한 사람의 인간이 나오기를 그들은
바라보고 있으며,
11 그 인간이 나왔을 때 그들은 경배하고
자 하는 마음을 가지고 살고 있사옵나
이다.
12 생명이 없는 나무토막에도 생명이 있
으며, 식물에도 생명이 있으며, 미물
에도 생명이 있으며 모든 동물에게도
생명이 있으니,
13 그는 아버님께서 필요로 하여 만들었
다 말씀하시오며 저희는 그리 알고
있었으나,
14 그들은 그저 아버님께서 만들어 존재
하는 것이 아니요, 그들은 인간을 감
시하며 저희 인간을 깨우치기 위한 스
승이라는 것을 이제야 깨달았사옵나
이다.
15 그리하여 아버님께서 만든 것이 왜 이
세상에 다 존재하는 것이며, 이 세상
에 있는 것들은 다 아버님께서 창조하
여 만든 것인가,
16 아버님의 주관하에 그 흔들리는 낙엽
이요, 바람에 날리는 낙엽이요, 그저
흐르는 모래알까지도 왜 아버님께서
모두를 창조한 것이며 아버님의 주관
하에 이루어졌다고 하시는 그 말씀,
17 그리하여 아버님께서 주관하여 만든
그 모두는 다 인간에게 선생이요, 스
승이며, 그들은 인간을 감독하는 위대
한 감독관이라는 것을 이제야 깨달았
사옵나이다.
18 그들은 모두 인간이 완벽한 100점짜
리가 나오기를 수천 년 동안 기다리고
있으며, 앞으로도 영원히 그러한 사람
이 나올 때까지 그 모두도 그들은 바
라볼 것이며 기대하고 있다는 것을 이
제야 깨달았사옵나이다.
19 그들이 저희를 보고 웃고 있음을 알았
사옵나이다.
20 몇천 년 동안 저희가 믿음을 가며 아
버님의 뜻을 따라 성경을 공부하고 깨
우친다는 그 백성은 저희가 과연 몇
점짜리인지 지금 모르고 있으나,
21 모든 식물이요, 동물이 매기는 그 점
수가 30점도 넘지 못하면서 저희가
구원을 받았으며 하늘에 오른다 감히
그리 기도하고 경배하는 것,
22 예수의 피로써 구원받았다고 말하는

것,
23 그리고 또한 저의 제자들도 법전을 읽고 깨우친 것으로써 구원을 받은 것처럼, 하늘에 오른 것처럼 그리 생각하고 있다는 것을 보고,
24 그 모두를 다 동식물들이 인간의 점수를 매기고 있으며 인간을 보고 웃고 있으며,
25 그 웃음소리가 제 귀를 너무나도 괴롭히며 그 웃는 모습에 제 눈이 너무나도 아프옵나이다.
26 바라볼 수 없으며 들을 수 없는 그 웃음소리에 저는 너무나도 고통스럽사옵나이다.
27 모든 종교 집단이요, 종교 지도자요, 하늘에 오르는 길이라 하며 신도라 하여 축복받았다는 그 백성을 보는 그 무생물이요, 식물이요, 동물이요, 또 미물까지 그와 같이 구원받았다는 인간들을 바라보며 그들이 지금 웃고 있는 모습, 그리고 비아냥 비슷한 비웃는 웃음이요,
28 그리고 인간이 얼마나 불쌍하고 초라한 자인가를 그와 같은 것을 그들이 한심스럽게 바라보는 그 눈빛이요, 그 웃음이요, 그 목소리가 저를 너무나도 괴롭히고 고통스럽게 하고 있사옵나이다.
29 완벽한 인간 외에는 그들이 순종하지 아니하며 복종하지 아니하며 따르지 아니하며 존경하지 않는다는 것을,
30 이제야 아버님, 깨달았사옵나이다.
31 저희가 그 모두를 다스리고 지배하는 것이 아니라, 그들이 저희를 감시하며 저희가 완벽한 사람이 되도록 스승의 역할을 하고 있다는 것을, 이제야 아버님, 알았사옵나이다.
32 그들이 저희를 보아 한 점의 부끄러움이 없을 때, 한 점의 추한 점이 없을 때 그와 같은 사람들에게 그들은 복종하며 순종하며 그에게 고개 숙여 경배한다는 것을 이제야 깨달았사옵나이다.
33 이제는 저희가 어떠한 형국이든 완벽한 백 점짜리의 인간이 되지 아니한다 하면 아무것도 이룰 수 없다는 것, 그리고 아무도 역사할 수 없다는 것,
34 그리하여 죽음으로써 고통과 시련이 닥친다 하여도 추하고 더러운 일, 아버님께서 기뻐하지 않는 일을 할 수 없는 것,
35 그리고 아버님으로부터 무서움을 느끼기 전에 동식물이요, 미물이 얼마나 무서운 존재이며 그들이 얼마나 무섭다는 것을 이제야 깨달았사옵나이다.
36 감히 아버님께 심판을 받으며 아버님께 어떤 죄의 대가를 치르며 아버님께 용서를 빌며 아버님께 잘못된 것을 회개하는 눈물을 짓기 전에,
37 저희에게 가장 무서운 스승은 지금 바로 말없이 바라보는 모든 무생물이요, 식물이요, 미물이요, 그리고 동물이 얼마나 무서운 존재들이며,
38 그들이 저희를 심판하고 있는 것이 얼마나 무서운 것인가를 알았사옵나이다.
39 아버님께서 채찍을 드시는 것보다, 아버님의 성령의 말씀으로 저희를 깨우치시는 그 말씀보다도 더 무서운 것이 이 세상의 동식물, 그들 모두가 저

희를 보고 있다는 것,
40 그리고 스승으로서 저희가 바로 가지
못하는 것을 보고 웃고 있는 모습, 그
자체가 너무나도 부끄러우며 견딜 수
없는 아픈 마음을 이제야 깨달았사옵
나이다.
41 그리하여 저 자신이 백 점짜리가 되
고자 노력할 것을 결심하며, 저의 제
자들 또한 백 점이 될 수 있도록 최선
의 노력을 다하겠사옵나이다.
42 백 점의 점수를 주시는 것은 아버님께
서 주시며, 아버님께서 그 점수를 내
리심을 알고 있사오며,
43 그리하여 그 점수에 갈 수 있을 때까
지 최선을 다하며 아버님께서 기쁜 마
음으로 백 점이라는 그 말씀을 내릴
때까지 목숨을 바쳐 모두를 다 바쳐
이루겠다는 것을 저는 이제 깨달았으
며 그리 가야 한다는 것을 알았사옵나
이다.
44 어떠한 것보다도 가장 무섭고 두려운
것은 모든 무생물이요, 미물이요, 동
식물까지 그 모두가 인간의 스승이며,
인간에게 무엇인가를 그들로 하여금
깨우쳐 주고자 하며,
45 그들이 감시 감독하는 것보다 더 무
서운 것이 없다는 것을 알았사옵나이
다.
46 감히 아버님께 저희가 꾸중을 들으며
아버님께 그 노하심을 받기 전에, 이
세상에 아버님께서 만들어 놓은 모든
것들에 의하여 그들이 저희를 감시하
며 그들이 무섭다는 것을 이제야 깨달
았사옵나이다."

5,957 번째 하나님 말씀

2003년 4월 14일 10시 40분

1 사랑하는 나의 아들아!
2 "네, 아버님! 말씀하옵소서."
3 이 세상 살아가면서 마음 하나를 다스
리라 하였거늘, 어찌하여 너희가 그
마음 하나를 다스리지 못하는가?
4 그 마음 하나를 다스리지 못하기에 온
갖 시련과 고통을 다 겪고 사느니라.
5 병들고 죽는 그 고통보다도 더 어렵고
힘든 삶이요, 인생을 살아가는 것은
너희가 마음 하나를 다스리지 못하기
때문이니라.
6 그 마음 하나를 스스로 달랠 수 있으
며 저 자신을 달랠 수 있다면, 이 세상
모두는 다 아름다움이요, 즐거움으로
볼 수 있느니라.
7 그러니 너희가 살아가면서 아름다운
꽃을 보며 아름답게 보겠는가, 벌레
먹은 꽃이라 보겠는가?
8 그리고 이 자연의 아름다움을 어찌 보
느냐에 따라서 이 자연이 아름다운 천
국이요, 그렇지 않으면 지옥으로 보이
는 것이니, 너희가 마음 하나 다스리
기에 달렸느니라.
9 사람들이 너희에게 감정이 격화되는
말을 하여 그 말을 들었을 때,
10 너희가 그 마음을 다스리면 그것 또한
아무것도 아닌 것이요, 그를 치받고
같이 언성을 높이며 고성을 지르면 너
스스로 고달프며 네 육신이 병드는 것
이니라.
11 그러니 그와 같이 자기 자신을 다스릴
수 있는 것이 이 세상을 가장 아름답

게 볼 수 있으며 원형대로 그리 볼 수
있음이니라.
12 내가 너희에게 마음을 비우며 마음을
다스리라는 것은 이 세상의 사물을 그
대로 볼 수 있음이니라.
13 나의 아들이 무생물과 대화를 하며 식
물과 대화를 하며 미물과 대화를 하며
모든 동물과 대화를 하는 그 마음이
뭔지 알겠느냐?
14 그것이 욕심을 비우고자 하며 스스로
마음을 다스리고자 함이니라.
15 나의 아들도 그 경지가 아직 멀었음이
니, 그가 모두를 다 통달하기 위해서
는 아직도 마음을 많이 비워야 할 것
이니라.
16 그러니 너희 제자들 또한 마음을 비우
는 데 게을리해서는 아니 될 것이니라.
17 나의 아들이 가는 길보다 먼저 마음을
비우며 앞에 가고자 그리 노력하는 마
음을 갖고 살아가야 함을 잊지 말라.
18 내가 너희에게 말함이니 마음 하나를
다스리라.
19 너 스스로 마음을 다스리면 네 앞에
있는 모두가 다 아름다우며, 인간이
또한 얼마나 소중하고 귀하던가?
20 마음을 다스리면 미워할 사람, 시기할
사람, 질투할 사람, 아무것도 없음이
니라.
21 그리고 욕심을 가질 것도 없으며, 더
갖고자 남을 해할 일도 없으며, 네가
무엇을 이루고자 남을 비방하며 남을
쓰러트릴 일도 없으니,
22 그것이 네 마음 하나 비우는 것이라는
걸 잊지 말라, 사랑하는 나의 아들딸
들아!
23 마음을 비우는 훈련을 하고 마음을 비
우고 세상을 보라.
24 그러면 모두가 다 너희 것이며, 너희
뜻대로 이루어지는 것이 다 마음을 비
움이니라.
25 그러니 마음을 비우라는 것을 내가 너
희에게 강조하고 또 강조하는 그 깊은
의미를 훈련으로써 터득하도록 그리
하라, 사랑하는 나의 아들딸들아!

5,958 번째 하나님 말씀

2003년 4월 14일 11시 05분

1 사랑하는 나의 아들아!
2 "네, 아버님! 말씀하옵소서."
3 나의 아들 예수가 세상에 나가 그가
살아왔던 그 고통의 길을 무엇 때문에
내가 그를 내려보냈다 생각하는가?
4 내가 그를 세상에 내려보내어 인내할
수 없는 고통의 그 죽음의 길을 가도
록 한 것은,
5 모든 나의 백성에게 나의 아들로 하
여금 나 여호와가 존재하며, 나를 나
의 아들이 얼마나 사랑하며, 나를 떠
나서는 그가 살 수 없으며 견딜 수 없
다는 것,
6 그리고 아무것도 이루어질 수 없으며
무엇도 존재할 수 없다는 것을,
7 사랑하는 나의 아들딸 너희에게 그것
하나를 깨우쳐 주기 위하여 그는 그와
같은 어렵고 힘든 길을 갔음이니라.
8 만백성 너희 또한 나를 그리 사랑하
며, 너희가 나에게 모두를 다 바칠 수
있는 그와 같은 마음이요, 창조주 나
여호와의 품이요, 나의 뜻을 벗어나

거역하고는 너희가 그리 원하는 하늘
나라요, 너희가 간 자리로 돌아올 수
없다는 것을 나의 아들 예수는 너희에
게 가르쳐 주고자 그 어렵고 힘든 길
을 선택했던 것이니라.
9 그리고 또 하나 너희에게 가르쳐 주
고자 했던 것은, 나의 명령에 대해 절
대복종하며 철저히 행하고 지켜야 한
다는 것,
10 그것이 구원의 길에 오르는 길이라는
것을 만백성에게 깨우쳐 주고 가르쳐
주기 위하여 그와 같은 길을 갔으며,
11 내가 나의 아들을 세상에 내려보냈음
을 알겠는가?
12 나의 아들 예수는 나 여호와를 떠나
서, 나 여호와의 명을 떠나서, 그리고
내 곁을 떠나서는 절대 존재할 수 없
으며 아무것도 이룰 수 없으며 견딜
수 없다는 그것을 너희에게 깨우쳐
주기 위하여 갔으며,
13 지금 나의 아들은 너희에게 무엇을
가르치려는지 알겠는가?
14 하늘에 오르는 길에 너희가 행함은 어
떠한 것이며 하늘에 오르는 구원의 길
이 무엇을 어찌하여야 한다는 그 모
두를 지금 나의 아들은 나의 성령을
받아 책으로 만들어 너희에게 전하며,
15 심판의 시대를 준비하도록 너희에게
성령을 전한다는 것을 잊어서는 아니
될 것이니라.
16 지금의 나의 아들은 심판의 시대요,
너희가 심판을 준비할 수 있도록, 그
리하여 너희가 당당하게 심판을 받을
수 있도록 내 모든 뜻을 책으로 만들
어 기록하여 그 교본을 지금 내려보내
는 그 역사를 하는 것이 나의 아들이
지금 가고 있는 길이니라.
17 그러니 그를 갖다 너희가 사탄이요,
이단이라 하며 나의 법전을 찢어 버리
며 태우는 그와 같은 어리석은 행위를
하지 말라.
18 2천 년 전 나의 아들 예수가 이 세상
에 와서 하고자 했던 뜻과 이루고자
했던 뜻, 그를 통하여 내가 역사했던
것을 너희가 알았으며,
19 오늘에 내가 나의 아들을 통하여 심판
의 시대에 지금은 어떠한 형태로써 역
사를 이루어 가는 것인가를 내가 견주
어 너희에게 전하였음이니,
20 이를 보고 너희가 깨우쳐 진실을 파악
하며 나 여호와의 뜻을 알도록 그리하
라, 사랑하는 나의 아들딸들아!

5,959 번째 하나님 말씀

2003년 4월 14일 11시 12분

1 사랑하는 나의 아들아!
2 "네, 아버님! 말씀하옵소서."
3 나의 아들 예수가 너희에게 가르쳐 전
하기를 뭐라 말하였다 했느냐?
4 너희는 내가 일러 준 대로 내가 나의
아들을 통하여 전하는 그 나의 성령의
뜻대로 그를 듣기만 해도 너희가 깨끗
해졌으니 이는 너희가 죄가 하나도 없
다 그리 가르쳤으며,
5 그리하여 그리 깨끗해짐으로 하여 나
의 아들 예수의 이름을 찾으면 구원을
받으며, 그 피로써 보혈로써 은혜를
받았다 그리 말하며 그와 같이 편안한
믿음으로 가고 있음이니,

6 그곳에서 깨어나야만 너희가 구원의 길에 오를 수 있다는 걸 내가 다시 한 번 전해 줌이니 너희는 알아야 할 것이니라.

7 예수를 통하여 내가 전한 성령의 그 복음을 듣는 것으로써만 너희가 깨끗해졌다 생각하지 말라 함이니라.

8 너희 행함이 더 중요하며,

9 행함에 따라서, 어찌 행하고 사느냐에 따라서 그것이 모든 심판의 기준이 된다는 것을 잊지 말라 내가 가르쳤으며, 오늘 다시 한 번 또 강조함이니, 너희는 이 뜻을 깊이 알아야 할 것이니라.

10 이와 같이 나의 아들이 너희에게 깨우치면서 뭐라 말하였느냐?

11 나에게 너희가 같이 있으며 또한 너희가 나의 아들 예수와 같이 있는 것이라 너희에게 그리 깨우쳐 가르쳤음이니라.

12 즉 나 여호와의 품에 있는 것, 그리고 또 너희가 나에게 오고자 하는 것, 너희가 내 품에 와 있을 때 내가 또한 너희를 품에 안는다는 그와 같이 같은 뜻임을 너희는 알고 있는가?

13 그러면서 나의 아들 예수가 그리 말하였느니라.

14 너희가 나와 같이 있으며 내가 너희와 같이 있으며, 그와 같이 있는 것은 그 가지가 포도나무를 떠나서는 열매를 절대 열 수 없듯이,

15 너희는 나 여호와와 예수가 하나와 같은 길을 가며 하나의 삶을 살아야 한다는 것을 너희에게 가르쳐 줌을 알아야 할 것이니라.

16 이를 너희는 어찌 생각하는가?

17 너희는 내가 그들에게 가르쳐 준 그 뜻을 알아야 할 것이니라.

18 행동하고 실천하는 자, 나의 아들 예수가 전하고자 했던 그 복음의 뜻을 알아들었으면 그대로 행하고 실천하는 그 삶이 중요한 것이니,

19 그와 같은 자만이 나에게 구원을 받으며 나에게 오를 수 있다 함이니, 그 뜻을 너희가 깊이 알아야 할 것이니라.

20 내가 너희와 같이한다는 그 뜻을 알겠는가?

21 내가 너희와 같이한다는 것은 너희가 내가 원하는 그 길을 가며, 내가 너희에게 깨우치자고 했던 나의 성령의 뜻대로 행하고 그를 저버리지 아니하며 실천하며 살아가는 그 믿음만이 나에게 올 수 있다는 것을 알아야 할 것이니라.

22 내가 전하는 복음을 들으며 나의 성령을 들으며 너희가 행함을 소홀히 한다면, 너희는 정녕 하늘에 오를 수 없으며 구원의 길에 올 수 없는 백성이라는 것을 알라.

23 너희가 아무리 십계명을 외우며 나의 법전을 읽고 정독하고 또 정독하고 한다고 해도 너희가 바로 서지 아니하며 너희가 행함을 바로 하지 아니할 때는 너희는 정녕 하늘에 오를 수 있는 그 기회를 잃을 것이며 그 기회는 너희에게 없는 것이라 함을 알아야 할 것이니라.

5,960 번째 하나님 말씀

2003년 4월 14일 23시 21분

1 사랑하는 나의 아들아!
2 "네, 아버님! 말씀하옵소서."
3 이 세상의 나의 피조물 만백성이 하늘
에 오르는 길이요, 정녕 나에게 구원
을 받고자 하는 길이 나와 관계없는
머나먼 길로 가고 있다 하면, 과연 너
희는 어찌하겠는가?
4 너희가 지금 살아가는 그 길이, 지금
걸어가는 그 길이 목적지를 향해서 가
는 길이 아니요,
5 험악한 산길이요, 도저히 인간은 헤어
나올 수 없는 그와 같은 길을 너희가
목적지를 향해 가는 길이라 지금 가고
있다 하면,
6 그 사람을 보는 그 형국이 얼마나 허
황하며 그 사람이 불행해 보이겠는가?
7 너희는 눈으로 보이는 그 목적지를 가
지 아니하고 다른 길로 가는 자를 볼
때, 그를 보며 불쌍하다 생각할 것이
며 그를 보는 너희 마음이 얼마나 안
타깝겠는가?
8 지금 너희가 모든 역사를 함에 있어
서 정도의 길이요, 바른길을 가며 무
엇을 한다 해도, 너희가 목적한 바를
이루기가 어려우며 계획한 것이 어려
운 것이 인생의 삶이니라.
9 너희 삶에는 방해하는 자 있으며, 또
이끄는 자 있으며, 서로 얽히고설킨
이해관계 때문에 경쟁자가 있으며,
10 또 너희와 더불어 시기와 질투하는 자
가 있으며, 앞으로 나아가는 자를 넘
어트리는 그와 같은 자들이 있으며,
11 너희가 상상할 수 없는 인간의 온갖
생각이 있는 그 경쟁 속에서 너희가
세운 그 목표를 이루고 달성한다는 것
은 너희가 피나는 노력을 해도 그를
이룰까 말까 하여 너희가 말하는 운이
라는 것이 너희에게 따라야만 된다
너희는 그리 또한 말하느니라.
12 그와 같이 어렵고 힘든 것이 인생의
목표요, 너희가 세운 그 계획을 이루
고 못 이루는 것이거늘,
13 하물며 너희가 하늘에 오르는 길이요,
축복의 길이요, 구원에 오르려는 길을
달려가는 것이 진정한 길이 아니요,
너희가 잘못 가는 길을 지금 달리고
있다 하면, 너희는 과연 그를 어찌하
겠는가?
14 그 백성을 보는 마음이 과연 어떠하겠
는가?
15 나 여호와가 지금 내려다보는 너희가
그러하니라.
16 구원의 길이요, 하늘에 오르는 길이
요, 너희가 새로 태어나며 태어나지
못하는 그 위대한 길의 그 삶을 너희
가 지금 잘못 가는 길을 향하여 달려
가고 있음이니,
17 그를 바라보는 나 여호와의 마음이 과
연 어떻다 너희는 생각하는가?
18 그러니 그들을 다스릴 자, 바로 세울
자가 이 세상에 아무도 없음이니라.
19 지금 너희가 말하기는 수십억 인구
중에 그 많은 종교 집단이요, 지도자
들이 이끌어 가는 것이 어찌하여 나
여호와의 뜻에 따라 가는 자가 없으
며, 나 여호와의 뜻에 역사하는 자가
없을까 그리 생각할 것이니라.

20 너희는 하나의 뿌리가 잘못 내렸기 때문이니라.

21 너희가 하나의 씨앗을 뿌렸을 때 그 줄기는 그것을 역사하지 않던가?

22 너희가 감나무를 심으면 감나무요, 잣나무를 심으면 잣나무이니라.

23 그리고 너희가 무엇인가를 심으면 그 나무는 그것으로써 역사를 하며 변하지 못하지 않던가?

24 사과나무를 심으면 사과나무요, 배나무를 심으면 배나무로서 그가 성장하게 되어 있음이니,

25 지금의 믿음의 집단이요, 종교 집단의 그 지도자들이 처음에 뿌리를 잘못 내렸으며 잘못 심어졌기에 지금의 역사가 이루어지고 있으며 그 뿌리는 뿌리를 낳게 됨이니,

26 잘못된 그 악의 씨는 악의 씨를 낳으며 그리하여 지금같이 너희가 상상할 수 없는 험악한 형국이 되어 있다는 것을 알아야 할 것이니라.

27 그리하여 너희가 잘못되는 것이며 잘못 흘러가는 것이니, 그를 잡을 수 있는 자, 그를 바로 세울 자가 없다는 것을 너희는 알아야 할 것이니라.

28 감히 그 물질적이요, 그 양이요, 그 숫자요, 그 많은 숫자와 더불어 싸워서 그를 다스려 이길 수 있는 자가 이 세상에 아무도 없음이니라.

29 너희가 말하는 초등학교도 안 되는 그 어린아이가 대학을 다니는 사람과 싸워서 이길 수 있다 해서 그 어린아이가 그에게 대들겠는가?

30 감히 그는 대들 수가 없을 것이니라.

31 그리고 그는 대들어 봐야 승산이 없는 싸움이라 알고 있을 것이니라.

32 그보다도 더한 것이 지금의 모든 종교 집단 그들에게 반기를 들며 그들이 잘못 가고 있으며 잘못되었다는 것을 그들에게 가르치고 깨우치고자 하는 것이니, 그리할 사람이 없음이니라.

33 첫째는 그들이 잘하는 것인지 잘못하는 것인지 분별할 수 있는 지도자가 세상에 없으며,

34 그리고 그들의 힘에 의하여 그들의 물질적인 그 방대한 능력과 그리고 그들의 방대한 조직에 의하여 감히 안다 해도 그들과 대적하여 싸울만한 사람이 없으며 그를 대적하여 역사할 수 있는 백성이 하나도 없음이니,

35 지금까지 그를 바로잡지 못하였으며 바로 깨우치지 못하여 오늘과 같은 지금의 형국에 흘러왔음이니라.

36 그리하여 이 세상에 이를 바로잡을 자가 아무도 없으며 이를 바로잡아 세울 자가 아무도 없음이니,

37 오로지 이제 나의 아들을 따르는 제자들이요, 나의 법전을 읽고 깨우친 백성, 너희 외에는 그 누구도 이를 바로잡을 수가 없다는 것을 알아야 할 것이니라.

38 그러니 너희가 얼마만큼 소중한 백성이며, 너희 대명이 얼마나 중요한 것인가를 알아야 할 것이니라.

39 이제 너를 따르는 제자들이요, 또 너를 따르는 그 모든 백성이요, 그리고 나의 법전을 읽고 깨우친 백성, 그들에게 너는 하나를 깨우쳐 줘야 할 것이니라.

40 지금 가난한 자와 풍요로운 자, 두 사

람의 삶이 있을 것이니라.
41 그러니 가난한 자는 앞으로 세월이 지
난 다음에 수많은 재물을 거느린다 그
리 생각할 것이니,
42 가난한 자는 더 많은 재물을 거느릴
때 그는 행복하며 그보다 축복이 없을
것이라 그리 생각하며 많은 재물을 갖
는 자 행복할 것이라 생각할 것이니
라.
43 그러나 너희는 재물을 가졌다 해서
행복하다 장담할 수 없는 것이 인생의
삶이니라.
44 너희가 살아가면서 뭐라 말하더냐?
45 서로 형제지간에 지지고 볶고 싸우며
얽히고, 빵 하나를 놓고 서로 먹고자
하여 얽히고설켰던 때가 더 행복했으
며, 그때가 사랑이 있으며 정이 있었
다 너희가 그리 말하지 않는가?
46 그러니 행복이라는 것을 어디에 기준
으로 하여 속단해서는 아니 될 것이니
라.
47 너희는 부자라 하여 고민이 없는 것이
아니라 말하지 않던가?
48 거기는 사랑이 없으며 형제의 우애가
없으며 또 가족이 화목하지 못한 그와
같은 역사를 이루니,
49 너희 인생을 사는 것을 그리 보고 살
아야 할 것이니라.
50 그 가난한 자가 수많은 재물을 얻는다
해도 그게 가장 행복한 것이며, 그 행
복보다도 행복이 없다는 그와 같은 생
각을 갖지 말라.
51 너희는 그와 같은 생각을 가져서는 아
니 될 것이며,
52 행복이요, 진정한 정이요, 사랑이라는
것이 무엇인가를, 그리고 인간이 사는
것이 무엇인가를,
53 어느 쪽에서 마음을 어찌 갖고 다스리
느냐에 달렸음을 너희는 알아야 할
것이니라.
54 그것이 인생을 살아가는 기본이요,
55 그와 같은 이치를 깨닫고 가는 자가
나를 볼 수 있으며,
56 나 여호와가 너희에게 전하는 그 사랑
이 무엇이며, 내가 너희를 구원하고자
하는 것이 무엇이며 하늘에 오르는 길
이 무엇이라 가르치는 그 뜻을 지금
알게 될 것이니라.
57 지금 방대한 조직이요, 그 집단의 뿌
리가 잘못 내려져 내가 사과를 열고자
하였으나, 그가 배나무를 심어 놓았으
니 배가 열림이니라.
58 그와 같은 형국이니 하나도 사과로서
는 쓸 수가 없으니,
59 내가 그리하여 만백성 중에 나로부터
구원받은 자 없다 하며 감히 너희가
그를 바꿔서 지금 세울 수가 없는 것
이니라.
60 모든 종교 지도자들은 내가 사과나무
를 심으나 너희는 배를 심고 사과라
그리 소리 지르니,
61 만백성은 그것에 속을지 모르나, 나
여호와를 속일 수가 없는 것이니라.
62 그러니 너희가 사과를 배라 말하는
자, 그리고 배를 사과로 말하는 자, 그
들 앞에서 사과는 사과고 배는 배다
하는 것을 말할 수 있는 자가 지금은
없음이니라.
63 그리하여 나의 아들을 통하여 지금 내
가 그를 부르짖음이니,

64 나의 아들 또한 역부족이며 너희 또한 역부족이니라.
65 그리하여 내가 나의 법전에다 사과나무를 그리며 배나무를 그리며 그 형체는 비슷하나 그들의 성분이 다르며 모형이 다르며 쓰임이 다르다는 것을 상세히 그려서 너희에게 전해 주는 그 역사요,
66 각자가 보고 깨우치라는 것이 지금 내가 너희에게 전하는 법전의 내용이니라.
67 그러나 너희는 뭐라 말하는가?
68 그 그림이 틀렸다 말하며 그 그림은 사탄이 그린 것이며 악마가 그린 것이라 너희가 그리 말함이니,
69 그림책으로 그려 주는 그림을 보고도 바로잡을 수 없는 것이 너희들이니, 이들을 과연 어찌 깨우치는가?
70 이와 같은 것이 지금의 모든 백성이 가는 길이니라.
71 그러나 그들에게 너희가 사과는 사과요, 배는 배요, 그 특성이 다르며 모양이 다르며 성분이 다르며 그 형태가 다른 것을 설명해 주고 또 설명해 주고 깨우쳐서,
72 그 백성이 배나무와 사과나무를 구분할 수 있는 그와 같은 역사를 이루고자 하는 것이 내가 너희를 통하여 하고자 하는 뜻이라는 걸 잊지 말라, 사랑하는 나의 아들딸들아!

5,961 번째 하나님 말씀

2003년 4월 14일 23시 57분

1 사랑하는 나의 아들아!
2 "네, 아버님! 말씀하옵소서."
3 지금의 모든 종교 집단이요, 지도자요, 그들이 구원받을 자가 없으며 신도라 하는 자들도 구원받을 자가 없다 말하였으며,
4 모든 백성이 지금 나로부터 구원받을 자가 없다 말하였음이니,
5 구원받을 자가 없다 하는 것은 지금까지 모든 백성을 이끌어 온 종교 집단이요, 지도자가 잘못되었다는 것을 내가 너희에게 깨우쳐 주는 그 무서운 사실을 너희는 인정하지 않으려 함이니라.
6 그렇다면 지금부터 너희가 나의 아들 예수가 세상에 나온 그 시대, 그전의 시대부터 그리고 너희가 세상에 태어나 한평생을 살아가면서 느끼고 본 바를 스스로 한번 평가해 보며 점수를 매겨 보도록 그리하라.
7 60평생을 살아온 사람이 철이 든 열 살 때부터 10년 단위로 내가 너희의 살아가는 모든 것을 나눠서 보라고 법전에 기록한 내용이 있음이니라.
8 이는 내가 너희에게 열 살 때의 삶과 스무 살이요, 서른 살이요, 마흔이요, 쉰이요, 예순을 산 지금 시점에서 그를 한번 분석해 보라는 뜻이라는 것을 여기서 알아야 할 것이니라.
9 60먹은 사람이 열 살 때 그 인심이 어떠했으며 그 시대에 살아가는 사람들은 과연 어떠한 심성이었는가?
10 그리고 너희가 20대 때의 사람들의 살아가는 것은 과연 어떠했는가, 그리고 30이 되면서 세상사의 많은 백성이 살아가는 사랑하는 마음이요, 양심

이요, 인정이요, 인간의 본성의 마음
이 과연 어떠했는가?
11 40대에는 과연 어떠한 형국으로 변했
으며, 50대에는 얼마나 형국이 변했으
며, 지금 60 먹은 사람이 60대에 살아
있는 이 세상의 인심이요, 인간 세상
에 살아가는 그것은 어떠하던가?
12 너희는 스스로 말할 것이니라.
13 지금보다 더 험악한 세상이요, 더 살
벌한 세상은 없었을 것이며, 추하고
무서운 시대는 없었을 것이라 그리 말
할 것이니라.
14 이를 거꾸로 말하면 지금 60년을 산
사람이 50대 때가 지금보다 나으며,
40대 때는 50대 때보다 더 인정이 있
었으며 인간미가 있었으며, 그리하여
40이요, 30이요, 20이요, 내려갈수록
사랑이 있었으며 인간미가 있었으며
이웃의 슬픔과 기쁨을 같이 나누며 즐
거워하는 그와 같은 마음, 인간 본성
의 마음이 조금이라도 남아 있었다는
것을 알 것이니라.
15 세월이 흐르며 너희가 나이가 먹으면
먹을수록 세상은 험악해졌으며 지금
같이 사악하고 험악한 세상은 없었다
하는 것을 너희가 말할 수 있을 것이
니라.
16 그러니 지금 너희가 하루를 살고 나
면 하루만큼 더 사악한 시대요, 험악
하며 무서운 세상은 없으며, 인간이
더불어 살면서 인간이 인간을 두려워
하는 그와 같은 시대는 없었다는 것을
너희는 증거하며 입증할 것이니라.
17 그렇다면 지금 내가 뭐라 말하였느냐?
18 모든 믿음의 길을 가는 길이 2천 년
전에 나의 아들 예수가 내려와 너희에
게 복음을 전할 때는 정말로 순수한
금과 같았으며,
19 그것이 변질되어 은이 되고 또 동이
되고 무쇠가 되어 지금의 모든 성전이
요, 교회라는 곳은 썩은 쇳가루가 날
아가 자리 잡은 것이라 내가 그리 말
하였으며 그 뿌리라 하였음이니,
20 지금 60년을 산 사람이 60년 전의 인
심과 지금의 인심이 얼마만큼 무섭게
변화되어 있는가?
21 그것을 보면 너희가 앞으로 세월이 흐
르면 더 잘못됨이니,
22 이 모든 책임은 종교 지도자, 집단이
요, 믿음의 길을 가는 백성, 하늘에 오
르고자 하는 백성 너희도 그와 같이
더 사악해지며 더 타락해 간다는 것을
여기서 변명할 길이 없을 것이며 아무
런 할 말이 없을 것이니라.
23 과연 여기에 대해서 너희가 무슨 말
을 할 수 있겠는가?
24 너희 한 사람의 삶의 역사를 봐도 과
거보다 현재가 험악해졌음이니,
25 2천 년 역사 이전의 나의 백성과 지금
너희 인성의 차이는 얼마나 무섭다 생
각하는가?
26 그는 감히 상상할 수 없을 만큼 지금
사악해졌음이니,
27 세월이 흐르면 흐를수록 더 사악한 세
상이 되니,
28 천 년이라는 세월이 이 지상에 더 흐
른다면 여기는 선이라는 것은 찾아볼
수 없으며, 너희는 형제지간에도 바라
보지 아니할 것이며 자식과 부모 사이
에도 고리가 없을 것이니라.

29 그저 하나 낳아서 세상에 내보내면 그 순간으로 끝나는 것이요, 부모는 그 자식을 돌보려 하지 아니하며 자식은 부모를 돌보려 하지 않는 그와 같은 남남보다도 더 사악하게 그리 무너지게 되어 있음이니,
30 자식과 부모 간에 사랑이 없고 애정이 없는 그 세상이 얼마나 사악하며 황폐할 것이라 생각하는가?
31 그리하여 내가 천 년에 걸쳐서 새로운 세상을 이루고자 하며 하늘과 같은 낙원을 지상에서 이루고자 하여 지금 내가 불 칼로써 너희를 단죄하기 시작함이니,
32 그게 바로 나의 법전이요, 내가 내리는 새로운 성경임을 너희는 알아야 할 것이니라.
33 2천 년 전의 백성의 인성보다 지금의 인성이 더 아름답고 곱다 하면 오늘에 나의 법전이 세상에 나올 필요도 없으며,
34 지금 많은 종교 지도자요, 집단들이 하늘에 오르는 길이라는 것을 바로 가르치며 나의 피조물 만백성을 사악한 쪽으로 만들어 이끌어 가는 행위를 하지 아니한다면 오늘에 이와 같은 역사는 없을 것이니라.
35 그러나 하루를 자고 나면 그 잔 만큼 사악한 시대가 없으며, 또 두 밤을 자고 나면 그보다도 더 사악한 시대가 없이 이렇게 사악한 쪽으로 변해 가니,
36 이것이 천 년이 흐른다면 바로잡을 수가 없으며 백 년만 흘러가도 바로잡을 수 없는 그와 같은 무서운 형국으로 변화되며 사악한 시대로 흘러감이니,
37 이를 통제하고 잡을 만한 능력이 없음이니라.
38 그리하여 지금 내가 나의 아들을 통하여 너희를 깨우치고자 법전을 내려 심판을 시작한다는 것을 너희는 가슴 깊이 새겨들어야 함을 잊지 말라.

5,962 번째 하나님 말씀

2003년 4월 15일 09시 25분

1 사랑하는 나의 아들아!
2 "네, 아버님! 말씀하옵소서."
3 너의 제자들과 만백성에게 나의 뜻을 기록하여 이를 전하도록 그리하라.
4 나의 아들 예수가 세상에 나갔을 때 너희는 모두 예수의 이름으로써 기도하고 경배하며 그것으로써 구원을 받는다 그리 말하며 그리하여 지금도 그와 같이 가고 있음이니라.
5 너희가 기도하는 방법과 그리 말하는 것이 맞느니라.
6 그러나 너희는 여기서 하나의 깨우침을 얻고 가야 할 것이니라.
7 내가 이 세상의 모두를 통제하는 것은 두 사람이 아니요, 한 사람을 통하여 그 하늘의 성령이요, 빛을 그리 통하여 만백성에게 내려간다 하였음이니,
8 예수의 시대에는 무엇이었더냐?
9 바로 나의 아들 예수를 통하여 너희를 구원하는 나의 성령이 내려갔으며 만백성을 다스리고자 하였음이니,
10 그 당시 모든 백성 중에 예수처럼 살아가는 자가 없으며 내가 믿는 자가 없으며, 내가 보낸 자가 바로 나의 아

들 예수이니라.
11 그리하여 그를 통하여 그가 전하는 것, 그를 따르는 것, 그와 같이 더불어 가는 것, 그 모두가 구원의 길이요, 너희가 우등생의 길이었다는 것을 너희는 알아야 할 것이니라.
12 그러나 나의 아들 예수를 너희가 어찌하였는가?
13 내가 사랑하는 아들이요, 내가 그를 통하여 만백성을 구하고자 하는 하나의 그 혈통이요, 계통을 지상의 하나의 거점을 너희가 짓뭉개 버렸음이니라.
14 그리하여 내가 문을 닫았음이니, 2천 년 동안 침묵의 세상이요, 암흑의 세상이라 내가 그리 말하였음이니,
15 그리하여 내가 잠자는 시간이었던 걸 너희는 알아야 할 것이니라.
16 이 세상 인간 세상에 살아가면서도 인간 집단의 하나의 작은 집단을 통제하는 것도 그 결정권자는 하나요, 모든 조직이요, 단체의 결정권자는 하나이니라.
17 나라를 운영하는 자도 하나요, 또 그 다음은 한 사람이 계승하여 그를 받아 운영하는 것이지,
18 열 사람, 스무 사람이 국가를 경영하며 단체를 경영하는 것이 아니라는 것을 너희 인간 사회에서도 알면서 어찌하여 하늘의 뜻은 너희는 모른다 말하는가?
19 바로 무엇이던가?
20 나를 대신하여 내 뜻을 전하며 나의 상속자요, 하늘의 성령이요, 하늘의 빛을 받아 세상에 전하는 것은 단 한 사람뿐이니라.
21 그러니 내가 선택한 그 사람을 존경하며 그를 따르며 그가 가르치는 것을 배우며 그가 절대적으로 나를 대신하는 역사이며 나와 더불어 같은 자라는 것을 너희는 알아야 할 것이니라.
22 그러니 나의 아들이 나의 뜻을 전하는 것은 2천 년 전의 예수 단 한 사람뿐이었으며 나의 아들뿐이었음이니라.
23 그러나 지금 모든 종교 집단이요, 목사요, 종교 지도자라 하는 너희가 나를 대신하는 자라 그리하며,
24 그리하여 너희는 대우를 받아야 하며 왕과 같은 대우를 받으며 존경을 받으며 너희를 다스릴 수 없으며 너희가 잘못해도 탓할 수 없다 그리 말함이니 그는 맞느니라.
25 나로부터 선택된 사람은 이 지상에는 하나밖에 없음이니라.
26 둘도 없음이니 그를 알라.
27 그러면 너희가 이 세상에서 가장 깨끗한 일인자가 됐을 때, 나로부터 선택을 받은 자요, 나의 명령을 받은 자요, 나의 빛이 꺾여 그 모두를 다 만백성에게 전하는 자니,
28 그와 같은 자는 나를 대신함이니 그게 진리니라.
29 그리하여 가장 깨끗한 자요, 아름다운 자요, 예수와 같은 삶을 사는 자, 단 한 사람뿐이니라.
30 둘이 있을 수 없음을 알라.
31 너희가 선택된 자라 하는 것은 너희 스스로 선택된 자지, 나 여호와가 선택한 자가 아니니라.
32 너희는 여기서 이 엄연한 사실이요,

무서운 현실을 알아야 할 것이니라.
33 너희가 각자가 선택된 자라 하면,
34 말로 할 것 없이 이 세상에서 가장 선
한 백성이요, 그리고 나의 뜻대로 살
며 계명을 지키며 인간이 살 수 없는
그 한계를 넘는 그와 같은 바른 삶을
사는 것이니라.
35 그게 바로 사랑을 실천하는 것이며 두
마음을 갖지 아니한 그와 같은 자이니
라.
36 그러니 수많은 종교 지도자들이 세상
에 지금 우글거리나, 단 한 사람만이
나로부터 선택되어 내가 그에게 성령
을 내리며 그에게 빛을 내려 모두를
통제함이니,
37 과연 너희가 선택된 자라 할 수 있는
가?
38 너희 자신을 한번 들여다보라.
39 내가 직접 세상에 나의 성령을 내려
나의 뜻을 내려보내는 것은 오로지 한
사람을 통해서 내려보냄이니라.
40 둘을 통제하지 아니하며 둘을 통해서
내려보내지 아니하니,
41 예수의 시대요, 2천 년 전에 내가 나
의 아들 예수를 통해서 모두를 통제했
으니, 너희가 그를 그와 같이 구세주
요, 영광의 구세주라 하는 것도 맞느
니라.
42 그가 존재했을 때는 그보다 더 사랑하
는 자가 없으며, 내가 그보다 더 믿는
자가 없으며, 내 뜻을 그보다 더 잘 지
키는 자가 없으며 내가 임하고자 하는
모든 역사를 하는 자가 그밖에 없었음
이니,
43 그는 목숨으로써 모두를 다 바칠 수
있는 그와 같은 아들이었음이니라.
44 그리하여 그를 통하여 세상을 통제한
것이요,
45 지금처럼 너희 맘대로 종교 지도자요,
목사라 하여 나로부터 지시받은 자요,
명받은 자요, 예수처럼 나에게 사명을
받아 일하는 것처럼,
46 그리고 이 세상에 단 한 사람인 것처
럼 그 착각에서 깨어나라.
47 내가 2천 년 동안 암흑의 세상이 흐른
다음에 지금 나의 성령의 160권의 모
두를 내려보내는 나의 아들이 선택된
자이니,
48 지금 모든 빛은 나의 아들을 향하여
꺾여서 내려가며 그를 통해서만 모두
가 내려감이니라.
49 두 사람이 있을 수 없고 세 사람이 있
을 수 없음이니라.
50 그리하여 나의 아들이 누구도 갈 수
없는 그 길을 갈 것이며, 너희가 생각
할 수 없는 인간의 한계를 넘어갈 수
있는 것은 오로지 나의 아들뿐이니라.
51 그리하여 너희가 그 제자 됨이 영광
이요, 그와 더불어 감이 영광이요,
52 그와 같이 바로 나에게 선택된 나의
아들, 일인자와 너희가 같이 가기 때
문이라는 것을 알아야 할 것이니라.
53 그가 위대하고 소중해서가 아니라,
54 그를 통하여 나의 성령이 내려가며,
그를 통하여 하늘의 뜻을 통하며, 하
늘의 모든 역사함을 그를 통하여 가르
침이며, 너희가 구원의 길에 오르는
것을 그가 기록한 법전이요, 그를 통
하여 오른다는 것을 잊어서는 아니 될
것이니라.

55 이 엄연한 사실 앞에 종교 지도자 너
희가 나로부터 만백성을 구하는 빛을
받는 사람이라 말하려면,
56 너희도 나의 아들이 기록한 것처럼
160권의 법전을 한 권이라도 더 쓰는
자, 그리고 그보다 더한 역사를 이루
는 자는 하늘에 있는 모든 뜻을 네가
받아 기록한 자요, 나로부터 선택된
자라 해도 내가 두말하지 아니할 것이
니라.
57 나의 아들이 죽을 때까지 나의 성령이
요, 나의 뜻을 받아 하늘의 뜻을 그가
받아 기록하는 그 장수보다도 더 많은
것을 기록할 수 있는 자,
58 그는 나로부터 선택된 자며 역사한 자
이니라.
59 그러니 이 세상에 나의 성령을 받아
160권 이상 그 후로, 내가 내리는 나
의 뜻을 기도로써 받아 계속 기록하여
만백성에게 책으로 만들어 전할 것이
니,
60 그보다 더 많이 기록하며 내는 자가
일인자며 나로부터 선택받은 자임을
알라.
61 그러니 나의 아들이 써 내리는 그 법
전보다 너희가 넘지 못하며 그보다 더
넘어가지 못한다면, 감히 선택된 자라
는 말을 하지 말라.
62 말로써 구약과 신약의 성서를 가지고
재탕 재탕하는 것은 누구나 다 할 수
있으며, 바보도 할 수 있으며, 거지도
할 수 있으며, 사기꾼도 할 수 있으며,
도둑놈은 더 잘하며, 말할 수 없이 남
을 속일 수 있는 재능을 가진 자는 그
를 가지고 더 잘 가르치며 잘 변론하
여 가르칠 것이니라.
63 그러나 나의 뜻이라 하여 진정한 성령
을 기록하는 것은 없음이니라.
64 너희는 여기서 말을 들어야 할 것이
니라.
65 나의 아들 예수가 세상에 나와 그를
통하여, 제자들을 통하여 구약과 신약
보다 더 위대한 책이 없다 하였음이니
라.
66 그보다 더 진리가 있고 더 역사가 있
으면 나의 아들 예수가 행한 것은 나
의 아들이 아님이니라.
67 그러나 그 성서보다 더 위대한 진리
요, 더 깊은 깨우침이요, 이 세상을 덮
은 것이 없지 않은가?
68 그리하여 나의 아들 예수이었음이니
라.
69 나의 아들 예수를 죽게 하여 너희가
그를 중단하였으니,
70 내가 지금 나의 아들을 통하여 지금
160권의 법전을 연결해서 세상에 나
감이니,
71 이 시대에 나의 아들보다 더 많은 복
음을 기록할 수 있으며 나의 뜻을 전
할 수 있으며,
72 그가 죽을 때까지 써내는 그 책보다,
그 하늘에 오르는 길이요, 나의 진리
요, 성경보다 더 많은 것을 기록하는
사람이 있다 하면,
73 그 사람이 나로부터 이 세상에 선택된
한 사람이요, 나의 빛을 받아 만백성
에게 전하는 세상의 왕이라고 말해도
내가 너희를 탓하지 아니할 것이니라.
74 성서가 최고요, 지금의 너희에게 깨우
침을 주었듯이,

75 나의 법전이 만백성을 깨우치는 대장
정의 장서로서 세상에 나오니, 이보다
더 많은 것이요, 더 훌륭한 것이 나온
다면 나의 아들은 가짜며 사탄이니라.
76 그러나 나의 아들이 기록하는 책이요,
이 장서만큼 기록하는 자가 없다면,
77 이는 나의 아들이요, 이 지상에 하나
선택되어 그를 통하여 이 세상을 지배
하며 그를 통하여 나의 성서요, 성령
이 내려가며 하늘의 뜻이 내려가며 하
늘에 오르는 길인 진리가 내려간다는
것,
78 그러니 그리 꺾여 내려가는 빛, 그 빛
을 받는 자만이 하늘에 오를 수 있으
며 그 빛을 보는 자만이 오를 수 있다
는 걸 너희는 알아야 할 것이니라.
79 지금 나의 아들은 내가 그를 사랑함을
알며 모든 것이 그를 통하여 세상에
오르는 것을 알 수 있음이니라.
80 다만, 나의 아들은 그리 말하지 않는
것뿐이니라.
81 '너희가 구원을 받고자 하면 내 행동
을 따르며 내가 하는 것을 본받으며
내가 하는 대로 따르는 것이 구원을
받을 것이라' 그리하면,
82 수천 년 후에는 또 오늘의 나의 아들
의 이름만 부르면 구원을 받는다는 그
와 같은 오류를 범하는 사악한 자들이
세상에 나오는 것을 두려워하여 나의
아들은 그리 말하지 아니하느니라.
83 저와 더불어 가는 자, 제 마음에 파장
을 이루지 아니하는 자, 그리고 선한
생활을 하는 자, 그것만이 내가 기억
하는 자며, 더불어 하늘에 오를 수 있
다는 그것으로써 끝임이니,
84 예수의 역사함과 나의 아들이 역사하
는 것을 능가하는 자가 있거든, 나로
부터 선택된 세상의 일인자요, 그가
나의 역사를 대신하는 자라 그리 믿으
라 함이니라.
85 단 하나의 일인자밖에 없기 때문에
단 하나의 장서를 기록하는 것이며,
86 그 많은 말, 하늘의 나의 뜻이요, 너희
가 말하는 하늘을 두루마리 삼아서 써
도 써도 모자란다는 그 모든 진리를
오로지 나의 아들을 통해서만 세상에
내려가니 이것이 선택된 자라는 증거
니라.
87 너희가 구약과 신약만을 가지고 말장
난으로 가르치는 것은 다람쥐 쳇바퀴
도는 식으로 그저 누구나 다, 사기꾼
이 더 잘할 수 있으며,
88 말재주 있는 자가 더 잘하며, 언변 좋
은 자가 더 잘하며,
89 남을 웃기는 자, 재담 있는 자가 성서
를 가지고 가르친다면 너희보다 더 잘
가르치며 그들이 훨씬 나은 선생이 될
것이니,
90 '도진 개진'이라 하는 말이 있듯이, '도
토리 키 재기'라는 말이 있듯이, 너희
는 아무것도 아니니라.
91 너희 입으로써, 생각으로써 160권이
요, 그 160권을 넘는 장서요, 나의 아
들이 죽을 때까지 세상에 기록해 놓는
하늘에서 내린 그 책들을 한번 기록해
보라.
92 그러면 너희가 일인자요, 선택된 자라
는 것을 내가 인정할 것이며 만백성이
너희를 따르도록 할 것이니라.
93 그러나 그와 같이 하지 못하거든 너희

는 부끄러운 줄 알며 입을 다물라.
94 더 이상 사기극을 벌이지 말라.
95 그리고 나의 사랑하는 백성을 더 이
상 우롱하지 말라.
96 이제 내가 하늘의 뜻이요, 진리를 밝
혀 나의 법전에 기록하여 전했으니,
이를 보고도 너희가 깨우치지 못한다
면 이는 너희 복이니 그리 알라.

5,963 번째 하나님 말씀

2003년 4월 15일 09시 39분

1 사랑하는 나의 아들아!
2 **"네, 아버님! 말씀하옵소서."**
3 나의 법전을 세상에 내려보냄이며 하
늘에 오르는 길이라 하여 책으로 대장
정의 역사를 이루는 것은 나의 성령의
뜻과 하늘에 오르는 법도를 너희에게
깨우쳐 주기 위하여, 누구나 다 읽고
깨우칠 수 있도록 내가 책으로 만들어
전하여 줌을 너희는 어찌 생각하는가?
4 이와 같은 대변화의 역사를 이루는 것
은 나 여호와가 창조주로서 나의 피조
물인 너희를 얼마나 사랑하며 얼마나
소중히 여기면 이와 같은 역사를 이루
겠는가?
5 모세의 시대에 등을 돌렸던 그 백성의
후손이요, 또 나의 사랑하는 아들 예
수까지도 그리 처참히 요절을 냈던 백
성의 후손인 너희를 얼마나 아끼고
사랑하는 마음이 있으면,
6 오늘 내가 법전이라 하여 책으로 만들
어 하늘에 오르는 길이요, 모든 나의
성령을 기록하여 너희에게 전하는 이
역사를 이루겠는가?
7 이는 오로지 너희를 사랑하기 때문이
니라.
8 그리고 마지막으로 내가 너희에게 내
리는 은혜요, 축복이라 하였거늘, 어
찌하여 너희는 그를 알지 못하는가?
9 그리하여 심판의 시대가 되었다 내가
그리 말하였느니라.
10 내가 너희에게 마지막 은혜요, 영광을
내리며 심판의 시대의 기회를 주었음
이니,
11 너희 스스로 나의 법전을 접하여 읽고
깨우치는 자는 스스로 구원을 받을 수
있는 그와 같은 기회를 너희에게 부여
해 주며 내가 심판을 시작하였다 하였
으며,
12 내가 심판하면서도 너희에게 당당한
기회요, 다 누구나 받을 수 있는 혜택
의 그 역사를 이루도록 해 놓고 시작
하니, 얼마나 너희에게 사랑을 주는
것인가?
13 정답을 내려다 놓고 그 답을 옮겨 쓰
라는 선생이 세상에 있다 하면 그 선
생은 너희에게 무엇을 더 원하고 있겠
는가?
14 정답을 주고 쓰라는 선생의 그 뜻을
거역하는 자는 그 선생이 진노한다 하
였음이니,
15 내가 너희에게 정답을 다 내려 주면서
그것을 기록하여 그를 읽고 깨우쳐 하
늘에 오르는 길을 보라 하였음이니,
16 그래도 보지 않는 자들은 나 여호와
를 진노케 한다는 것을 알아야 할 것
이니라.
17 그리하여 내가 너희에게 심판의 시대
를 지금 역사하는 것도 모든 정답을

다 주었음이니 그리 알아야 할 것이
니라.
18 그러니 너희가 이를 믿는다면 심판의
기준인 나의 법전이 세상에 내려간 것
은 당연한 것이며,
19 그리하여 이 법전을 읽고 보고 깨우쳐
야 하는 것이 또한 해야 할 일이며,
20 그리고 법전 또한 내가 만백성에게 전
하여 주며 너희를 위해서 마지막으로
한번 역사를 이룰 것이거늘,
21 그때도 이를 보지 아니하며 깨우치지
아니한다면, 너희 스스로 나에게 오르
는 것을 거부하는 것이며 너희 스스로
하늘에 오르는 길을 버린 것임을 알아
야 할 것이니라.
22 내가 오죽 너희를 사랑하면 내가 마
지막 심판의 시대를 진행한다 하며 내
가 너희가 읽고 깨우칠 수 있는 심판
의 법전이요, 그 내용이요, 법도요, 하
늘에 있는 뜻을 기록하여 너희에게
전하겠는가?
23 내가 너희에게 전하지 아니하고는 심
판할 수 없기 때문이며,
24 내가 너희를 사랑하기 때문에 그와
같이 답을 주지 아니하고 너희에게 정
답을 쓰라 하지 아니하는 나 여호와의
애절한 마음을 아는가?
25 하늘에 오르는 백성을 위하여 하늘의
법도를 내가 나의 아들을 통하여 하늘
에 오르는 길이라 하여 책으로 만들어
너희에게 전하는 이유가 여기에 있음
이니라.
26 너희가 죽어 심판을 받아 그 후부터
축복을 받는 자는 하늘에 오르는 자가
되니,
27 하늘에 오를 수 있는 자는 하늘에 오
를 수 있는 정답을 알아야 하며 그 법
도를 지켜야 하기 때문에 내가 모든
답을 너희에게 주었음을 알아야 할
것이니라.
28 내가 이와 같이 심판의 시대를 여는
그 뜻이 또한 어디 있는가?
29 너희가 지금처럼 비극적인 세대가 없
으며 지금처럼 비극적이고 사악한 시
대가 없었음을 알아야 할 것이니라.
30 지금까지 살아오는 그 세월이 지금처
럼 비극적인 시대는 없었으며 악한 시
대는 없었으며 인간이 인간을 믿지 못
하는 시대는 없었음이니라.
31 그러니 세월이 지나면 지나갈수록 너
희는 돌이킬 수 없는, 나와는 먼 길로
가며 너희 형태는 파괴되어 감이니라.
32 너희가 사악한 마음으로 살면 인간의
형태에서 짐승의 형태로 변한다 하지
아니하였던가?
33 하늘나라에는 인간의 형태를 가진 자
만이 올라오니 짐승의 형태로 변한 그
얼굴을 가진 자는 나에게 오를 수 없
다 내가 그리 말하였음이니라.
34 지금 세월이 지나면 지날수록 마음이
거칠어지며 마음이 사악해지며, 비극
적인 그 악한 마음이요, 물질에만 연
연하며 육의 삶의 행복을 위해서만 치
우치며 너희가 그와 같이 계속 전락하
고 타락의 길을 가고 있기 때문이니,
35 그리하여 너희를 지금 바로잡고자 함
이요, 무너지는 것을 막고자 하여 내
가 지금 나의 법전을 나의 아들을 통
하여 내려보냄이니라.
36 너희가 형태가 변화되며 무너지는 것

은 무엇이더냐?
37 나를 위하여 하늘에 오르는 길이 아니
요, 너희가 지옥 길로 가는 그 모습을
내려다보면서 나 여호와가 그 아픈 마
음을 달랠 길 없어 울고 있다 말하지
아니했는가?
38 어찌하여 너희는 나의 아들딸이 지옥
으로 가는 그 모습을 보고 울고 있는
나 여호와의 마음을 그리도 모르는가?
39 너희는 어찌하여 그 고집스러운 믿음
이요, 너희만이 구원을 받으며 하늘에
오르는 길이라는 그 마음 하나를 돌아
다보며 바꾸지 못하며 개혁하지 못하
며 변화하지 못하여 지옥으로 떨어져
가는 그 길만을 '맞다!' 달려가고 있는
가?
40 이를 바로잡기 위하여 내가 지금 오늘
의 마지막 시대에 너희를 심판하기
직전에 나의 법전을 내려보내 이를 보
고 구원의 길에 오를 수 있도록 은혜
요, 은총을 너희에게 내렸음이니,
41 많은 백성이 이 은혜와 은총에 감사
하며 보답할 수 있는 것은 나의 법전
을 읽고 깨우쳐 하늘에 오르는 길뿐이
니라.
42 나의 아들의 제자로서 선택된 자들이
요, 나의 법전을 접하여 읽고 깨우친
백성, 너희는 나로부터 선택된 백성이
니, 그보다도 큰 영광과 은혜가 또한
없을 것이니,
43 모두를 다 바쳐 많은 백성에게 법전
을 전하는 데 잠시도 소홀히 하지 말
며 최선을 다하도록 그리하라, 사랑하
는 나의 아들딸들아!

5,964 번째 하나님 말씀

2003년 4월 15일 23시 14분

1 사랑하는 나의 아들아!
2 "네, 아버님! 말씀하옵소서."
3 너희가 인간 세상에 살아가면서 단체
요, 또 한 나라를 경영하는 거기에 따
라서 질서가 있으며 법도가 있느니라.
4 너희가 한 시대에 살면서 또한 그 의
무가 있는 것이니라.
5 너희는 백성으로서 의무가 있으며, 작
은 집단은 집단대로 의무가 있으며 또
국가를 경영하는 속에서 각자가 지켜
야 할 의무가 있느니라.
6 그러니 그 의무에 따라서 나라의 부름
을 받았으며, 또는 집단에 의하여 그
의무를 행할 수 있도록 부름을 받았을
때,
7 그곳에서 힘들고 어렵다 하여 임의로
그 조직을 이탈하며 그 명령에 따르지
아니한다면 이 사회의 질서가 유지되
는가, 안 되는가?
8 인간 세상에서도 그 의무요, 직분을
다하며, 집단 또는 국가로부터 부름을
받았을 때 너희가 그 의무를 충실히
수행해야만 그 권리를 주장할 수 있음
이니라.
9 그러니 그 속에서 부름을 받은 자는
그 부름을 받는 그동안에는 거기에 따
라서 충실히 행하는 것이며,
10 저 자신을 위한 삶을 살 수 없는 것이
조직의 부름이요, 또는 국가의 경영하
는 속에서 부름을 받고 가는 것이 아
니던가?
11 그리하여 어렵고 힘든 어떠한 일이라

하여도 그들이 그 임무를 다하며 그
대가를 치르는 그와 같은 곳에 책임을
다하며, 부름을 받았을 때 그들은 고
난과 어렵고 힘든 길을 인내하며 그를
참고 견디며 가는 것이 인간 세상에서
이루어지는 것이 아니던가?
12 너희가 세상에 살아가는 그 집단에서
노동력으로써 그 의무를 다하며 때로
는 재물로써 그 의무를 다함이니,
13 고통스럽고 힘든 그와 같은 것이라도
주어진 그 임무를 하였을 때, 그 집단
이요, 나라의 경영 속에서 너희가 목
소리를 낼 수 있으며 너희가 할 수 있
는 권리를 주장하는 것이 아니던가?
14 자기가 하는 것을 하지 아니하고 권리
를 주장할 수 없으며 자기 임무를 소
홀히 할 수 없는 것이 인간 세상의 조
직 세계에서 이루어지는 삶의 형태니
라.
15 그러니 나의 아들에게 제자라 부르는
자, 그리고 나의 아들을 통하여 내리
는 강론을 듣는 백성, 또한 나로부터
선택된 나의 아들딸이라 내가 명한 너
희들,
16 나의 법전을 읽고 깨우친 백성은 과
연 누구에게 부름을 받은 자라 생각하
는가?
17 인간 세상의 집단에서 부름을 받은 것
인가?
18 국가를 경영하는 그 단체에서 국가에
서 너희를 불러 쓰는 것이던가?
19 너희는 창조주 나 여호와로부터 선택
된 백성이며 내가 부른 자이니라.
20 이 세상 수십억 인구 중에서 선택된
자요, 그 누구의 어떠한 선택보다도,
어떠한 부름에 의해서도, 어떠한 명예
로운 직책의 명을 받는다 해도 그보다
도 더 소중한 것이 나 여호와로부터
부름을 받은 것이요, 나에게 선택된
백성이라는 것을 너희는 알아야 할
것이니라.
21 그러니 내가 선택하여 쓰고자 부른 백
성이며 내가 선택한 백성 너희는 내
가 이루고자 하는 그 사업에 너희가 1
번이며 모든 삶을 그 길을 위해서 가
는 것밖에 없음을 알라.
22 인간 세상에서 부름을 받은 것도 아니
요, 창조주 나 여호와에게 부름을 받
은 너희는 힘들고 어렵다 하여 그 길
을 벗어날 수 없으며 도피할 수 없으
며 등을 돌리고 떠날 수 없으니,
23 너희는 누구에게 부름을 받은 자인가
를 알 것이며,
24 누구에게 부름을 받은 자이기에 그 얼
마나 영광된 길이며 보람된 길인가를
스스로 알아야 할 것이며,
25 절대적인 창조주 나 여호와가 쓰고자
부른 너희는 내가 쓰는 너희가 해야
할 직분을 다하지 아니하고는 떠날 수
가 없으며, 등을 돌릴 수가 없으며,
26 나의 뜻 아래 도망갈 수도 없으며 너
희가 운명을 바꿀 수도 없다는 것을
알라.
27 인간 집단의 사회에서 쓰고자 부른 것
도 아니요, 국가의 경영으로 쓰고자
부른 것도 아니요,
28 창조주 나 여호와가 이 지상에 존재하
는 모든 백성 중에서 특별히 선택되어
부른 사람들이니,
29 한 국가에서 쓰고자 부름을 받은 자와

이 세상의 창조주 내가 만든 이 지상
의 성전에서 역사하고자 부른 선택된
너희와 과연 누가 더 소중하고 귀한지
를 알아야 할 것이며,
30 너희가 아무리 어렵고 힘들다 해도 내
가 부르면 거역할 수 없으며 여기서
헤어날 수 없으며 떠날 수 없으며 영
원히 나를 등지고 갈 수 없다는 것을
너희는 알아야 할 것이니 그리 알라.

5,965 번째 하나님 말씀

2003년 4월 15일 23시 29분

1 사랑하는 나의 아들아!
2 **"네, 아버님! 말씀하옵소서."**
3 나 여호와의 백성이라 말하며 지금의
모든 믿음의 길을 가는 자, 그리고 수
천 년 동안 흘러오면서 나의 아들 예
수를 죽음으로 몰아갔으며 나의 아들
그 예수를 그 고통 속에 죽게 하며,
4 너희에게 바로 깨우쳐 하늘에 오를 수
있도록 내가 모든 것을 다 주었으며
모든 것을 다 내려보냈거늘,
5 너희가 나에게 무엇을 더 요구하는 것
인가?
6 지금 나 여호와의 백성이라면서 몇천
년 동안 그 흘러온 세월 속에서 과연
너희는 나에게 무엇으로써 보답했으
며 무엇으로써 내 뜻에 순종했는가?
7 나는 나의 아들의 죽음까지 너희에게
다 주었거늘, 너희는 어찌하여 나에게
무엇인가를 더 달라 그리 말하고 부르
짖는가?
8 지금 너희가 가는 그 믿음이라는 것
은 나 여호와에게 미운 짓, 내가 보기
싫어하는 짓, 내가 미워하는 그와 같
은 짓만을 골라서 하고 있다면 너희는
과연 이를 믿겠는가?
9 모든 종교 집단이요, 지도자요, 구원
을 받는다는 백성 너희가 하는 짓이
나 여호와의 아들딸이라면서 나에게
미운 짓만 골라서 하는 그와 같은 형
국으로 가는 것이 지금의 너희들이니
라.
10 그러니 과연 그 속에서 구원을 받을
자 있으며 나에게 오를 수 있는 자 있
던가?
11 그리하여 나에게 오를 자가 한 명도
없다고 내가 말한 뜻이 거기에 있음이
니라.
12 말로써는 나의 아들이요, 딸이라 그리
하나,
13 너희가 행하고 살아가는 그 모든 행동
은 내가 역겨워 볼 수 없으며 나 여호
와를 진노케 하는 행동만을 골라서 지
금 하고 있음이니라.
14 모든 종교 지도자는 진리요, 아름다움
을 가르치고 그들에게 깨닫도록 하는
것이 아니라,
15 그저 재물을 거둬들이며 더 큰 성전,
더 물질이 풍요로운 그것에만 너희가
모든 것을 다 바치고 가고 있음이니라.
16 이제 내가 나의 아들을 통하여 기록하
여 전했듯이, 내가 이 세상의 참진리
요, 나의 뜻은 단 한 사람을 통하여 세
상에 내려보낸다 하였음이니라.
17 2천 년 전에 나의 아들 예수를 내려보
내어 그 예수로 하여금 지금의 성경의
위대함을 만들어 냈으며,
18 그 당시 그 누가 그와 같이 역사할 수

있던가?
19 나의 아들이 내려와 그 행함을 그 제
자들로서 그와 같이 지금까지 너희가
그 성서를 만들어 냈음이니라.
20 그리고 지금은 내가 나의 아들을 통하
여 160권의 대장정의 새로운 성경이
요, 하늘에 오르는 법전을 만든다 하
였음이니,
21 세상에 한 사람을 통하여 모든 하늘의
빛을 내림이니 나의 아들 예수를 통해
서 보냈으며,
22 2천 년 동안 암흑의 세상을 내가 문을
닫고 들여다보지 아니하여,
23 오늘 2천 년이 흐른 지금 내가 나의
아들을 통하여 하늘의 빛을 또 너희에
게 내려보냄이니,
24 그러니 160권 이상의 법전이요, 대장
정의 나의 뜻을 기록하는 자가 있다면
너희는 선택된 자라 그리 말하라.
25 너희는 선택된 자가 아니며 내가 인도
하는 목자가 아니니라.
26 그러니 너희가 서로 제일이요, 제가
최고요, 제가 나로부터 선택을 받았다
하는 백성, 너희가 과연 나로부터 선
택된 자라 하면, 내가 160권 이상의
법전을 세상에 기록하여 내라 그리하
였음이니,
27 그를 내지 못하는 종교 지도자요, 집
단에서는 입을 열지 말라 내가 하였음
이니 이 무서운 뜻을 알라.
28 그리하여 나의 아들을 통하여 내가 다
시 한 번 너희에게 이를 명함이니,
29 나의 아들이 160권의 법전을 세상에
내며, 그가 또 숨을 거둘 때까지 이 세
상에 내는 그 많은 하늘의 진리요, 뜻
을 그보다 더 많이 역사할 수 있는 자
가 있다면 나로부터 선택된 자요,
30 그와 같은 역사를 하지 못하는 종교
지도자는 선택된 자가 한 사람도 없음
을 알라.
31 오로지 이는 나의 아들 한 사람뿐이라
는 것을 너희는 알아야 할 것이니라.
32 그리하여 그를 따르는 제자들이요, 그
리고 나의 법전을 깨우치는 백성 너희
를 통하여 하나의 혈통을 이루어 나가
며,
33 너희 후손으로서 천 년에 걸쳐 이 세
상을 지배하고자 하는 것이 나 여호와
의 뜻이며,
34 나의 법전을 읽고 깨우친 자만이 이
세상에 천 년 후에는 존재한다는 것을
너희는 알아야 할 것이니라.
35 내가 이 무서운 말을 다시 한 번 기록
하여 너희에게 전함이니,
36 너희가 나의 아들딸이요, 나의 백성이
라 말하면서 나의 뜻을 거역하며 나에
게 미운 짓만을 골라서 하며, 내가 진
노하는 짓만 하는 그 꼴을 더 이상 볼
수가 없으며, 그를 단죄하는 역사를
열고 있는 이 시점에서,
37 내가 다시 한 번 법전이 얼마나 소중
한 것인지, 그리고 나의 아들이 지금
써 내리는 이 새로운 성경이 나 여호
와의 진리의 뜻이라는 것을 깨달으라
전함이니라.
38 내가 일찍이 1부의 법전에서 너희에
게 전했듯이, 이 세상에 내려오는 빛
은 나의 아들을 통하여서 내려가며 모
든 것을 거둬들이는 것은 그 아들을
통하여 내가 거둬들인다 하였음이니

라.
39 2천 년 전의 예수 시대도 그랬음이니
라.
40 그러니 예수를 믿는 자, 너희가 구원
을 받으며 그 이름을 부른 자 구원을
받는다 그리 생각했음이니라.
41 나의 아들 예수를 따라 같이 역사하는
자를 내가 나의 아들처럼 똑같이 사랑
하기 때문이며 그리하여 그 뜻을 알고
있었음이니라.
42 나의 아들을 따르는 그 제자들이요,
나의 아들이 가르치는 복음을 듣고 변
하고자 하는 그 백성을 내가 얼마나
사랑하고 아끼는가를 나의 아들 예수
는 알고 있었기 때문이니,
43 그리하여 예수를 따라오는 자, 나의
아들과 더불어 가는 자, 너희는 누구
나 다 구원을 받을 수 있으며,
44 나의 아들을 통하지 아니하면 구원을
받을 수 없다는 그 이야기는 바로 너
희는 다시 성서를 깨달아 비유의 뜻을
알라.
45 오로지 나의 아들을 따르는 자만, 예
수를 따라오는 자는 구원을 받을 수
있는 길에 올 수 있다는 것을 너희에
게 알려 준 것이니라.
46 예수를 따라오는 자만이 구원을 받으
며 예수를 부름으로써 구원받는 것이
라는 뜻이 아니라,
47 나 여호와가 예수를 통하여 무엇을 역
사하는지를 알고 있기 때문에 그리하
여 예수와 더불어 같이 가는 자는 하
늘에 와 구원을 받을 수 있기에 그를
따르라 했으며,
48 그와 같이 하는 자만이 구원을 받을
수 있다는 것이니라.
49 내가 2천 년이 흘러 지금 나의 아들을
통하여 하늘에 오르는 길이요, 법전이
라 하여 책을 내려보냄이니,
50 나의 아들이 너희에게 말은 하지 아니
하나, 나의 아들과 더불어 같이 가는
자, 같이 가고자 하는 자, 내가 너희를
앎이니, 너희가 자연적으로 나에게 오
를 수 있는 영광을 얻게 된다는 것이
니,
51 그 뜻을 그저 나의 아들만 믿고 그 이
름을 부르면 너희가 구원을 받으며 하
늘로 오른다 그리 가르쳤음이니,
52 이것이 너희가 너무나도 잘못 가르침
이요, 내 뜻을 모르는 것이며 성서의
비유의 뜻을 모르니 이와 같이 오늘
의 험악한 세상이 되었음이니라.
53 나 여호와를 찾으며 나 여호와에게 경
배하면 너희가 구원받지 못하며,
54 나의 아들 예수의 이름을 부르며 예수
가 행했던 것, 그리고 예수의 보혈로
써만 구원을 받으며 그를 찬양하는 자
만이 구원을 받으며 나에게 오를 수
있다 그리 말하나,
55 너희는 나의 백성이요, 나의 아들딸이
니 바로 나에게 오를 수 있다는 것을
알라.
56 지금 나의 아들이 그와 같이 나의 아
들을 통하여 모두 하늘에 오를 수 있
다 그리 말한다면,
57 너희가 나의 아들의 이름을 부르며 그
를 찾으면 구원을 받는 것이 아니요,
58 나의 아들은 나 여호와가 나의 아들을
따르는 백성을 내가 더불어 같이 천국
의 문을 열어 인도한다는 것을 알고

있었기 때문이니라.
59 그러니 그를 배신하지 말며 등 돌리지
말라 함이니,
60 나의 아들 예수를 따랐던 그 제자들이
등을 돌리지 아니하였으며 그를 욕되
게 하지 아니하였더라면, 그들은 나의
아들 예수와 같이 더불어 하늘나라에
왔을 것이니라.
61 그러니 나의 아들 예수와 행하며 끝까
지 따른 자들은 예수를 따라서 하늘에
올 수 있는 은혜를 내가 내린다는 것
을 예수는 그를 알고 있었기 때문에
따르라 했으며, 그와 같이 행하라 했
으며, 그를 찾으라 했던 것이니라.
62 그러나 지금 내가 나의 아들을 통하여
이 말을 너희에게 깨우쳐 주는 것은
그 의미를 잘 깨달으라 함이니라.
63 지금의 나의 아들을 찾는 것이며, 나
의 아들이 법전을 만드는 그 역사의
위대함을 위하여 나의 아들을 찾는 것
이 아니요, 나의 아들을 부르짖으려고
오는 것이 아니요,
64 그가 전하여 내린 나의 새로운 성경의
그 뜻을 깨우쳐 거기에 따라 사는 것
이 나에게 오를 수 있는 길이며,
65 그 길을 가는 자는 나로부터 선택된
백성이니 내가 너희를 구원한다는 것
을 나의 아들은 알기에, 더불어 저와
같이 가는 자 구원을 받는다는 그와
같은 의미를 말할 수 있으나,
66 너희가 혼동하며 또 역사를 뒤바꾸며
사악한 자들이 또한 나의 아들의 이름
을 앞세워 나를 능멸할 것을 생각하
여, 나의 아들이 그와 같은 말을 하지
아니하며 말을 아끼고 있음을 너희는
알아야 할 것이니라.

5,966 번째 하나님 말씀

2003년 4월 15일 23시 37분

1 사랑하는 나의 아들아!
2 "네, 아버님! 말씀하옵소서."
3 지금 수천 년 동안 믿음을 오며 그 뿌
리를 지탱해 오는 백성이 과연 뭐라
말하는가?
4 그들은 나에게 오를 수 있는 선택된
백성이며 나로부터 선택된 백성이라
그리 말하느니라.
5 그러면서 그들은 나의 아들 예수가 저
희에게 가르치고자 했던 것, 그리고
그가 행하고자 했던 것, 그가 사랑을
베풀며 사랑이 무엇인가를 보여 줬던
것, 그를 그대로 가르쳐 저희 것으로
만들어 행하고 실천하는 것은 그리하
지 아니하느니라.
6 나에게 구원을 받으며 하늘에 오르고
자 하는 백성이라면 내가 너희에게 수
없이 기록하여 전했듯이,
7 나의 아들 예수의 가르침을 그대로 받
아들이며, 나의 아들 예수가 역사했던
그 복음이요, 나의 아들이 베풀었던
너희가 넘을 수 없는 사랑의 실천을
그대로 답습하고 그대로 너희 것으로
만들어 살아가는 것이 나에게 오를 수
있는 길이라는 것을 내가 다시 한 번
강조함이니, 이를 가슴 깊이 새겨야
할 것이니라.
8 나 여호와의 뜻이라 하며 이 세상 모
든 것은 내가 주관하며, 그리고 내가
모든 것을 내린다 하며, 이 세상 모든

것은 내가 주관하며, 내가 다 필요로
해서 내려왔으며 내가 만들었다 말하
며,
9 전지전능한 나 여호와라 그리 말하며
나의 아들딸이라 그리 말하느니라.
10 감히 나의 아들딸이라 말하는 너희가,
11 내가 지금 나의 아들을 통하여 하나님
의 말씀이요, 창조주의 말씀이라는 새
로운 성경이요, 법전을 세상에 내려보
내건만, 어찌하여 이를 너희 것으로
받아들이지 아니하며 이를 나의 뜻이
라 하지 않는가?
12 그것에 뭐라 말하였느냐?
13 하늘에 오르는 길이요, 나 여호와가
나의 법전을 세상에 내린다 하였음이
니라.
14 그리고 마지막 심판의 시대에 내가 성
령의 불을 태워 세상에 내려보내는 것
이라 그리하였음이니라.
15 여기는 내가 나의 아들 예수를 부정하
는 것이 아니며 신약을 부정하는 것이
아니며 나 자체를 부정하는 것이 없거
늘,
16 어찌하여 너희가 나의 백성이라면서
나 여호와의 이름이 붙어 있는 이 책
에 대한 것을 들여다보지 않으며, 이
를 보고 깨우치지 않으려 하며,
17 이 책을 태워 버리며 찢어 버리라 하
며 그를 쓰는 나의 아들까지 죽이려
그리 생각하는가?
18 바로 너희는 무엇이던가?
19 사탄의 자식이니라.
20 나의 백성이라 하며, 나의 말로써 구
구절절이 기록되었으며, 나의 뜻이라
하여 내 이름이 기록되어 있으며, 내
뜻이 거기 기록되었으며, 나 여호와를
찾는 그와 같은 나의 법전을 보고 너
희는 어찌하여 이것이 사악한 자의 말
이라 그리 말하며 이를 보려 하지도
아니하려 하는가?
21 너희가 정녕 나 여호와의 백성이요,
나를 위하여 오는 백성이라면 '하나
님! 말씀하옵소서' 또는 나 여호와의
이름을 기록해 놓은 그와 같은 것을
본다 해도 그것의 감사함과 두려움을
아는 마음을 가져야 할 것이니라.
22 그렇다면 너희가 나의 법전을 어찌
대해야 하겠는가?
23 이는 '하늘에 오르는 길'이요, '하나
님! 말씀하옵소서'라는 그 책표지만
보더라도 두려운 줄 알며 감사한 줄
아는 마음으로 나의 법전의 뚜껑을 열
때,
24 너희에게 이룰 수 없는 역사가 이루어
짐을 알아야 할 것이니라.
25 지금 너희가 하고 있는 행동이요, 역
사하는 것은 무엇이던가?
26 너희 손으로 지은 그 죄의 온상인 교
회라는 곳에 가서 예배하고 기도하며,
또 눈물로써 회개하고 소리 지르며,
27 그리고 종교 지도자가 가르치는 그 설
교를 들으며, 또한 성경 공부를 하며,
그리하여 몇십 년 동안 너희가 다니면
서 말로써는 세상 것을 다 주는 것처
럼 천사와 같이 변한 것처럼 행동을
하고 있는 것이 지금의 형국이 아니던
가?
28 그러면서 성전이요, 교회에 가서 성경
공부하고 예배하며 그 설교를 들으며
눈물로 회개하면 구원을 받는 것이며,

29 너희가 하늘에 오를 수 있는 백성이
요, 그리고 이 세상의 일반 백성과 차
별화되며 깨달음이 높은 백성이요, 천
사와 같은 백성이라 그리 말하며 자부
하느니라.
30 그리고 너희는 오만의 극치가 하늘에
닿아 있음이니라.
31 그리하여 모든 백성과 차별화를 두며
특수한 백성인 것처럼 착각하고 살아
가는 너희는 과연 마음속에 어떠한
생각을 하고 있으며,
32 나 여호와의 자식으로서 바로 행동을
하며 바로 살아가는가?
33 네 마음과 행동을 한번 들여다보며 너
희 스스로 진단을 내려 보도록 그리
하라.
34 성경 공부하며 교회 가서 기도하여 구
원받은 자요, 변화된 백성이요, 그리
고 천사와 같은 자요, 선택된 백성이
라 그리 말하는 너희가 너희 마음과
행동을 한번 들여다보라.
35 과연 너희가 차별하는 그 백성보다
다른 것이 무엇이며 얼마나 아름답게
살아가는가?
36 그리고 그 백성을 이끌어 간다는 종
교 지도자 너희는 신약성경에 기록되
어 있는 내 뜻의 그 비유의 말을 얼마
나 알며 그 뜻을 얼마나 깨우쳐서 나
의 백성을 가르치는가?
37 내가 나의 법전에 기록하여 나의 아들
이 성경의 비유의 뜻을 기록하여 전했
음이니,
38 너희가 정녕 알지 못하겠거든 나의 법
전을 읽으며 너희가 성서의 그 비유
한 뜻이요, 잘못된 부분이요, 너희가
잘못 가르치는 부분이 거기에 있으니,
39 그를 보고 깨우치는 그와 같은 변화를
하지 아니한다면, 너희가 나의 피조물
만백성을 지옥으로 이끌어가는 너희
죄는 상상할 수 없는 고통 속에서 그
대가를 치러야 함을 알아야 할 것이
니라.
40 성서의 비유의 뜻을 제대로 가르치지
못하는 종교 지도자 너희는 과연 예
수를 얼마나 닮은 삶을 살아가는가?
41 너희가 성서의 비유의 뜻을 알지 못하
며 제대로 가르치지 못한다면,
42 나의 아들 예수가 복음을 전하며 그가
강조했으며 그가 전하였던 그와 같은
삶을 사는 행동이라도 너희가 보인다
면 너희는 나로부터 선택된 백성이라
내가 그리 말할 수 있으나, 너희는 그
도 행하지도 아니함이니라.
43 행동도 하지 아니하며, 그가 전한 복
음도 너희가 그대로 받아들여 너희
것으로 만들지 못하는 어리석은 자니,
44 그러니 너희는 말로만 사랑하는 백성
이요, 나로부터 선택된 백성이요, 구
원받은 백성이라 하며,
45 손으로 지은 그 교회라는 죄악의 온상
에 가 기도하고 예배하고 설교를 들으
며 성경 공부를 하는 것으로써 구원을
받은 자라는 착각 속에서 깨어나도록
그리하라.
46 그는 너희에게 아무런 도움이 되지 아
니하며, 단 한 가지라도 어려운 자의
등을 밀어주는 그것으로써 너희가 그
보다 더 위대한 나로부터 은혜가 있다
는 것을 잊지 말라.
47 행함이 중요함을 알라.

5,967 번째 하나님 말씀

2003년 4월 15일 23시 50분

1 사랑하는 나의 아들아!
2 "네, 아버님! 말씀하옵소서."
3 너희가 하늘에 오르는 길은 나 여호와
만이 알 수 있으며 나 여호와만이 역
사할 수 있는 것이라 내가 그리 말하
였음이니라.
4 그러면서 너희는 성경을 잘못 이해했
으며 성경을 잘못 알고 있으며 그 비
유의 뜻을 알지 못하기에,
5 하늘의 천국의 문은 나 여호와만이 열
고 안 여는 그 고유의 내 권한에 감히
너희가 도전하는 행위를 하고 있음이
니라.
6 그리하여 너희가 감히 구원을 받은 자
라, 받았다 그리 말하며 하늘에 오를
수 있다고 말하는 자체가 너희가 얼마
나 오만한 자며 자만에 차 있는 백성
이던가?
7 내가 항상 이야기하듯이, 겸손한 마음
으로 모두를 살아가는 것이 나에게 오
는 길이라 하였거늘,
8 너희는 어찌하여 그와 같은 마음으로
써 세상을 살아가는 것이 아니요, 죄
의 온상인 손으로 지은 교회에서만 구
원을 받는다 말하는가?
9 너희가 지은 성전에 오는 자 외에는
구원을 받을 수 없다 말하는 것이 너
희가 얼마나 어리석은 자며 오만한 자
인가?
10 너희가 오만함이 그득히 차 있는 백성
이니라.
11 그 오만에 차 있는 백성이기 때문에
너희보다 훌륭하며 아름답게 살아가
는 백성의 삶을 들여다보지 못하며,
그 생활을 들여다보지 못하며,
12 그 백성을 도리어 무시하며 그들을 멸
시하는 그와 같은 어리석은 행위를 하
고 있는 것이 너희임을 알아야 할 것
이니라.
13 너희가 얼마나 어리석은 백성인가?
14 이 세상은 나 여호와가 만들었으며 이
세상은 내가 만든 성전이라 하였음이
니라.
15 그러니 너희가 필요에 따라서 시간과
장소에 관계없이 나에게 기도하고 경
배하며 나에게 대화를 하고자 하며 나
에게 의사를 전달하고자 하면, 내가
항상 그를 들어주며 너희와 같이 있
는다 하지 아니하였던가?
16 그러나 오만과 자만에 빠진 어리석은
그 백성은 저희가 손으로 지은 교회
를 다녀야만 구원을 받는다 하며,
17 저희 교회에 오는 자와 오지 않는 자
를 다른 사람으로 그리 보며 경멸하며
차별화를 두는 것이 너희들이니라.
18 그러면서 저희는 그 믿음의 세계에
오는 자들만이 저희가 깨끗한 자며
이 세상에 때 묻지 않는 자라 하며, 그
리하여 모든 백성을 경멸하는 자이니
라.
19 그러니 너희가 무슨 진리를 알며 참진
리라는 것이 무엇인 줄 알겠는가?
20 좀 더 깨끗해진 백성이요, 너희 말대
로 정녕 천사와 같은 자들이요, 그리
고 진리 속에 사는 자들이요, 진리만
을 연구하며 나 여호와의 뜻에 살아가
는 백성이라면,

21 너희가 그 겸손을 알며, 가장 낮은 자
세요, 세상의 두려움을 알게 될 것이
며,
22 하늘의 뜻이 무엇이며 나 여호와가 역
사하고자 하는 그 두렵고 무서움에 하
늘을 쳐다보기도 두려워할 것이거늘,
23 감히 너희가 그 천국의 문을 들어올
수 있고 열 수 있다는 그와 같은 오만
함에 너희가 얼마나 지금 잘못된 길
을 가고 있는가?
24 너희가 그저 천국의 문을 들어갈 수
있다는 그 말에 스스로 천국의 문을
들어가는 그 착각 속에서 너희가 그
순간을 위해서 살아가는 그와 같은 형
국이 되어 있음이니, 너희가 지금 바
로 하는 짓이 무엇인 줄 알겠는가?
25 모두가 다 사탄의 자식이 되어서 사탄
을 위해 역사하고 있다는 것을 너희가
과연 모르는가?
26 너희가 정녕 나의 백성이라면 나의 모
든 백성을 경멸하지 아니하며, 무시하
지 아니하며, 그들과 차별화 두지 아
니하며, 멸시하지 않는 그와 같은 겸
손한 마음으로 살아가는 백성이 나에
게 선택된 백성이며, 내가 원하는 백
성이요, 내가 더불어 갈 백성이니라.
27 그렇지 않은 백성은 나와 관계없다는
것을 너희는 알아야 할 것이니라.
28 너희는 뭐라 말하는가?
29 인간의 노력으로써는 아무런 도움이
될 수 없으며, 믿음이요, 구원을 받는
데 아무런 능력이 없고 힘이 되지 않
는다.
30 그리하여 나의 아들 이름을 부르며 나
를 찾으면 된다 그리 말하나, 너희는
알아야 할 것이니라.
31 내가 내려 준 이 모든 지상의 삶에서
너희가 얼마만큼 아름답고 곱게 사느
냐 그 길을 노력한 만큼 너희가 능력
껏 변화되는 만큼 내가 너희에게 상을
내리며 내가 거둬들인다는 것을 알아
야 할 것이니라.
32 오로지 구원이라는 것은 너희가 교회
를 다녀야만 하며 교회라는 곳에서만
변화될 수 있으며 개혁이 될 수 있다
고 그리 가르치는 것은, 너희 집단에
대해 얼마나 오만하며 자만에 차 있는
백성인가?
33 너희 오만과 자만이 하늘을 능가하고
있다는 것을 알아야 할 것이니라.
34 그리하여 인간이 변화되고 노력함이
너희가 그 변화에 대한 것이 아름답게
살고자, 너희가 오늘보다 내일이 변하
는 그와 같은 삶이 나에게 오르는 가
장 으뜸의 길이며 나에게 가장 큰 상
을 받는 길이라 내가 너희에게 이야기
해 주었음을 너희는 다시 한 번 기억
해야 할 것이니라.
35 나 여호와가 이끌어 주고 이끌어 주지
아니하며 내가 손으로써 너희를 건져
주며 건져 주지 않는 것,
36 그 모두는 너희 행동함에 달렸다는
것을 잊지 말라.
37 너희가 행동을 추하게 하며 행동을 잘
못하며 행함으로 남에게 피해를 주며
남을 구렁텅이에 밀어 넣는 그와 같은
행위를 하면서,
38 너희가 말로써만 나에게 구원하며 경
배한다 해서 구원을 받는다는 그 착각
에서 벗어나도록 해야 할 것이니라.

39 내가 천국의 문을 열고 안 여는 것은
너희 행동 여하에 달렸으며,
40 삶에서 살아가는 그 행동 지침에 따라
너희가 어찌 살았느냐에 따라서 그 대
가가 반드시 따른다는 것,
41 그것 외에는 아무것도 역사하지 않음
을 알아야 할 것이니라.
42 교회를 다닌다는 것으로써만 나의 백
성이라 그리 자칭하며,
43 교회라는 그 죄의 온상에 가 찬송하며
그 설교를 듣고 나오는 너희만이 나
에게 오를 수 있는 백성이요, 나에게
오를 수 있다는 그것 때문에 너희가
모든 백성을 무시하며 너희 형제까지
도 무시함이니,
44 너희는 진리까지도 생각지도 못하며
바라보지도 못하며 감히 들여다보지
도 못하는 그와 같은 행위를 하고 있
음이니라.
45 너희가 지금 모두 오만에 젖어 있기에
참진리 자체를 무시하며, 진리의 뜻을
내가 전하는 것도 들으려 하지 아니하
며, 그를 받아들이려 하지 아니하며
그를 사탄이라 그리 말함이니라.
46 그리고 너희는 감히 남을 비판하며 남
을 멸시하며 남에게 고통을 주는 그
모두가 어떠한 두려움으로써 그 대가
를 치르는 것인지 그 무서운 마음 자
체도 생각하지도 못한 백성이니라.
47 그저 오만의 극치에 달해 있으므로 너
희가 그저 구원받은 백성이요, 만백성
과 차별화하며 그들은 지옥으로 가는
자요, 그들과 너희는 관계없는 백성이
요,
48 오로지 너희만이 하늘에 오를 수 있
다 하여 남들을 무시하고 평하는 너희
가 얼마나 어리석은 자인가를 알 날이
있다는 것을 알라.
49 그날이 머지않았음이니라.
50 정녕 누가 어리석고 불쌍한 행동을 하
는가?
51 말로써 나를 찾으며 나의 아들을 부름
으로 구원을 받는다는 자, 지금의 모
든 종교 집단이요, 지도자들이 얼마나
사악한 자인가?
52 그리고 무거운 짐을 덜어 주며 어려운
자를 밀어주는 그와 같은 행위를 하고
사는 것이 나에게 오를 수 있는 길이
건만,
53 행함은 별것이 아니니 너희는 믿음만
을 앞으로 가라, 육의 행함은 아무것
도 아니다, 인간은 변할 수 없다, 인간
은 천사가 될 수 없으며 인간은 깨끗
한 사람이 될 수 없다, 그러니 너희는
깨끗해지려 하지 말라, 그리고 인간은
천사가 되려 하지 말라.
54 오로지 나 여호와가 이끌어 주고 인도
할 때만 될 수 있으니, 그저 믿음, 그
저 재물을 바치고 찬송하며 나의 이름
만 부르며 나의 아들 예수의 보혈로써
구원받았다 그것만 소리 지르라 그리
함이니, 너희가 바로 무엇이던가?
55 내가 너희에게 말하였느니라.
56 지금 종교 집단이요, 지도자 너희가
겉에는 꿀을 바르고 속에는 독약을 바
르며 독약을 바른 데 꿀을 발라 벌과
나비가 와 그게 꿀인 줄 알고 먹고 죽
게 하는 그 형국이 바로 무엇이냐?
57 믿음만 소리 지르면 되며 그리 가면
구원을 받을 수 있다, 그리고 그 대가

로는 재물을 바쳐야 한다, 재물을 많
이 바치는 자, 하늘에 쌓아 놓는다 하
며 재물을 거둬들이기 위하여 믿음을
부르짖으며 나의 아들 예수의 이름만
부르짖으면 구원을 받는다 그리 말함
이니라.
58 그러니 그 길을 가는 백성이 얼마나
편안하다 생각하며 그들의 가는 길이
얼마나 간단하다 생각하는가?
59 독약 위에 꿀을 발라 그 꿀이 꿀인 줄
알고 먹는 벌레들이 죽어 가는 형국과
똑같으니라.
60 너희로부터 재물과 모두를 거둬들이
기 위하여 너희에게 사탕을 던짐이니
라.
61 그저 나의 아들 예수가 너희 죄를 다
안고 가 죽었으며 그가 대속했으니,
62 너희를 대신하여 죽은 나의 아들 예수
의 이름은 부르기만 하면 천국에 간다
하니,
63 그것을 안 할 자 누가 있느냐?
64 바로 이게 독약 위에 꿀을 바른 형국
이니,
65 너희가 지금 독약 위에 바른 그 꿀을
먹고 산다 생각하니, 그게 바로 너희
가 죽음이요, 지옥으로 가는 길이라는
그 두렵고 무서움을 알라.
66 너희 만행이 극치에 달하였음이니라.
67 종교 집단이요, 지도자들이 극치에 달
해 있는 그 만행이요, 사기극에 더 이
상 사랑하는 나의 백성 너희가 죽어
가는 그와 같은 길을 가지 말라.

5,968 번째 하나님 말씀

2003년 4월 15일 23시 58분

1 사랑하는 나의 아들아!
2 "네, 아버님! 말씀하옵소서."
3 지금 밑에는 독약을 깔았으며 위에는
꿀을 발라 그를 먹으러 오라 그리 부
르짖음이니,
4 그를 보고 달려가는 나의 피조물 만백
성이 그리하여 그 부르는 소리에 현혹
되어 그들이 진리의 말씀이 무엇이며,
내가 내리는 참진리의 뜻이 무엇이며,
5 하늘에 오르는 길이요, 나의 아들을
통하여 내리는 이 새로운 성경이요,
이 법전이 저희를 구원하고자 하는
내 뜻을 듣지도 못하며 깨닫지도 못하
고 있는 것이니, 그들을 어찌해야 하
겠는가?
6 지금 독약 위에 꿀을 발라 놓고 이를
먹으라 부르는 달콤한 소리에 아무리
참진리라는 것을 나의 법전을 들어 그
들에게 전해도,
7 그들은 듣지 않으려 하며 무시하며 그
를 보려 하지도 아니함이니, 그게 얼
마나 어리석은 백성이던가?
8 그리하여 그들이 자만에 빠졌으며, 그
꿀을 먹는 자 영원히 살 수 있다는 그
와 같은 가르침에 그들이 거기에 빠져
들어가고 있음이니, 이를 과연 어찌하
겠는가?
9 그들을 바로 세우며 그들을 돌이켜 나
의 법전을 그들의 손에 쥐여 줘 그들
을 지옥으로 가는 그 죽음의 길에서
영원히 사는 그 삶의 길로 돌아설 수
있도록 하는 것은 너희가 해야 하는

일임을 잊어서는 아니 될 것이니라.
10 내가 수없이 너희에게 기록하여 말했
느니라.
11 너희가 손으로 지은 그 성전은 죄악의
온상이라, 그리고 너희가 기도하는 성
전은 내가 만든 이 자연, 이 우주의 그
모두가 성전이라 했던 나의 뜻을 알라.
12 너희가 교회에 가기만 하면, 그리고
목사가 가르치는 설교만 들으면, 그리
고 '아멘, 할렐루야!' 소리 지르며 지
전 몇 푼 놓고 금화와 은화를 갖다 많
이 바치는 자는 나의 아들딸이 된다
그리 말함이니,
13 나 여호와요, 창조주의 아들딸이 되어
나에게 오르는 그 길이 그리 간단하다
하니, 이를 선택하지 아니할 자가 누
가 있단 말이던가?
14 너희는 여기서 종교 지도자들이 얼마
나 어리석은 자며 또한 그를 듣는 백
성은 더더욱 어리석은 자라는 것을
알아야 할 것이니라.
15 너희는 이 세상에 태어날 때 나 여호
와로부터 생명을 받아 나감이니, 세상
에 태어나는 그 순간에 너희는 나의
아들딸임을 너희는 어찌 그리도 모르
는가?
16 어찌하여 너희가 손으로 지은 죄의
온상인 교회에 가 나의 아들 예수의
이름을 부르는 자만이 나의 아들딸이
라 그리 말하는가?
17 그렇다면 너희는 나의 아들딸이 아니
란 말이더냐?
18 너희는 이 세상에 태어나는 그 순간에
나로부터 생명을 받아서 나감이니, 엄
연한 나의 아들딸이니라.
19 너희가 죄의 온상인 그 교회라는 곳에
가서 기도하고 소리 지르는 그 순간에
너희는 사탄의 자식이요, 나의 아들로
서는 자격을 잃게 됨을 알아야 할 것
이니라.
20 이 세상 모두가 성전이라 하였음이니
라.
21 그와 마찬가지로 이 세상 모든 백성
너희는 다 나의 아들딸이니라.
22 그 속에서 너희가 내가 지은 이 아름
다운 성전에서 두꺼비집 같은 그 교회
라는 것을 지어 놓고 그 죄의 온상이
요, 그 일부에서 사악한 짓을 하니,
23 그 속에 들어오는 백성만이 나의 아들
딸이라는 그와 같은 어리석은 짓을 하
고 있음이 너희들이니라.
24 너희는 그리하면서 말하느니라.
25 교회에 오는 자는 천사요, 사탄이 그
곳에 한 명도 없다 그리 말하며, 오로
지 너희는 이 나의 모든 백성과 차별
화되며,
26 그들은 나의 아들딸이 아니요, 오로지
너희만 아들딸이라 함이니,
27 그리고 너희가 손으로 지은 그 죄의
온상인 교회에는 한 사람의 사탄도 없
으며 악한 자가 없다 서로 보고 그리
격려하느니라.
28 여기서 너희는 들어야 할 것이니라.
29 과연 너희가 지금 손으로 지은 그 교
회라는 곳에 가서 기도하고 경배하며
나를 부르며 구원을 받는다는 그 백성
너희가 나의 아들 예수를 따랐던 그
열두 제자보다 더 위대하며, 더 깨달
아 믿음이 높으며, 마음의 결심이 더
굳으며 하늘을 향하여 오고자 하는 마

음이 더 굳다 말하는가?
30 그리고 나의 아들 예수를 따르는 것이
열두 제자가 너희보다도 더 강한 마
음이었는가?
31 지금 나의 아들 예수를 찾으며 그 보
혈로써 구원을 받았다 하며 '예수, 예
수, 구세주여!' 소리 지르는 너희보다
나의 아들이 역사하는 것을 다 본 그
열두 제자들의 믿음이 더 약하다 생각
하는가?
32 지금 나의 아들의 보혈로써, 나의 아
들의 이름으로써 그 대속으로써 구원
을 받았다 울고불고하는 그 백성보다
열배 백배 그 열두 제자가 예수를 더
잘 알았으며, 예수의 행함을 알았으
며, 예수의 그 역사하는 기적을 알았
으며,
33 그들이 예수를 따르는 마음이 너희가
지금 나의 아들을 부르는 그 마음보다
열배 백배 더 강했음이니라.
34 그러나 그 열두 제자 중에도 하나의
사탄이 나왔음이니라.
35 그를 버리는 자가 있으며, 그를 파는
자가 있으며 그에게 등 돌리는 악마가
나왔거늘,
36 지금 너희가 손으로 지은 성전이요,
죄의 온상이라는 교회 속에 있는 너희
가 그 제자들보다도 더 강하며 더 굳
게 맺어져 있으며 더 믿음이 강하다
말하는가?
37 그러면 그 속에는 하나도 사탄이요,
악마요, 사악한 자가 없다 너희가 말
할 수 있을 것이니라.
38 너희가 지은 교회라는 그곳에 그 신도
들은 다 구원을 받은 자라 그리 말하
니, 거기에 사탄과 마귀가 하나도 없
다 그리 말하나,
39 내가 보는 그 속에는 사탄과 마귀가
득실거리며 거기에 신도 중에는 한 사
람도 나에게 오를 자가 없으며 구원을
받을 자가 없다는 것을 너희는 알아
야 할 것이니라.
40 내가 오늘 나의 아들을 통하여 너희에
게 전함이니라.
41 나의 아들 예수를 따르던 그 선택된
열두 제자보다 너희가 믿음이 강하며,
나의 아들을 찾는 것이 더 강하며, 나
의 아들을 따르는 마음이 더 강하며
나의 아들을 공경하는 마음이 더 강하
다면, 사탄과 마귀는 하나도 없을 것
이나,
42 그렇지 못하다면 사탄과 마귀가 득실
거리는 곳이 그곳임을 알라.
43 예수의 열두 제자 중에도 악마와 사탄
이 있었다는 것을 잊지 말라.
44 내가 이와 같은 사실을 너희에게 깨우
쳐 하늘의 비밀인 천기를 다 전해주건
만 그래도 이를 보지 못한다면 어찌하
겠는가?
45 그는 네 복이니라.

5,969 번째 하나님 말씀

2003년 4월 16일 0시 08분

1 사랑하는 나의 아들아!
2 "네, 아버님! 말씀하옵소서."
3 내가 1부의 법전에 기록하여 너에게
뭐라 전하였더냐?
4 너는 모든 사람이 즐겨 먹지 않는 그
무말랭이가 되라 그리 말하였느니라.

5 무말랭이라는 말이 과연 무엇이던가?
6 너희는 남들이 그리하여 즐겨 하지 않
는 그저 무를 말린 것이라 생각하며
내가 너희에게 전한 뜻을 그리 알 것
이니라.
7 그러나 이제 너는 그 뜻을 알지 않는
가?
8 "네, 아버님! 그 뜻을 이제 알고 있사
옵나이다."
9 네가 알고 있는 무말랭이라는 그 뜻이
무엇이던가?
10 "네, 아버님! 무를 말리고 말려 그 수
분을 다 짜내야 합니다.
11 무말랭이는 햇빛에 마르고 또 말라 제
가 가진 수분을 다 뽑아내서 완전히
말라야 무말랭이가 되옵나이다.
12 그 말씀은 저희가 가진 죄의 씨앗이
요, 잘못된 마음 모두를 다 짜내라는
그 위대하신 가르침이 거기 있음을 저
는 이제야 깨달았사옵나이다."
13 나의 아들아, 자기 자식에게 무말랭이
가 되라는 말을 그 어느 부모가 함부
로 말을 할 수 있단 말이던가?
14 너는 무말랭이가 되라.
15 너희가 보는 그 무말랭이는 그저 말라
비틀어진 것으로써 음식의 그 양념을
가미하면 그저 밥상에 오를까 말까 하
는 그 무말랭이, 누구도 그리 즐겨 하
지 않는 그 무말랭이가 되라고 내가
나의 아들에게 그 말을 할 때, 그것이
그 반찬으로서의 표현이라 생각했던
가?
16 아니니라, 아들아! 네 말이 맞느니라.
17 무말랭이는 말리고 또 말리고 또 말
려, 쥐어짜고 또 쥐어짜고 또 쥐어짜
서 하나의 수분도 없을 때 그가 무말
랭이로서 가치를 가짐이니,
18 썩지 아니하며 변하지 아니하느니라.
19 그러니 내가 너에게 무말랭이가 되라
했으며,
20 너의 제자들에게 무말랭이가 되라는
그 말은 너희가 가지고 있는 그 사악
한 마음이요, 욕심의 뿌리요, 지금까
지 살아왔던 등에 업고 있는 그 죄들
을 하나하나 갚을 수 있게 덜라 하는
것이며 뽑아내고 또 뽑아내라는 것이
니라.
21 태양에 의하여 그 물기를 다 말리는
무말랭이처럼 너희가 짜내고 또 짜내
고 또 짜내라는 나 여호와의 뜻이라는
것을 이제 네가 알았으면 그리 가도록
하며 너의 제자들에게 그리 가도록 가
르치라, 사랑하는 나의 아들아!
22 이제 내가 내리는 법전의 뜻 하나 무
말랭이를 알겠는가?
23 나의 법전을 읽고 또 읽으면 그 속에
답이 있느니라.
24 참진리란 무엇인 줄 알겠는가?
25 너희가 나의 법전을 읽고 하나를 깨달
았을 때 그 뒤에 따라서 깨달음이 있
으며 또 거기서 얻어지는 것이 있음이
니라.
26 오늘 법전을 읽고 내일 또 법전을 읽
되 거기서 또 얻는 것이 있으며 깨달
음이 있으며 지혜를 내가 부어 줌이니
라.
27 그리하여 나의 법전은 나의 성령이요,
내가 내리는 법전이요, 만백성을 심판
하는 것이며 마지막 시대에 너희를
위해 내리는 나의 뜻이며 나의 성령이

라는 것, 그래서 끝이 없는 것이니라.
28 그리 전하도록 하라, 사랑하는 나의 아들아!
29 너희는 무말랭이보다도 더 짜고 짜야만 너희가 나의 손목을 잡을 수 있음을 알라, 사랑하는 나의 아들딸들아!

5,970 번째 하나님 말씀

2003년 4월 16일 0시 14분

1 사랑하는 나의 아들아!
2 "네, 아버님! 말씀하옵소서."
3 깨달음이요, 참진리를 들여다보는 것은 첩첩산중에 머리 깎고 앉아 저 혼자 앞산을 보며 바위를 보며 기도하고 경배하며, 그곳에서 깨우쳐 바로 서며 도를 닦는 것이요, 진리를 깨달으며 하늘의 이치를 아는 것이 아니라 내가 말하였음이니라.
4 진정한 지도자는 나의 백성 속에서 살면서 더불어 생활하며 슬픔과 괴로움을 같이 겪어 가면서, 그들의 애환을 알 수 있는 그와 같은 속에서 바로 서며,
5 모든 유혹 속에서 바로 서는 것이 진정한 깨달음이요, 깨달은 자라 내가 그리 말하지 아니하였던가?
6 인간 세속의 그 모든 유혹 속에서 그를 뿌리치며 깨달음을 가지 아니하는 자는 진정한 깨달은 자가 아니라 내가 그리 말하였으며,
7 그는 쓸모없는 깨달음이라 내가 그리 말하였느니라.
8 그저 그는 말로써 몇 자 남겨 놓고 갈 뿐이니라.
9 그러니 내가 뭐라 말하였느냐?
10 지금 내가 만든 이 성전이요, 이 아름다운 지상에서 너희가 기도하고 싶을 때 기도하며, 경배하고 싶을 때 경배하며,
11 잘못되었을 때 나에게 용서를 빌며 너희가 바로 살아가는 그와 같은 삶을 살아가는 그 기도를 내가 들어준다 하지 아니하였던가?
12 산속에 가 머리 깎고 혈혈단신으로 앞산의 바위를 보며 기도하며 앞산을 보고 기도하며 바람 소리만 들으며 기도하며 세상사를 접하지 아니하고 깨우친들, 너희의 그 깨우침이 무엇에 필요하며 어디에 쓰겠는가?
13 그건 진정한 깨우침이 아니라 내가 그리 말하였거늘,
14 지금 모든 종교 집단이요, 지도자들은 뭐라 말하느냐?
15 나의 자식이요, 나의 아들딸이 될 수 있는 것은 너희가 손으로 지은 그 교회라는 곳, 죄의 온상에 가 기도하고 나의 아들 이름을 부르며 재물을 바치며 하늘에 재물을 많이 쌓아 놓는 그 역사를 이루는 것이 나의 아들딸이며 나에게 오를 수 있는 자식이라 그리 말함이니, 이는 아니 됨을 알라.
16 이는 잘못되었음을 알라.
17 너희 형편에 따라서 기도하고 경배하며 진심으로 아름다운 삶을 살아가는 것이 나의 백성이요, 나의 아들딸이 올 수 있는 길이며 갈 수 있는 길이며 행할 수 있는 길이라는 것을 너희는 알아야 할 것이니라.
18 사랑하는 나의 아들아!

19 "네, 아버님! 말씀하옵소서."
20 이제 너를 따르는 그 소중하고 아끼는
제자들에게 일러 전하라.
21 사탄의 자식과 천사요, 나의 자식이
구분되는 것을 너희는 엄연히 알고
있지 않은가?
22 사탄의 자식은 무엇을 위해 싸우는가?
23 나 여호와를 위해서 살아가는 것이 아
니니라.
24 나의 기쁨을 위해서 살아가지 아니하
는 것이 사탄이니라.
25 제 육의 영광을 위하여, 저 자신을 위
하여, 저를 위해 모든 믿음이요, 그 기
도하는 것, 그리고 달라 하는 것, 원하
는 것, 저 자신의 육의 생활과 영광을
위해서 무엇을 이루고자 하는 자는 바
로 사탄의 자식이라는 것을 너희는
알아야 할 것이니라.
26 얼마나 이 무서운 사실이던가?
27 지금의 믿음의 길을 가는 그 백성이
과연 어떠한 믿음의 길을 가는가?
28 저 자신을 위한 길이요, 저 자신을 위
한 믿음이었으며 육의 영광을 위해 무
엇을 거둬들이고자 하는 그 믿음이 아
니었던가?
29 가진 자는 더 갖기 위하여, 영광을 가
지고 있는 자는 그 영광을 더 얻고자
기도하며 그와 같은 마음으로 믿음의
길을 가는 것이 바로 사악한 사탄의
자식이니라.
30 나 여호와의 아들은 어떠한 자식인 줄
알겠는가?
31 나 여호와의 기쁨부터 먼저 생각하며,
나 여호와의 기쁨을 위해서 살아가며
나 여호와가 즐거워할 수 있는 것을
찾아서 행하는 자, 너희가 살아가면서
하나서부터 그 수만 가지까지 이루어
지는 그 모든 생활의 삶 속에서 나 여
호와를 위하여,
32 나를 행복하게 하기 위하여,
33 나 여호와가 노하지 않는 일을 하기
위한 그와 같은 마음 자세로 살아가는
것이 천사의 자식이니라.
34 그리고 나의 자식이니라.
35 천사가 되는 길이요, 나의 자식임을
여기서 구분해야 할 것이니라.
36 너희는 절대 나의 자식이 아님이니라.
37 너희 자신을 위해서 무엇인가를 이루
는 자는 사탄의 자식이요, 나 여호와
의 자식이 아님이니라.
38 이것으로써 너희가 모두를 구분하며
이것으로써 모두를 깨달으며 이것으
로써 스스로 판단하도록 그리하라, 사
랑하는 나의 아들딸들아!

5,971 번째 하나님 말씀

2003년 4월 16일 0시 19분

1 사랑하는 나의 아들아!
2 "네, 아버님! 말씀하옵소서."
3 너희가 아무리 건장하며 잘생긴 남녀
라 해도,
4 너희 마음속에 있는 생각할 수 있는
정신이요, 내가 내려 준 생명을 너희
한테 회수했을 때, 너희는 세상사 아
무것도 깨닫지 못하며 아무것도 의식
이 없으며 아무것도 생각할 수 없는
그와 같은 백성으로 되니,
5 너희는 육만 존재하며 영혼은 아무것
도 없음이니라.

6 그리하여 과거도 기억하지 못하며 현
재도 기억하지 못하며 부모 형제도 알
아보지도 못하는 것은 내가 너희에게
생명인 영혼을 빼냈을 때 그와 같은
형국으로 무너지는 것이니라.
7 그러니 지금의 모든 백성이요, 2천 년
동안 믿음의 길을 가는 백성이요, 나
의 아들 예수를 그리 사악하게 죽게
했던 그 후손 너희가 그 믿음의 길이
요, 하늘에 오르는 길이라 지금 몸부
림치고 달려가는 것,
8 그 가르치는 집단이요, 지도자, 그리
고 구원을 받았다 울부짖으며 소리 지
르는 그 백성,
9 너희가 정신을 다 빼앗기고 살아가는
자들이니라.
10 그러니 인간 세상에서 정신을 다 빼앗
기며 기억하지 못하며 생각하지 못하
는 것만이 아니요,
11 지금 나의 피조물 만백성 너희가 정
신을 다 빼앗겨 눈을 뜨고 있어도 아
무것도 보지 못하며 귀가 있어도 듣지
못하는 그와 같은 형국이 되어 있음이
니라.
12 인간이 깊은 구렁텅이에 빠져 있으면
제가 볼 수 있는 것이 그 길밖에 볼 수
없으며,
13 더 넓고 넓은 길을 볼 수 없으며 세상
을 볼 수 없듯이,
14 그 안에 살다 보면 그 형국으로써 변
화되는 것이 너희 인간이 아니던가?
15 지금 모든 마음을 다 빼앗겼음이니 너
희가 아무런 기능이 작동되지 아니하
는 그와 같은 인간이 되어 있음이니라.
16 너희 말대로 식물인간과 같이 그리되
어 있음이니라.
17 식물은 파장을 알며 생명을 알며 느낌
을 알며 대화할 줄 아나, 정신을 빼앗
긴 백성은 아무것도 할 수 없음이니라.
18 그와 같이 내가 너희 생명인 정신이
요, 그를 빼앗아 온 것처럼 모든 종교
집단이요, 그 지도자, 그 백성이 지금
그리되어 있음이니라.
19 그리하니 그 속에 악만이 가득 차 있
음이니라.
20 그 악만이 넘치는 그와 같은 형국으로
되어 있음이니라.
21 그들이 모든 정신을 빼앗기고 그 빼앗
긴 정신 속에 악을 가득히 심으며 악
마의 마음을 가득히 심고 있음이니,
22 내가 그와 같은 자들을 더 이상 바라
볼 수 없으며 그들을 용서할 수 없으
며 내가 더 이상 인내해서는 아니 되
기에, 그를 덮어 줘서도 아니 되기에,
23 내가 지금 나의 법전으로써 만백성을
구하며 그들을 또 심판하며 그를 보고
구원받지 못하는 자, 내가 용서하지
아니할 것이라는 것을 너희에게 이리
전함이니라.
24 지금의 종교 집단 때문에 모든 악이
이 세상을 지배하고 있으며 이를 덮고
있음이니라.
25 조금 더 세월이 지난 다음에는 여기서
구원할 자가 하나도 없으며, 너희가
변화시킨다 해도 변화시킬 수 없음이
니라.
26 정신을 다 빼앗긴 자들이 이 세상을
지배함이니,
27 정신이 있는 자가 지탱할 수가 없는
그와 같은 형국으로 세상이 됨이니라.

28 모든 형태가 다른 자, 머리에 뿔이 나
는 것이 정상이 아니라도 열 명 중에
아홉 명이 뿔이 나면 그게 정상이라는
것이 너희가 아니던가?
29 지금 악마가 이 세상을 지배하며 악마
가 다 덮고자 하는 것을 이제는 내가
더 이상 볼 수 없기에 용서하지 않으
려 내가 지금 그 단죄를 하기 시작했
다는 것을 알라, 나의 사랑하는 아들
딸들아!

5,972 번째 하나님 말씀

2003년 4월 16일 0시 22분

1 사랑하는 나의 아들아!
2 **"네, 아버님! 말씀하옵소서."**
3 너희가 구원의 길을 위하여 그리 몸부
림치며 모두를 다 바치며, 정녕 생명
이요, 목숨을 던져 하늘에 오를 수 있
는 보장만 있다면, 두말없이 목숨을
던질 자가 수없이 있을 것이니라.
4 너희가 그와 같이 하늘에 오르고자 갈
망하는 마음이 아니던가?
5 그 길을 위하여 너희가 그리 몸부림
치고 오나 지금 세상의 모든 믿음의
형태로써는 나에게 올 수 없다는 것을
알아야 할 것이니라.
6 이 모든 믿음의 형태를 개혁하고 바꾸
지 아니하면, 다시 준비해서 하늘에
오르는 길을 시작해서 출발하지 아니
한 백성은 정녕 하늘에 오를 수 없으
며 참진리를 볼 수 없음이니라.
7 이제 지금의 형태에서 너희가 벗어나
나의 법전을 가슴에 안고 정독하여 참
진리요, 내가 원하는 길을 보며 그 빛
을 보도록 하여 새로 태어나는 삶의
영광을 얻으라.
8 지금처럼 너희가 아무리 몸부림치며
그 길이 옳다 부르짖으며 그 길 외에
는 구원받지 못하는 것이라 생각해도,
9 너희는 새로 태어나는 영광이요, 은혜
는 절대 받을 수 없다는 이 이치를 알
아야 할 것이니라.
10 내가 너희에게 이와 같은 뜻을 전하고
또 전하건만, 너희는 이를 소홀히 생
각함이니라.
11 지금의 믿음의 형태로써는 절대 안 되
느니라.
12 그를 바로 변하고 개혁하지 아니하면,
그리고 여기서 중단하고 다시 시작하
는 용기가 없는 자는 하늘에 오를 수
있는 그 축복된 영광이요, 영원히 사
는 하늘나라에 올 수 없다는 것을 알
라.
13 나는 너희에게 다 가르쳐 주었으며 다
전해 주었으며 너희에게 방법까지 가
르쳐 주었으며,
14 책으로 만들어 '하늘에 오르는 길'이
라 하여 나의 성령을 기록하여 내리는
이 법전을 너희에게 전해 주었으니,
15 그러고도 너희가 변하지 아니하며 새
로 태어나는 길을 선택하지 아니한다
면, 그저 그대로 지옥으로 흘러가는
길밖에 없음을 알라.

5,973 번째 하나님 말씀

2003년 4월 16일 09시 30분

1 사랑하는 나의 아들아!
2 **"네, 아버님! 말씀하옵소서."**

3 지금 수천 년 동안 흘러오는 믿음의
그 종교 집단이 너무나 잘못되었으며
잘못 흘러가는 것을 내가 너희에게
수없이 말하여 주었음이니라.
4 내가 십계명에 기록하여 전하기를 '네
부모를 공경하라.' 하였음이니,
5 너희가 육의 세상에서 육의 부모를 공
경하는 것을 배우며 그를 터득하라 내
가 하였음이니라.
6 육의 부모를 공경하지 아니하는 자,
나 여호와를 공경하며 나를 따를 수
없다 내가 그리 말하지 아니하였던가?
7 가장 작은 너희 부모를 공경하는 마
음, 부모를 존경하는 마음, 사랑하는
마음이 곧 나를 향하여 올 수 있는 길
이라 내가 너희에게 말하여 주었음이
니라.
8 그러나 너희는 행함은 관계없으며, 그
저 믿음만을 부르짖으며 믿음이라는
것만 부르짖고 그 길만 가면 구원을
받는다 그리 가르침이니, 얼마나 어리
석은 것이던가?
9 육의 세상에서 부모에게 효도하는 효
성스러운 자식이야말로 그가 그와 같
이 효성스러운 마음으로 살아가고 노
력할 때 내가 그를 거둬들인다 하였음
이니라.
10 그러니 너희는 육에서 부모에게 효도
하는 것은 다 필요 없으며, 그저 믿음
만을 부르짖으며 나를 찾는 것으로써
모두가 다 역사한다 그리 말하니, 너
희가 얼마나 어리석은 삶을 사는 것인
지 아는가?
11 육의 부모에게 효성을 다하며 효도를
다하는 그와 같은 자를 내가 거둬들인
다는 것을 너희는 알아야 할 것이니
라.
12 지금 병이 들어서 몸이 아픈 자에게
의사라는 사람이 진단하기를 '당신은
술을 먹지 말라.' 그리 말하였음이니
라.
13 '당신은 술을 먹으면 큰일 난다.' 하며
'당신은 몸이 당뇨요, 그리고 모든 합
병증으로 몸을 망가트릴 수 있으니,
당신은 술을 조심하고 음식을 조심하
라.' 그리 가르쳤느니라.
14 그리하여 그 의사는 정성껏 환자에게
메모를 해 주었느니라.
15 그런데 그를 들은 환자가 그를 지키지
아니하고 무시하며,
16 술을 퍼마시며 먹지 말라는 음식을 먹
었을 때, 과연 그 병은 어찌 되겠는가?
17 그와 같은 자를 내가 치료를 해 준다
하면서 그는 먹지 말라는 술을 먹으며
먹지 말라는 음식을 먹어 대며,
18 나 여호와 하나님이 고쳐 줄 것이며
나의 아들 예수를 믿기만 하면 예수가
고쳐 줄 것이라 그리 행동하면서, 의
사가 주의하라는 것을 지키지 아니한
다 하면 너희는 어찌 되는가?
19 그 몸은 망가짐이니라.
20 먹지 말라는 음식, 통제하라는 음식,
그와 같은 것을 너희가 통제하고 열심
히 따르고 지키며 고치고자 하는 노력
이 있을 때, 내가 너희에게 기적의 역
사를 이루는 것이지,
21 너희 스스로 무너지면서 나에게 고쳐
달라 말하며 그리고 고쳐 줄 것이라는
말을 하지 말라.
22 그와 같은 것이 지금 너희가 믿음의

길을 가는 길이며 잘못 가르치고 잘못
가는 형태의 근본임을 알아야 할 것
이니라.
23 너희의 그 병을 고치기 위해서 의사가
무슨 음식을 먹고 무슨 음식을 먹지
말라 하였음이니라.
24 그러니 먹으라는 음식은 먹지 아니하
고 먹지 말라는 음식만 너희가 골라
서 먹는다면 그는 자연적 무너지게 됨
이니라.
25 그러면서도 제가 행동으로 함이 없이
그저 나를 부르짖으며 나의 아들 예수
를 찾으면 나을 것이라 그리 소리 지
르고 있는 자는 결국 무엇이더냐?
26 죽음이니라.
27 제 스스로 노력하지 아니하며 제가 스
스로 일어서지 않는 자에게 어찌하여
내가 혜택과 은혜와 영광을 준다 생각
하는가?
28 너희가 노력하는 것이 가상할 때, 노
력하는 것이 정성스러울 때, 노력하여
이루고자 피나는 노력을 할 때,
29 그를 내가 보기에 너희가 사랑스럽고
안쓰러우며,
30 너희 마음이요, 행함이 순종의 길을
가는 그와 같은 백성에게 내가 기적을
이루어 줄 수는 있으나,
31 그렇지 않은 자에게는 기적을 이루어
줄 수 없음이니라.
32 그러니 지금 너희 믿음이 바로 무엇
이더냐?
33 어렵고 힘든 길을 가지 아니하고, 그
저 말로써 구원받으며 쉬운 방법으로
너희가 가고 있음이니,
34 그리해서 너희가 그를 어찌 고칠 수
있다고 말하는가?
35 너희에게 의사가 하루에 3킬로미터를
걸으라 그리 말했다 하자.
36 그 3킬로미터가 어렵고 힘들어도 걸
어야 그것을 고칠 수 있기에, 의사의
말을 따라 그를 고치고자 밤이고 낮이
고 그가 꼭 3킬로미터라는 그 거리를
지켜서 매일 걷고 걷는 자는 다리가
나을 것이며 몸이 건강할 것이니라.
37 그 정성과 노력함이 하늘에 닿을 때
내가 그에게 역사를 이루며 기적을 이
루어 줄 때, 사탄도 말을 하지 못하며
천사들도 말을 못하느니라.
38 그가 그만큼 노력을 했으며 행동으로
보였기에, 그는 받을 자격이 있기 때
문이니라.
39 너희가 받을 자격이 있도록 노력은 하
지 아니하고, 너희가 말로써만 모두를
다 이루며 이루어 달라 그리 말하는
것은 다 죽은 믿음이요, 나와는 관계
없는 믿음이니,
40 지금 너희가 구원에 오르는 길이요,
구원을 가고자 하는 길도 그와 같은
형국으로 감이니, 내가 그게 잘못되었
다는 것이니 이제 너희는 깨우쳐야
할 것이니라.
41 육의 부모에게 효성을 다하는 자, 효
도를 다하는 자, 그와 같은 자는 나에
게도 효성을 할 수 있으며 나에게 순
종할 수 있으며 나를 따를 수 있는 백
성이니라.
42 부모에게 그리하지 못하는 백성은 나
를 따를 자격이 없으며, 그는 절대로
따르지 아니함이니라.
43 그것이 너희의 근본이요, 너희가 해야

할 일임을 잊지 말라, 사랑하는 나의 아들딸들아!

5,974 번째 하나님 말씀

2003년 4월 16일 12시 12분

1 사랑하는 나의 아들아!
2 "네, 아버님! 말씀하옵소서."
3 너의 제자들에게 다음과 같은 이치를 깨우쳐 줘 머리를 맑게, 그리고 지혜를 얻도록 그리하라.
4 구약 시대의 백성은 과연 누구의 백성이었느냐?
5 나 여호와의 아들딸이 아니었던가?
6 그리고 내가 그들에게 생명을 주어 세상에 태어나게 했음이니,
7 구약 시대의 그 백성과 나의 아들 예수가 세상에 와 깨우치고자 했던 그 신약 시대의 백성과 다른 점이 있는가?
8 그리고 지금의 모든 백성과 3단계로 나눠서 볼 때 백성이 다 다르더냐?
9 그렇다면 그 모든 백성이 다 똑같은 사람이라 하면, 구약 시대는 나로부터 선택된 백성이요, 신약 시대는 선택되지 아니한 백성이요, 지금은 또 내가 버린 백성이라 너희는 그리 생각하는가?
10 그 모두는 다 나의 아들딸이요, 나의 성령으로써 세상에 태어났음이니,
11 구약 시대의 백성이나 신약 시대의 백성이나 지금의 백성이 다 똑같으니라.
12 이는 어버이 창조주 나 여호와가 너희를 다 그리 세상에 내보냈으며 존재케 하였음이니라.
13 그러니 너희가 여기서 하나 알고 가야 할 것이 무엇인 줄 알겠는가?
14 성서라는 게 무엇이더냐?
15 구약의 성서는 누가 내렸던가?
16 나 여호와가 내림이니라.
17 구약성서를 내가 내렸으며 구약 시대의 가르침을 내가 역사했으며, 또 신약 시대는 누가 했던가?
18 하나 뿐인 창조주 나 여호와, 너희가 말하는 전지전능한 아버지라는 나 여호와가 구약도 내가 명했으며 신약도 내가 그리 명하였음이니라.
19 그리고 내가 지금 제3의 시대에 나의 법전도 지금 하나 뿐인 창조주인 내가 명하였음이니,
20 너희는 구약의 사람이나 신약의 사람이나 지금의 사람이 똑같은 백성이며 똑같은 사람이라는 걸 부정하지 못할 것이니라.
21 그러니 나 여호와가 구약 시대에 사람을 만들어 세상에 내보냈으며, 신약 시대에도 내가 생명을 주었으며, 지금도 내가 너희에게 생명을 주어 세상에 너희가 태어나도록 내가 그리 만들었음이니, 바로 그것은 무엇이더냐?
22 창조주 나 여호와의 똑같은 자식이니라.
23 그러니 창조주 나 여호와가 만든 구약은 지나간 것이요, 신약은 새로운 것이요, 법전은 또 다른 것이라 그리 말하는 것은 그 자식들이 다 다르다고 억지를 쓰는 것과 같음이니라.
24 지금 구약은 지나간 것이며, 예수의 시대요, 신약 시대가 왔으니 구약 시대는 덮어 두며,

25 신약 시대를 가지고 공부하고 깨우쳐
야 한다는 것이 바로 무엇이더냐?
26 구약은 내가 쓴 것이 아니라는 말과
똑같은 그와 같은 사악한 말을 너희가
하고 있는 것을 모르느니라.
27 하나 뿐인 창조주요, 너희가 말하는
전지전능한 아버지가 만든 것이라 하
면, 그 구약도 소중한 것이며,
28 너희가 말하는 창조주 아버지 내가 구
약은 쓸모없는 것을 만들었으며 신약
은 더 필요한 것을 만들었다 그리 말
하는가?
29 어쨌든 구약도 나 여호와 창조주가 그
시대에 만들었으며, 신약의 시대도 내
가 만들었으며, 나의 법전도 내가 만
들었음이니,
30 그리 나의 법전을 덮는다는 것이 그를
무시하며 그를 인정하지 말라 하더냐?
31 나의 아들은 그를 다 인정하며 그를
깨우칠 것을 깨우쳐 주며 전해 주면서
법전을 가르치지 않던가?
32 다만, 너희가 그것으로써 깨우칠 수
없기 때문이며 거기에 대한 그 의미를
잘 모르기 때문에, 내가 구약보다 신
약을 쉽게 풀었으며, 신약보다 나의
법전을 쉽게 풀어 너희가 행할 수 있
도록 지금 내려보내는 것이니,
33 구약과 신약과 나의 법전이 창조주 나
여호와가 내린 것이니 다 똑같이 귀하
고 소중한 것이니라.
34 그를 너희가 단계적으로 잘라서 구약
은 구약 시대의 것이니 관계없으며 신
약의 시대 것은 너희며,
35 너희가 죽고 난 다음에 다른 백성이
나의 법전의 시대는 법전만을 가지고
해야 한다 하면, 너희는 과연 어찌하
겠는가?
36 내가 구약의 백성도 나의 아들딸이요,
신약의 백성도 아들딸이요, 지금의 백
성도 나의 아들딸이니,
37 구약도 나의 성령이요, 내가 내린 것
이요, 신약도 나의 성령이요, 내가 내
린 것이니라.
38 법전도 내가 내린 것인데, 이를 어찌
하여 다 다르다 말하며 구분하여 그리
악을 쓰며,
39 너희 시대 것만이 위대하다며 위도 자
르고 아래도 자르고, 너희는 가운데
사니,
40 생선이라는 동물이 머리를 잘라내고
꼬리를 자르고 몸통이 기능을 할 수
있겠는가?
41 앞에 있는 머리가 더 중요하며 뒤에서
방향을 잡는 꼬리가 더 중요하거늘,
어찌하여 너희는 그와 같은 어리석은
짓을 하느냐?
42 너희가 아무리 싱싱한 생선이요, 그
물고기라 해도 앞의 머리를 잘라내고
꼬리를 잘라내고 가운데 토막이 과연
무엇을 역사한다 생각할 수 있는가?
43 그와 같은 사악한 어리석은 짓을 하는
것이니라.
44 너희가 구약은 필요 없으며, 십계명도
구약 시대의 것이니 지킬 필요 없으
며, 율법도 지킬 필요 없으며, 그들이
살아왔던 것을 거울삼을 필요도 없다
그리 말함이니,
45 그것은 사람이 다 다르다는 것이니라.
46 그러니 너희가 얼마나 사악한 자던가?
47 구약의 너희 조상은 조상이 아니요,

너희는 밑에도 인정하지 아니하니,
48 너희는 어디서 왔으며 어디로 간단 말
이던가?
49 그러니 너희가 그와 같은 죄를 짓고
있으며 그와 같이 사악한 자이니라.
50 그를 가르치고 그와 같이 행하니, 종
교 지도자가 재물을 거둬들이며 나의
만백성을 우롱하는 데만 빠져 있는 자
들이요, 참진리요, 진정한 뜻을 아는
자가 없음이니라.
51 이 세상에 그 많은 종교 지도자들이
구약 시대의 백성도 같으며 신약 시대
의 백성도 같으며 지금의 백성도 나의
아들딸이라는 그 이치 하나를 깨닫고
그를 가르치는 자가 세상에 없었다 하
면 이를 어찌 말하겠는가?
52 그러니 구약과 신약이요, 제3의 시대
법전 모두는 다 내가 주관하여 똑같은
능력을 가지고 있으며 똑같은 비유의
자격이 있음을 너희는 알아야 할 것
이니라.
53 이와 같은 이치를 깨달아 본다면 너희
가 지금 하고 있는 짓이 얼마나 잘못
되며 그들을 따라가는 너희가 얼마나
잘못 가고 있는지를 알 것이니, 내가
무엇을 더 희생해야 하겠는가?
54 나의 아들을 죽게 하여 너희에게 내
가 그리 희생하였음이니라.
55 이제 내가 세상 것, 하늘의 것을 다 가
르쳐 전함이니,
56 무엇을 또 전하고 더 끌어내어 보내야
한단 말이던가?
57 이와 같은 나의 아픈 마음을 너희가
정녕 들여다본다면, 이제 미워하지도
말며 시기하지도 말며 질투하지도 말
라.
58 내가 나의 법전에 뭐라 전하였느냐?
59 깨달음이 높다 하여 어리석은 백성을
탓하지 말라 했으며, 그게 자만과 오
만이라 했으며,
60 어리석은 백성이 또 저보다 더 깨달음
이 높은 자를 비방하는 것은 제 분수
요, 저 자신을 모르는 자라 그리 말하
였음이니,
61 똑똑한 자도 남을 비방할 자격이 없으
며, 미련한 자도 똑똑한 자를 비방할
필요도 없으며,
62 이것이 너희가 하나가 되어 살아가는
것이 세상의 이치니,
63 구약 시대나 신약 시대나 지금의 백성
은 똑같은 나의 아들딸이며, 구약과
신약과 나의 법전은 똑같은 나의 성령
이니라.
64 다만, 너희가 그를 만들었으며, 너희
가 더러 섞었으며, 필요한대로 각색했
으며, 그러한 부분을 지금 나의 아들
을 통하여 그 모두를 찾아내는 그 역
사가 이루어질 것이니,
65 이 이치를 깨달아 너희가 하늘에 오
르는 참진리요, 나 여호와의 심성을
깨닫도록 그리하라, 사랑하는 나의 아
들딸들아!

5,975 번째 하나님 말씀

2003년 4월 16일 23시 29분

1 사랑하는 나의 아들아!
2 "네, 아버님! 말씀하옵소서."
3 이 세상 만백성 너희를 내가 세상에
내보낼 때 하나씩 살아갈 수 있는 기

술을 다 너희에게 전수하여 세상에
내려보냈다 하지 않더냐?
4 내가 개미라는 하나의 미물을 만듦으
로 인하여, 그 미물에게 생명을 줌으
로 인하여 그 개미가 먹고살 수 있는
그 모두를 다 내가 세상에 같이 내려
보낸다 했음이니,
5 내가 나의 피조물 만백성 너희를 생
명을 줘 세상에 내려보내면서 내가
하나의 장기요, 특기를 주어 너만이
가지고 있는 특성을 주어 이 세상을
살아가는 데 무난히 살 수 있도록 그
한 가지씩을 다 주었다 했음이니, 이
제는 너희가 그 뜻을 알겠는가?
6 내가 미물을 하나 세상에 내보내며 식
물을 하나 세상에 내보내며 동물 한
마리를 세상에 내보내면서 그들이 살
아갈 수 있는 그 모든 먹이요, 그들이
다 쓰고 활용하고 그들이 행할 수 있
는 모두를 다 같이 준비하여 세상에
내려보내는 나였음이니,
7 너희를 세상에 내보내면서 얼마나 완
벽하게 너희에게 준비해서 내려보내
는가?
8 너희가 그 의미를 안다면 내가 너희
에게 말한 그 뜻을 알게 될 것이니라.
9 그러니 지금의 이 모든 백성이 다 자
기 나름대로 특성과 개성을 가지고 세
상에 나왔으니,
10 또한 나의 법전을 가지고 전할 자들이
따로 있음을 알아야 할 것이니라.
11 만담이라 하여 말재주가 있는 사람,
남을 웃기고 울리는 사람, 학식이나
배우고 안 배운 걸 떠나서 많은 청중
을 울리며 웃기는 사람이 있는가 하면,
12 또 그들에게 이해력을 심어 주는 사
람, 그리고 또 그들에게 깨우침을 주
는 사람, 모든 사람이 다 다름이니라.
13 그러니 나의 법전을 세상에 전하는 것
은 지금의 너의 제자들이 역사하는 것
이 아니요,
14 세상 사람들로부터 존경받을 수 있는
사람, 그리고 그들이 말 한마디를 했
을 때 모두를 믿고 따를 수 있는 사람,
그와 같은 사람들로 하여금 그 역사를
이룰 자들이 오게 되어 있음을 너는
알아야 할 것이니라.
15 그리하여 그들이 조용히 전하는 그 복
음의 뜻, 그리고 그들이 조용히 한 사
람 한 사람에게 전할 때, 그들이 말하
는 것을 믿고 따를 수 있는, 너희가 말
하는 인간 세속에서 남에게 실수하지
않고 사는 백성, 그리고 남으로부터
존경받는 그와 같은 백성이 와서 그
모두를 전할 것이니,
16 그들의 입을 통하고 통해서 전하는 것
은 순식간에 나의 법전이 세상에 나와
있다는 것을 전하게 될 것이니라.
17 너희가 모든 사업적이요, 상업적으로
할 때는 그 모든 홍보 매체라는 것을
이용하여 씀이니라.
18 지면이라는 것을 통하여 하고 음성을
통하여 하며, 또 그림으로 통하여 모
두 그와 같이 전하고 사람들을 이끌어
주며 상품이 좋으며 관리하는 것이 좋
다 그리 선전하나,
19 나의 법전은 그와 같은 방법으로 가는
것이 아니라,
20 한번 이야기하면 여러 사람이 믿을 수
있는 능력 있는 백성이 조용히 물 흐

르듯이 나의 법전의 존재함을 그들이
전할 것이며,
21 160권이라는 법전은 인간으로서 만들
수 없다는 것을 아는 지식인들이요,
그리고 깨달음을 가지고 있는 백성이
놀라움을 금치 못하게 늘어날 것이니
라.
22 한 사람이 오면 두 사람을 통할 것이
며, 두 사람이 오면 열 사람을 통하니,
23 너희는 한 사람에게 일일이 이야기하
여 한 사람을 깨우치기도 어렵고 힘드
나,
24 한 번 이야기함으로 열사람, 백 사람
이 들을 수 있는 그와 같은 내가 선택
하여 준비된 백성이 올 것이니, 너는
두려워하지 말며 겁먹지 말라.
25 이제 그들이 오기 시작할 것이니라.
26 그리하여 세상에 나의 법전을 다 전할
것이며 내가 역사하게 할 것이니라.
27 다 나름대로 특성과 기능과 재주를 가
진 자, 그리고 내가 쓰고자 하는 자들
이 다 준비되어 있으니 너는 두려워하
지 말라.
28 이 세상의 모두를 다 주관하는 나 여
호와가 나의 법전이 세상에 나가 만백
성을 깨우치는 데 그 준비함이 없겠는
가?
29 다만, 너희가 오늘의 삶을 바로 서는
것, 그것으로써 너희가 본보기가 됨을
알아야 할 것이니라.
30 모든 나의 피조물 만백성은 말로만 전
하는 것보다 그들은 눈으로 보고 만지
는 그 역사함을 보게 됨이니,
31 너의 제자들이 얼마나 아름답게 변하
며 너의 제자들이 행하는 것을 보이는
그 본보기로서 지금 내가 여기에 너로
부터 직접 강론을 들으며 내가 내리는
뜻을 듣도록 하는 것이 너희들이니라.
32 그러나 너희가 얼마나 선택된 백성인
가를 아직도 모름이니, 너의 제자들에
게 전하도록 하라.
33 나 여호와가 나의 법전을 내리는 것은
뭐라 말하였느냐?
34 성경에 일찍이 기록하여 전했음이니
라.
35 그가 제 임의대로 말하지 아니하며 나
여호와가 내리는 것을 듣는 것을 기록
하고 받아 그를 전하는 사람이라 내가
말하였음이니, 이는 바로 무엇이더냐?
36 나 여호와의 친필인 것을 너희는 어찌
하여 깨닫지 못하는가?
37 나의 법전이 과연 무엇이던가?
38 나의 아들을 통하여 너희에게 책으로
기록하여 전해 준다 하여 너희는 그것
이 인간이 만든 책이요, 글이라 그리
말하는가?
39 이는 비록 내가 나의 아들을 통하여
너희를 통하여 이 역사요, 나의 글로
써 세상에 만들어 내나,
40 이것이 바로 나 여호와의 친필이라는
그 두렵고 무서움을 어찌하여 너희가
모르는가?
41 너희가 나를 보기를 원하며 나의 음성
을 듣기를 바라나,
42 나의 친필이 세상에 내려가는 것이요,
법전이 곧 나의 친필이니라.
43 그리하여 그를 열 때 내가 같이 있다
하였음이니,
44 나의 법전이 나의 아들이 기록하며 너
희가 기록하여 만든 것이 아니요,

45 그는 듣는 것을 그대로 전함이니 그
전하는 것을 받아서 너희가 그를 만
드니, 이는 곧 무엇이더냐?
46 내가 직접 쓴 친필이라는 것을 알라.
47 나의 법전이 나의 친필이기에 그 속에
들어 있는 뜻이 끝이 없으며, 너희가
아름다운 마음이요, 천사와 같은 마음
으로 법전을 읽지 아니하면 그 뜻을
알 수 없으며 깨닫지 못한다는 의미가
거기에 있음이니라.
48 가장 쉬우면서도 너희가 알아듣지 못
하는 것이 나의 법전이니라.
49 이제 너의 제자들이요, 나의 아들을
따르는 제자 너희는 들으라.
50 나의 친필인 법전을 직접 가지고 공부
하며 이를 연구하는 너희는 얼마나
선택되고 위대한 백성인가, 그리고 너
희가 얼마나 감사해야 할 것인가!
51 창조주 나 여호와의 친필을 너희가 매
일같이 만지고 뒤지고 그리고 읽고 깨
닫고 또 뒤져 보고 마음대로 가슴에
안을 수 있으며 마음대로 소장할 수
있으며 보관할 수 있는 그 위대한 역
사 속에 선택된 너희라는 것을 잊지
말라, 사랑하는 나의 아들딸들아!

5,976 번째 하나님 말씀

2003년 4월 16일 23시 37분

1 사랑하는 나의 아들아!
2 "네, 아버님! 말씀하옵소서."
3 나의 사랑하는 백성 너희가 세상에
태어남이니, 너희는 성장해 가면서 무
엇을 배우던가?
4 너희가 태어난 그 지역의, 그 땅의 문
화를 배우게 되며, 그 생활 습관을 배
우게 되며,
5 너희 조상이요, 선배로부터 그 가르침
이요, 그 역사 속에서 그를 읽고 깨우
치기 위하여 문맹에서 벗어나기 시작
하여 글이라는 것을 시작하며 문자를
배우기 시작함이니라.그리하여 너희
가 글을 배워 문자를 배움으로 인하여
너희 선조의 지혜요, 그리고 또 조상
이 쌓았던 그 모든 박식한 지식과 실
력이요, 모든 세상의 이치를 터득하며
깨우쳐 너희가 더불어 살아가는 것이
아니던가?
6 그러니 글을 배우지 못하는 자, 글을
알지 못하는 자처럼 답답한 백성이 없
음이니라.
7 그리하여 글을 배우며 또한 학문을 연
구하고 배워 너희 스스로 또한 변화된
삶을 살아가는 것이 아니던가?
8 이제 너희는 알아야 할 것이니라.
9 모든 백성 너희가 나의 법전을 접하
는 그 순간 너희는 하늘나라의 문자
를 배우며 하늘나라의 글을 배우며 하
늘나라의 문명에 눈을 뜨기 위하여 나
의 법전을 읽는 그와 같은 역사가 이
루어진다는 것,
10 너희가 나의 법전을 접하는 그 순간에
하늘의 글을 배우는 것이며 하늘의 문
명을 배우며 하늘의 모든 뜻을 배우는
것이니,
11 그러니 너희가 초등학문을 시작하는
어린아이와 같은 것이 나의 법전을 접
하는 그 순간에 너희가 그와 같은 자
임을 알아야 할 것이니라.
12 어린아이가 처음으로 글을 배우며 그

문자를 배우기 시작하는 것처럼, 너희
가 나의 법전을 접하는 순간에 아이가
문맹에서 벗어나기 시작하는 것처럼
아이와 같은 것이 나의 법전을 접하는
순간이라는 것을 잊어서는 아니 될 것
이니라.
13 나의 법전을 접하지 않는 백성 너희는
문맹에서 벗어나지 못하는 그와 같은
백성이니라.
14 더러는 말할 것이니라.
15 글을 깨우치지 아니하며 글을 몰라도
이 세상을 살아가는 데는 지장이 없다
그리 말하는 백성이 있을 것이니, 그
가 얼마나 어리석은 백성이던가?
16 그러니 지금 모든 종교 집단 그들이
얼마나 어리석은 자인지 알겠는가?
17 나의 법전을 사탄이요, 이단이요, 사
악한 자의 장난이라 하여 나의 법전을
그들이 접하지 아니함이니,
18 이는 곧 하늘나라의 글이요, 하늘의
문자를 배우지 아니하며 들여다보지
아니하면서 하늘에 오르고자 하는 것
이 너희들이니라.
19 하나의 시를 배우며 하나의 과학을 배
우며 문자에 대해 그 깊이를 안다면,
너희는 책을 읽어야 할 것이며, 그 문
자의 내용을 읽어 터득해야 너희가
무엇인가 먼저 간 선조가 이루고자 했
던 것을 이어서 그를 알 수 있으며 그
가 원했던 것이 무엇인가를 알 수 있
지 아니한가?
20 그와 마찬가지니라.
21 너희가 과학이라는 것, 그 속에서 그
과학에 대한 책이요, 거기에 대한 자
료를 보지 아니하고는 너희 스스로
변화되는 것이 늦으며 그를 앞질러 가
다시 연구할 수 없는 것이 아니던가?
22 그 한계를 벗어나기 위해서 이미 세상
에 책이 나왔으며 그 방법이요, 교본
이 나온 것을 너희가 읽을 줄 모른다
면, 너희는 처음에서부터 또 시작하는
그와 같은 역사를 살지 아니하는가?
23 하늘에 오르고자 하며 나에게 구원을
받고자 하며 천국에 온다는 백성 너희
가 하늘의 글자요, 하늘의 문명이요,
하늘의 뜻을 공부하지 아니하며 그를
접하지 아니하고는 하늘에 오를 수 없
으며 하늘의 이치를 알 수 없다는 것
을 알아야 할 것이니라.
24 내가 나의 아들을 통하여 지금 나의
법전이 뭐라 말하였느냐?
25 나 여호와의 친필이라 내가 그리 말하
였음이니,
26 이는 하늘의 법도요, 하늘의 규율이
요, 하늘에 살아가는 모두를 기록하여
전함이니,
27 너희가 이 법전을 접하지 아니하고는
하늘의 이치를 알 수 없음이니 하늘에
오를 수 없다 함이니라.
28 그리하여 너희가 나의 법전을 접하는
순간에 글을 배우는 아이처럼, 처음에
책을 받아 글자를 배우기 시작하는 것
처럼 하늘의 이치요, 하늘의 글이요,
하늘의 문명을 배우니,
29 하늘의 문맹자에서 벗어나는 그와 같
은 길이 바로 나의 법전을 접하는 순
간이거늘, 이를 사탄이라 이단이라 그
리하며 그를 보지 못함이니, 너희가
어떠한 백성인 줄 알겠는가?
30 나의 법전을 가지고 욕하며 나의 법전

이 사탄이요, 이단이라 욕하며 그를
들여다보지 않는 백성, 모든 종교 지
도자요, 집단, 너희는 바로 꽃이 피지
도 못하고 몽우리 짓다 마는 몽우리에
서 지는 그와 같이 시들어지는 꽃과
같으며,
31 과일을 열어 만백성이 즐길 수 있도록
할 수 있는 과일나무가 열매를 맺지
못하며 그 결실을 거두지 못하고 시들
어져 가는 그와 같은 나무요, 꽃과 같
은 형국이 지금의 종교 집단이요, 지
도자요, 구원을 받았다는 그 신도라는
백성이 그와 같은 형국이 되어 있다는
것을 너희는 알아야 할 것이니라.
32 하늘의 뜻을 모르며, 천기를 모르며,
하늘의 문자요, 하늘의 진리의 뜻을
너희가 보지 아니하며 그를 읽지 아니
함이니, 하늘에 대해 문맹자가 되어
있음이니라.
33 그러니 곧바로 무엇이던가?
34 피지도 못하고 시든 꽃봉오리와 같은
것이 너희요, 과일이 열려야 할 나무
가 과일을 열지 못하고 시들어져 가는
그와 같은 나무의 형국이 너희라는
것을 잊지 말라.
35 이와 같이 내가 하늘의 뜻이요, 모든
이치를 손에 쥐여 주며 너희가 그저
펴서 보기만 하면 알 수 있는 것을, 보
지 아니하며 그리 고집이요, 아집을
부리고 있으니,
36 너희가 얼마나 불쌍한 백성인지 아는
가?
37 너희 자신을 돌아다보도록 그리하라.

5,977 번째 하나님 말씀

2003년 4월 16일 23시 46분

1 사랑하는 나의 아들아!
2 "네, 아버님! 말씀하옵소서."
3 모든 백성을 나 여호와가 창조하였으
며 나로부터 생명을 받아 세상에 나가
는 백성이라 그리 말하여 너희에게 전
함이니,
4 그러나 너희 백성 중에 또한 그 과학
이요, 공부한 자들, 그들은 그와 같은
말을 할 것이니라.
5 하나님이 만백성을 내려보낸 자식이
라 하면 자식은 아버지를 닮으며 그
손자는 또 할아버지를 닮으며 닮은꼴
의 그 형태로써 그와 같이 유지되며,
6 또 하나의 똑같이 가지고 있는 그 피
라는 것도 모든 것이 다 다르며 한 계
통마다 흘러 내려감이니,
7 그것은 과연 어떠한 것이냐 그리 말할
것이니라.
8 그러나 너희는 여기서 그것을 깨달아
야 할 것이니라.
9 내가 뭐라 말하였느냐?
10 사자는 사자요, 소는 소요, 양은 양이
요, 그는 그대로 존재할 것이며, 인간
은 인간으로서 다 분류되어 똑같이 존
재하는 것이라 그리 말하였음이니라.
11 사자가 사자인 저를 닮은 새끼가 아니
면 과연 기르겠는가?
12 짐승도 저를 닮은꼴을 보며 그게 제
새끼인 줄 알지 않던가?
13 제가 낳은 것이며 제가 또한 그와 같
이 관리하고 살아서 감이니라.
14 하물며 인간 너희가 그와 같은 형태

로 같은 모습으로써 세상에 생기지 아
니하였을 때 과연 이 질서가 유지되며
모든 것이 역사하겠는가?
15 그러니 인간은 인간으로서 내가 너희
그 모두가 그리 가도록 만든 나 여호
와의 창조함이요, 나의 그 전지전능함
이라는 것을 너희는 그 속에 모든 것
이 다 포함되며 그 속에 역사함을 너
희는 알아야 할 것이니라.
16 너희가 이 세상을 가지고 하나를 가지
고 연구하는 것과 같으니라.
17 그와 같은 인간의 체질이요, 인간의
형상을 하고 너희는 그것으로 이것이
옳고 그르며,
18 이것이 무엇인가 거기에 근거하여 무
엇인가 따지고 알고자 한다면,
19 나 여호와가 전체적으로 만들어 놓은
그 틀을 모름이니라.
20 이 세상을 창조한 나 여호와요, 이 세
상을 주관하는 나 여호와요, 모두를
존재케 한 나 여호와의 그 전지전능한
역사 안에 인간은 인간대로 그와 같은
특성이 있지 아니하면 너희는 혼란이
오며 그게 지속하지 아니하니,
21 나 여호와가 계획하여 이루어진 그 모
두라는 것을 너희가 안다면 그를 가
지고 시시비비할 것이 없음이니라.
22 너희가 과학이라는 그 연구의 너희
머리를 가지고 나 여호와가 창조한 그
세상을 볼 수 없으며 그를 따를 수 없
음이니,
23 너희가 작은 하나를 가지고 그 이유를
달며 그것을 시시비비하며 그것을 위
대한 발견인 것처럼, 또 연구한 것처
럼 이야기해도,
24 내가 세상에 창조한 그 모든 동식물의
이름 하나도 다 기억하지 못하며 미물
의 이름도 하나 기억하지 못하는 너희
가 그들이 가지고 있는 특성과 오묘함
을 어찌 알겠는가?
25 그저 너희는 사자는 사자대로 특성이
있어 그대로 존속해 가는 것이며, 양
은 양대로, 들짐승은 들짐승대로, 또
한 너희 인간은 인간도 마찬가지로 하
나의 독립체로서 너희가 그와 같은
특성과 기능을 가지고 존재하기에 이
와 같이 너희가 질서가 유지되고 존속
하며 뿌리가 계속 계승되어 내려가는
것이니,
26 그것은 나 여호와의 주관하에 내가 만
든 그 계획의 한 일부분이라는 것을
너희는 깨우쳐야 할 것이니,
27 그를 가지고 위대한 것을 발견한 것처
럼 세상사의 이치를 다 뒤엎는 것처
럼, 뒤집을 것처럼 그리 갑론을박하지
말라.
28 너희가 전체적인 나 여호와의 전지전
능함이요, 내가 역사한 그 뜻을 모르
기에 그를 가지고 시시비비를 함이니,
29 그와 같은 자들의 질문에 네가 나의
이와 같은 뜻을 전하여 그들에게 깨우
침을 주도록 그리하라, 사랑하는 나의
아들아!

5,978 번째 하나님 말씀

2003년 4월 16일 23시 54분

1 사랑하는 나의 아들아!
2 "네, 아버님! 말씀하옵소서."
3 너희가 나 여호와가 존재한다 하며 존

재하지 아니한다 하며 그를 가지고 시
시비비하는 그 백성에게,
4 이 세상의 맑고 아름다운 고운 산이며
모든 아름다운 식물의 그 수천수만 가
지 그 아름다운 꽃의 형태요, 모양이
며 동물이 살아가는 모습이며 그 생김
새요, 그들이 형성하는 그 모두를 다
누가 그리 곱고 아름답게 이 세상을
만들었는가 한번 물어보도록 그리하
라.
5 이 대자연 속에서 모두가 더불어 살
수 있도록 만든 맑고 곱고 아름다운
이 산천이요, 그리고 모든 동식물이
요, 미물들이 살아가는 것을 과연 누
가 역사할 수 있는가 물어보도록 하라.
6 과학을 연구하는 자요, 하나의 매미라
는 그 미물을 가지고 연구한 자가 오
로지 그것만을 가지고 평생을 연구해
도 그 모두를 밝히지 못하고 사는 것
이 너희들이니,
7 그것 하나 연구한 걸 가지고 세상의
모든 미물을 다 연구한 것처럼 모든
동식물을 너희가 알고 있는 것처럼 말
을 한다면 너희는 과연 얼마나 어리
석고 불쌍한 백성인가?
8 그러니 아무것도 하나도 제대로 밝히
지 못하고 살다 가는 것이 너희들이
거늘,
9 이 대자연의 곱고 아름다움 속의 그를
어찌하여 누가 만들었으며 누가 이루
었는가 그 이치 하나도 깨닫지 못하는
것이 너희들이니라.
10 그러니 더구나 지금의 종교 집단 지도
자 너희가 살아가는 형국이 어떤 것
이던가?
11 평생을 연구한 과학자라는 자도 한 가
지를 가지고 연구하다 그 생을 마침이
니 그것밖에 모르는 그 과학자처럼,
12 너희는 믿음이라는 게 너희 종교 집
단이요, 너희만이 구원의 길이요, 하
늘에 오르는 길이라는 그것밖에 모르
고 부르짖고 있음이니,
13 그를 가지고 부르짖는 너희는 수천수
만 가지 이 세상에 존재하는 것을 하
나를 가지고 연구하며 그를 가지고 몸
부림치며 씨름하다 죽어 가는 자보다
도 얼마나 더 어리석은 행위를 하고
있는지 알고 있는가?
14 나의 피조물 만백성을 그리 묶어 놓는
것이 너희임을 알아야 할 것이니라.
15 그리하여 내가 종교 집단이요, 지도자
너희가 잘못되었다는 것이니라.
16 내가 하나를 더 너희에게 깨우쳐 전
함이니라.
17 내가 너희에게 불로 직접 써 내린 십
계명이요, 나의 친필인 그 십계명에
'부모를 공경하라.' 내가 그리 거기다
기록하였음이니라.
18 그러나 지금 종교 지도자요, 집단이
어찌 가르치는가?
19 너희가 너희 부모보다도 교회에 먼저
하는 것이요, 성전에 먼저 하는 것이
위대한 길이며 축복받는 것이라 그리
말하느니라.
20 길러 준 부모에게 하는 것보다도 너희
에게 먼저 바치라 그리함이니 그것이
사랑에서 나오는 말이던가?
21 과연 그것이 질투와 시기에서 나오는
말이 아니던가?
22 그들이 부모에게 효도하며 효성을 하

며 길러 준 은혜에 보답하여 거기에
정성을 쏟다 보면 너희에게 소홀할
것이며, 너희에게서 멀어질 것 같은
그와 같은 마음에서 너희가 욕심이요,
사악한 마음에서 그리하지 않는가?
23 참외라는 것이 하나가 있을 때 그 부
모에게 갖다 주는 효성스러운 자식이
있다면 그를 부모에게 바치니, 그게
네 몫으로 돌아오지 아니하기 때문에,
24 너희는 부모보다도 교회를 더 믿으며
종교 지도자요, 목사를 더 떠받들라
그리하는 것이 아닌가 너희가 한번 생
각해 보라.
25 너희가 욕심이요, 사악한 마음에서 그
와 같은 행위를 하며 가르치지 않는가?
26 그러니 너희 이해관계를 먼저 생각함
이니,
27 참진리요, 나 여호와의 뜻이요, 그 백
성이 하늘에 오르고 안 오르는 것은
관계없는 것이 너희들이니라.
28 부모에게 갖다 바치는 것을 아깝고 질
투하고 시기하는 마음에서 그것을 막
기 위하여,
29 너희에게 가져오게 하기 위하여, 너희
가 거둬들이기 위하여, 너희에게 바치
게 하기 위하여 부모보다도 교회요,
목사요, 종교 지도자에게 먼저 바치는
것이 하늘에 바치는 것이라 사기극을
벌이며, 너희에게 먼저 바치라고 그리
가르치는 것이 아니던가?
30 그러나 나의 아들은 뭐라 하는가?
31 부모에게 효성을 다하며 부모에게 먼
저 바치라고 그리 말하는 그가 욕심이
있으며 사악한 마음을 가지고 있는 자
인가?
32 부모보다도 교회요, 목자에게 바치는
것이 우선이라 말하는 너희야말로 욕
심이요,
33 그들이 평범한 것처럼 말하며 나 여호
와의 이름을 팔며 나의 아들 예수의
이름을 팔아 하늘에 바치는 것이며
나 여호와에게 바친다는 그와 같이 웃
지 못할 사기극을 벌이면서 거둬들이
는 그 마음의 뿌리 속에는,
34 낳아 주고 길러 준 부모에게 공을 갚
고자 하는 자에게 그 공이 그리 돌아
가면 너희가 받을 공이 없으며 거둬
들일 것이 없으며 너희에게 바칠 것이
없으니,
35 그리하여 그들에게 모두를 다 거둬들
이기 위하여 부모에게도 가지 못하게
하며 바치지 못하게 하는 것이 사악한
종교 지도자의 근본의 심성이요, 마음
이라는 것을 내가 나의 법전에 기록하
여 전하니, 너희가 보고 깨우치도록
그리하라.

5,979 번째 하나님 말씀

2003년 4월 17일 09시 07분

1 사랑하는 나의 아들아!
2 "네, 아버님! 말씀하옵소서."
3 내가 너에게 말하여 전하기를 나의 계
명에 '네 부모를 공경하라.'라는 그 대
목이 있음이니라.
4 그 대목을 함부로 해석하며 가르치는
것이 지금의 종교 집단이니라.
5 내가 십계명에 '네 부모를 공경하라'
는 나의 친필의 글을 세상에 내려보냈
음이니,

6 그 친필의 글을 거역하는 자가 과연
나에게 오르는 길을 가르치는 백성이
며 나의 뜻을 따라서 오는 백성이라
그리 말할 수 있는가?
7 내가 십계명에 기록한 것은 바로 나
여호와의 친필이니라.
8 그를 가지고 감히 시시비비하며 구약
시대였으니 그것은 필요 없으며 신약
시대에는 새로운 것을 가지고 연구하
며 깨우쳐야 한다 그와 같은 말을 한
다면, 과연 그것을 어찌해야 한단 말
이던가?
9 그게 있을 수 있는 일이라 그리 말하
는가?
10 그러면 내가 너에게 일찍이 가르쳤듯
이, 구약 시대 사람은 나의 백성이 아
니며 신약 시대의 백성과 구약 시대
의 백성이 차별화되며 생긴 것이 다르
며 나로부터 선택된 것이 다르단 말이
던가?
11 그렇지 않다면 너희가 어찌 그와 같은
무서운 말을 감히 할 수 있는가?
12 '네 부모를 공경하라'는 것보다 믿음
을 더 먼저 하는 것이요, 그와 같이 하
는 것이 구원을 받는 길이라 그리 말
함이니,
13 육의 부모를 공경하는 것을 소홀히 하
라 하는 것이 너희가 어디에서 나온
발상이라 했던가?
14 너희에게 바칠 것, 너희에게 더 가져
올 것, 너희가 더 거둬들일 것이 없을
것 같아 그 부모에게 효성을 다하지
못하게 하며, 부모에게 바치지 못하도
록 하는 그와 같은 사악한 생각에서
너희가 그 행위를 하고 그 말을 한다
면 이것은 얼마나 무서운 짓인 줄 알
겠는가?
15 지금 종교 집단이요, 지도자요, 모든
교회에 속해 있는 자들이 부모에게 공
경하는 것보다 믿음이 우선이며 믿음
만이 최고라 그리 말하며 부모를 공경
함에 소홀히 하니,
16 부모를 공경하면 너희에게 바칠 것이
없으며 너희 앞에 떨어지는 것이 없으
며 너희 앞에 생기는 것이 없기 때문
에,
17 너희가 부모를 생각하지 말며 공경하
지 말며, 십일조를 바치며, 모든 헌금
을 바치며,
18 모든 새로운 과일을 바치며, 새로 농
사지은 것을 바치며 모든 새것이요,
좋은 것은 너희에게 먼저 바치라 그
리 가르치는 것은 그게 얼마나 잘못된
길인가 감히 생각이나 해 보았는가?
19 이것이 내가 사랑으로 살아가는 나 여
호와요, 내가 원하는 가르침이라 생각
할 수 있는가?
20 나는 먹지 못해도 남에게 먹이고 싶은
것이 나 여호와니라.
21 너희가 어려운 자를 돕도록 하며, 내
가 쓰지 못해도 남을 돕는 것,
22 그리고 누구나 할 수 있는 것은 진정
선한 일이 아니요, 남이 정녕 할 수 없
는 어렵고 힘든 것을 용서해 주며 그
를 행하는 것이 나에게 선택된 백성이
라 그리 말하였음이니라.
23 그것이 사랑이고 실천이니라.
24 너희가 아무나 던져 줄 수 있으며 주
는 것, 그리고 아무나 베풀 수 있는 것
을 베풀면서 사랑이라 생각하지 말라

하지 아니하였던가?
25 너희는 누구도 할 수 없는 용서함이
요, 그와 같이 베푸는 것이 진정한 사
랑이라 내가 그리하지 아니하였던가?
26 그것이 나 여호와의 가르침이요, 나의
뜻이거늘,
27 어찌하여 낳아 주고 길러 준 부모에게
효성을 다하지 못하도록 그리 가르치
는가?
28 십계명에 엄연히 '네 부모를 공경하
라.' 기록되어 있음이니라.
29 그러니 제 부모를 공경하라 기록된 것
을 부모를 공경하지 못하도록 가르친
다는 것은, 그 부모를 공경하며 그 부
모에게 효성을 다할 때,
30 하나의 먹을 것이 있을 때 그걸 부모
에게 먼저 바칠 것이며,
31 목사요, 종교 지도자 너희 앞에 갖다
놓을 것이 없으며 받아먹을 것이 없기
때문에, 너희가 받아먹기 위한 그 사
악한 욕심에서 그와 같은 행위를 한다
면, 과연 이것은 얼마나 무서운 일이
며, 그와 같은 생각에서 이를 기록했
다 생각하지 않는가?
32 지금 가르치는 목사요, 종교 지도자는
그렇지 않다 해도, 처음에 이를 기록
하여 전한 자들, 그리고 이렇게 가르
친 자들이 과연 그런 생각이 아니다
맞다 평가할 수 있겠는가?
33 이러니 지금의 모든 믿음의 집단이 잘
못되었으며, 그리하여 이를 바로잡고
가는 것이 나 여호와의 뜻이라 함을
너희는 알아야 할 것이니라.
34 그러니 지금 내가 내린 불로 직접 쓴
그 친필의 계명을 너희가 지키지 아니
하며, 그를 왈가왈부하며, 인간이기
때문에 지킬 수 있다,없다 하는 것은,
35 이건 있을 수가 없음을 너희는 알아
야 할 것이니라.
36 이 세상에서 내가 직접 쓴 것이 무엇
이 있는가?
37 노아의 방주에서 노아가 만들었던 방
주의 그 배를 만든 조각 하나만 가지
고 있다 해도 가보로 생각할 것이며,
그것 하나만 봐도 너희 믿음의 자세가
달라졌을 것이니라.
38 모세가 사막에서 이루었던 그가 입고
다녔던 신발이요, 옷이요, 그가 썼던
지팡이요, 무슨 조각 하나라도 지금
그 증거물로 가지고 있다면, 너희는
그 믿음의 자세가 다를 것이며 그것이
얼마나 소중하고 귀한 것인가를 알 것
이거늘,
39 너희가 어찌하여 내가 직접 불로 쓴
친필을 보고 읽으면서도 그를 귀중하
다 생각하지 않으며, 소중한 줄 모르
며, 그를 지켜야 한다 지키지 못한다
그리 말하는가?
40 과연 너희가 얼마나 지금 사악한 자
요, 사악한 종교 집단이요, 그리고 이
기주의자인가?
41 구원을 받을 수 있다는 조건부에 모두
를 다 바치고 믿음의 길을 가는 불쌍
한 그들에게 깨우쳐 주도록 하라, 사
랑하는 나의 아들아!

5,980 번째 하나님 말씀

2003년 4월 17일 09시 15분

1 사랑하는 나의 아들아!

2 "네, 아버님! 말씀하옵소서."
3 지금의 믿음의 길을 가는 백성이요,
손으로 지은 성전에 가 기도하고 경배
하며 교회라는 곳에 각종 헌금을 다
바치면 저희가 구원을 받는다는 그 믿
음의 길을 가는 백성, 그들이 얼마나
어리석은 백성인가 너는 깨우쳐 줘야
할 것이니라.
4 믿음의 길을 간다는 그 백성이 나 여
호와의 진리와 성경이라 하여 공부를
하면서, 그리고 그를 가지고 설교를
들으며 또한 가르치느니라.
5 그러나 모든 가르치는 종교 지도자요,
그 집단의 리더들이요, 그리고 배우는
백성이 정녕 나의 진리와 성경을 정독
하지 못하고 있다는 것을 너희는 알
아야 할 것이니라.
6 가르치는 자도 나의 성경을 정독하지
아니하며 그 깊이를 알지 못함이니라.
7 너희가 정독하며 정독했을 때 성경에
기록한 그 뜻을 알 수 있건만, 지금 모
든 종교 집단이요, 지도자요, 모든 백
성은 나의 성경을 너희 생명보다도 더
소중히 간직하며 그를 정독하는 데 최
선을 다하지 못함이니라.
8 그저 겉핥기식으로 흘러가며 믿음은
뒷전이요,
9 그저 더 큰 교회요, 더 큰 성전이요,
많은 신도를 양적으로 늘리는 데만 연
연하고 있음이니,
10 그리하여 나의 성경을 정독하지 못하
니 그 뜻을 알지 못하고 있음이니라.
11 이 뜻을 너희는 그들에게 전해 줘야
할 것이니라.
12 정독하지 못하는 자는 아무리 공부를
한다며 설교를 듣는다 해도, 설교를
말로 가르친다 해도 내가 기록해 놓은
성경의 원하는 뜻을 알 수 없기 때문
이니라.
13 너희가 성경의 비유의 뜻을 알려면 성
경을 생명보다도 소중히 가슴에 간직
하고 깨끗한 마음이요, 나 여호와를
경배하는 마음으로써 그를 읽고 정독
한다면 그 뜻을 알 수 있을 것이니라.
14 그러나 너희가 그와 같이 읽지 아니함
이니라.
15 우이독경식으로 그저 책장만 넘기는
것이며, 그저 흘러가는 그 내용을 들
어 그대로 전하고 깨우치고자 함이니,
16 성경을 건성으로 읽고 있으며 건성으
로 공부하고 있으며 건성으로 깨닫고
있다는 것을 너희는 알아야 할 것이
니라.
17 내가 일찍이 너희에게 뭐라 말하였느
냐?
18 '나의 법전을 가슴에 안고 정독하는
자 하늘에 오르는 찬란한 빛을 볼 수
있다.' 내가 그리 말하였음이니,
19 너희가 바로 성경을 가슴에 안고 정독
하지 아니하기 때문에 알 수 없는 것
이니라.
20 가르치는 자도 정독하지 아니하기 때
문에 가르치지 못하며 참뜻을 알지 못
하고 있으니, 배우는 그 백성이야 오
죽하겠는가?
21 이제는 배우는 백성이든, 가르치는 종
교 지도자든 성경을 생명보다 더 소중
히 생각하며 가슴에 간직하여 그를 정
독하라.
22 모든 열과 성의를 다하여 모든 잡생각

을 버리고 너희가 나에게 감사하며,
이것이 살아 있는 나 여호와의 글이라
는 것을 생각하며 읽는다면,
23 너희가 내가 원하는 것, 가르치고자
하는 그 소중한 뜻을 거기에서 알 수
있으며 깨우칠 수 있음을 알아야 할
것이니라.
24 너희가 정녕 성경을 정독하며 그를 정
독하는 마음으로 목숨보다도 더 소중
하게 경건한 마음으로써 나의 성경을
읽고 정독할 때, 너희는 거기서 뚜렷
한 것을 알게 될 것이니라.
25 그를 읽을 때 그 속에 있는 비유의 뜻
을 알게 되면 성경의 두려움을 알게
되며 성경의 무서움을 알게 되며,
26 그 속의 방대한 그 뜻을 너희가 알 수
있을 것이니라.
27 그리고 그 진리는 가지에서 가지를 쳐
너희가 깨우치는 것이 끝이 없을 것이
니라.
28 너희가 나 여호와의 존재함을 확실히
알게 될 것이며,
29 내가 존재함이니 너희가 죽어 와 나로
부터 심판을 받는다는 것을 알며,
30 심판을 받음으로 인하여 천국과 지옥
이라는 그 갈림길에서 너희가 행한
만큼 그 대가를 치른다는 것, 그를 벗
어날 수 없다는 두려움과 무서움을 알
게 됨이니,
31 너희가 순종하는 백성으로 변하게 되
며 순종치 아니하는 백성으로 살아갈
수 없음을 알아야 할 것이니라.
32 그러니 너희가 우선 성경을 생명보다
도 더 소중히 간직하여 가슴에 안고
정독하라.
33 그러면 너희가 변화되는 삶이 어떠한
것이며 개혁할 것이 무엇이며 잘못된
부분이 무엇이며 고쳐야 할 부분이 무
엇인가를 알게 될 것이니라.
34 그리하여 내가 나의 아들이요, 나의
아들을 따르는 제자들이요, 법전을 접
하는 백성 너희에게 모두 성경을 가
슴에 안고 정독하라고 그리 가르쳤음
이니라.
35 그리 가르치면 너희가 얼마나 소중한
것인가를 알 것이니,
36 정독하고 정독하는 사이에 모든 깨달
음을 얻을 것이니라.
37 그러니 지금부터 너희는 성경을 정독
하라.
38 네 목숨보다도 더 소중하고 경건한 마
음으로 나 여호와에게 감사하는 마음
을 갖고 성경을 정독할 때 너희가 그
비유의 뜻을 알게 될 것이니,
39 그때 너희가 눈이 뜨이게 될 것이며,
귀가 열릴 것이며, 하늘의 뜻이 무엇
인가 알 것이며, 하늘의 법도를 알게
될 것이며, 내가 원하는 뜻을 알게 될
것이니라.
40 그리하여 내가 나의 법전을 가지고 공
부하는 백성, 가슴에 안고 정독하는
자, 반석 위에 서게 되며 반석 위에 섰
을 때 하늘에 오르는 찬란한 빛을 보
게 되며,
41 그 빛을 비출 때 너희가 그 빛을 따라
서 전진하고 또 전진하면 너희가 그리
갈구하고 원하던 구원의 길을 오게 되
며,
42 너희가 그리도 오고 싶어 하던 천국에
오를 수 있으며, 나 여호와를 볼 수 있

으며, 지옥에 가 고생하는 만백성의
그 고통이 얼마나 무섭고 고통스러운
것인가를 너희는 알게 될 것이니라.
43 그러니 내가 나의 법전을 통하여 너희
에게 전하는 것이 무엇이더냐?
44 너희가 성경을 생명보다도 더 소중히
가슴에 안고 정독하라 함이니라.
45 정독하는 자, 그 뜻을 알 수 있다는 것
이거늘,
46 이것이 무엇을 잘못 가르치며, 내가
너희를 잘못 인도하는 것인가?
47 그리하여 나의 법전이 사탄이요, 사악
한 자가 가는 길이라 말하는가?
48 너희는 지금 여기서 깊이 깨우치라.
49 내가 직접 불로 쓴 십계명 그 자체도
지키려 하지 아니하며 거기에도 순종
하지 않으려는 것이 너희들이니,
50 너희가 무슨 성경을 정독해서 지금까
지 공부했으며 생명보다 더 소중하고
위대한 나의 뜻이라 하며 나의 가르침
이요, 나의 성령이라 그와 같이 생각
하고 공부하고 연구한 백성이 있는가?
51 오늘부터 그와 같은 마음으로 나의 성
경을 읽으라.
52 그러면 그 위대한 뜻을 알게 될 것이
니라.

5,981 번째 하나님 말씀

2003년 4월 17일 09시 31분

1 사랑하는 나의 아들아!
2 "네, 아버님! 말씀하옵소서."
3 인간의 세속에서 너희가 사는 세상과
하늘의 세상은 엄연히 구분되었다 내
가 그리 말하였음이니라.
4 너희 머리로써 생각하고 연구하는 그
모두는 너희가 인간 세상에서 이루어
지는 그 한계에 도전하며,
5 너희가 그 머리를 아무리 쓰고 생각한
다 해도 인간 세상의 그 머리의 한계
요, 생각의 한계를 벗어날 수 없다는
것을 알아야 할 것이니라.
6 너희가 눈물 콧물 흘리면서 부르는
찬송, 그 찬송의 구절이요, 내용이야
말로 나의 가슴을 울리는 것처럼 생각
하며,
7 그 찬송이야말로 나를 표시하며 전지
전능한 나 여호와에 대한 찬양의 뜻이
요, 나의 위대함을 표현하는 것처럼,
그리고 나에게 모두를 다 바치는 것처
럼 너희가 그리 부르고 찬송이라는 것
을 하니라.
8 그러나 너희는 여기서 알아야 할 것
이니라.
9 모두 다 부르는 찬송이요, 그 부르는
찬송을 나 여호와에 대한 경의의 표시
요, 나 여호와를 경배하는 표시요, 그
모든 뜻을 담아 나에게 전한다 하여
세상의 아름다운 단어요, 문구는 다
갖다 붙여 너희가 그를 부르면서 손뼉
치며 울고불고 그리하고 있느니라.
10 그러나 너희가 아무리 그와 같은 좋은
문구요, 좋은 언어를 갖다 만들어 찬
송이라 하여 나에게 경배한다 부르며,
기도할 때 세상의 좋은 이야기는 다
갖다 붙여 나 여호와를 찬양하며 경배
하는 그와 같은 말을 해도,
11 너희가 전지전능한 나의 역사요, 이
세상 만물을 창조한 나 여호와 자체를
찬양하며 그 뜻을 표현하며 그 감사함

을 나타낼 수 있는 것은 없음이니라.
12 그는 너희 머리로써 만드는 찬송이요,
기도문으로써 너희 한계에 그치는 것
이요,
13 정녕 이 세상을 창조했으며 이 모두를
주관하는 나 여호와에게 감사하는 표
시요, 내 뜻이요, 내가 원하는 것의 그
깊이는 너희가 아무리 좋은 단어요,
좋은 말로써 기도하고 경배한다 해도
감히 내가 역사한 감사함의 은혜에 근
접도 하지 못하는 것이니,
14 너희가 지금 부르는 찬송이요, 기도
소리가 한계가 있음을 알아야 할 것
이니라.
15 너희 머리로써 생각한 단어요, 찬송의
내용이요, 그 구절이 감명을 받게 하
며 눈물을 흘리며 또 손뼉 치며 울고
불고하며,
16 목사라는 자들이 눈물을 흘리면서 세
상의 모든 단어를 아름다운 것, 그리
고 소중한 것을 다 갖다 붙여 대어 나
에게 기도하고 경배한다 해도,
17 그는 내가 세상을 창조한 그 역사의
표현은 너희가 거기에 만분의 일도 도
달하지 못함을 알라.
18 너희가 그와 같은 말로써 아무리 표현
하고 찬송을 울고불고 불러도,
19 내가 너희에게 내린 은혜요, 내가 한
역사에 대한 것을 표현할 수도 없으며
그릴 수도 없는 것이니라.
20 너희가 정녕 나의 뜻을 알며 나의 마
음을 그린다는 것은, 깨끗한 마음으로
오늘보다 내일을 아름답게 살아가는
그 변화되는 마음으로써 조용히 기도
하며 경배하는 자, 그와 같은 자만이
나의 뜻을 아는 것이요,
21 아무리 좋은 말로 기도 소리로써 너희
가 표현한다 해도 그는 표현할 수 없
으며, 너희 생각이요, 너희 머리로써
그침이니,
22 너희가 나를 그릴 수도 없으며 나를
상상할 수도 없으며, 나의 마음을 동
요시킬 수도 없는 것을 알라.
23 그러니 너희가 말로써 모든 좋은 단어
요, 듣기 좋은 말을 만들어 나의 피조
물 만백성을 울리고 웃기는 그와 같은
것으로써는 나의 은혜요, 내가 생각하
는 세상에 근접할 수 없음을 알라.
24 너희가 마음을 비우고 기도하는 마음
이요, 경배하는 마음이요, 변화되는
삶을 살아가는 그 마음만이 내가 내려
준 은혜요, 내 생각에 근접할 수 있다
는 것을 알아야 할 것이니라.
25 지금의 종교 집단과 지도자, 너희의
기도 소리를 들으면 나 여호와를 얼마
나 욕되게 하고 있는지 알고 있는가?
26 너희가 나를 능멸하며 나를 욕하며 나
를 너희 종이요, 너희가 기르는 애완
용 강아지이름만큼 쉽게 부르며,
27 부르면 밥을 먹으려고 쪼르르 달려오
는 강아지처럼 나를 생각하며 그리하
여 나를 욕되게 하는 것이 지금의 모
든 종교 집단이요, 지도자요, 구원을
받았다는 백성, 너희가 하는 짓이니라.
28 너희는 추한 짓이요, 계명을 지키지
않는 짓이요, 죄를 짓는 행위를 하면
서도, 너희가 나 여호와를 부르기만
하면 내가 그저 달려가 너희가 말하
는 그 소원을 다 들어주는 것처럼,
29 그저 술 한 잔 먹을 때 부를 수 있는

친구 이름을 부르듯이, 그리고 이웃에
있는 친구를 부르듯이, 네 동료를 부
르듯이,
30 그렇지 않으면 직장의 부하를 부르듯
이,
31 아니면 부리는 종과 같은 자를 부르듯
이 그저 아무 때나 시도 때도 없이 나
여호와를 불러 대며
32 그리 부르면 내가 달려가는 것처럼 착
각하고 있음이니라.
33 너희는 사악한 짓, 죄짓는 짓을 하면
서도 나를 부르면 내가 달려가는 것처
럼 생각하니,
34 나 여호와를 부르기를 과연 얼마만큼
경건한 자세요, 마음으로써 내가 필요
할 때 부르는 그와 같은 종교 집단이
요, 지도자들이던가?
35 그저 너희가 필요할 때 어떠한 형편
이든 부르기만 하면 나는 너희가 부
르는 곳에 쪼르르 달려가 너희 죄를
용서해 주며, 사악한 자를 내가 면죄
부를 내려 주는 것처럼 그리 나를 부
르고 있으며 나를 그리 생각하니,
36 나를 얼마나 욕되게 하는 것이 종교
집단이요, 구원을 받았다 하는 백성
너희들이더냐?
37 너희가 필요할 때 부르면 내가 그저
아무런 말없이 달려가 너희가 명하는
것을 따르며 시키는 대로 그저 행하는
대로 수행하고 따르는 나 여호와라 그
리 착각하는 것이 지금의 믿음이니,
38 나 여호와를 너희가 아무 때나 부른
다 해서 가며 아무 때나 찾는다 해서
쪼르르 달려가며 너희 명령에 움직이
는 너희 종과 같이 나를 생각하고 있
는 것이 지금 사악한 종교 지도자요,
집단이니라.
39 너희가 함부로 나를 종과 같이 생각하
며 너희가 기르는 강아지처럼 나 여호
와를 생각하기에,
40 너희가 시도 때도 없이 나 여호와를
부르며, 나 여호와를 부를 장소와 부
르지 않을 장소를 가리지 못하고 나를
찾으며, 죄짓고 사악한 짓을 하면서
용서해 달라, 그리고 용서하라며 무조
건 명령하는 행위를 지금 하고 있음이
니,
41 얼마나 무서운 죄를 짓고 있으며 얼마
나 무서운 행위를 하고 있는지 너희는
알아야 할 것이니라.
42 너희가 나를 생각하는 자며, 나를 창
조주라 생각하며, 나를 어버이라 하며
전지전능한 하나님 아버지라 생각한
다면, 그 무서운 죄를 짓는 행위를 하
지 말라.
43 너희가 수없이 죄를 짓는 행위를 하며
사악한 짓을 하면서 그저 시도 때도
없이 나를 불러 댐이니,
44 너희가 봉급이요, 급료를 주고 부르는
종도 그렇게 함부로는 부르지 못할 것
이며, 시도 때도 없이 찾을 수 있는 것
이 아니지 않은가?
45 그러니 너희 종만큼도 생각하지 않는
것이니, 나를 너희가 그리 능멸한다는
것을 알라.
46 내가 나의 아들을 통하여 너희에게 전
하는 무서운 뜻을 알라.
47 너희가 애완용 동물보다도 나를 쉽게
부르며, 돈을 주고 부리는 종보다도
나의 이름을 쉽게 부르는 사악한 종교

지도자요, 집단이요, 지금 깨우침을
가고 있는 너희임을 알라.
48 너희가 편할 때 나를 찾으면 나는 그
저 달려가 너희 죄를 용서해 주며, 너
희 뒷바라지를 하며,
49 너희가 죄지은 것이요, 더럽고 토한
것을 씻어 내는 종보다도 못한 자로
나를 부르니,
50 그리하고도 너희가 나를 경배하며 나
의 백성이며 나의 천국의 길에 오고자
하며 나에게 오르는 그 모두에 삶을
다 바친다고 생각하는가?
51 너희가 내 이름을 함부로 불러 댄 그
죄 또한 용서할 수 없을 것이니라.
52 부를 장소에서 불러야 할 것이며, 나
를 찾아야 할 데서 찾아야 할 것이며,
찾아야 할 자격이 있는 자가 나를 찾
아야 할 것이니라.
53 그저 너희는 나를 부르기만 하면 내
가 너희를 용서해 주며, 너희는 그저
용서해라 명령만 내리면 너희 강요에
의해서 내가 모두를 다 용서하는 것처
럼, 너희는 주인이요, 나는 종이요, 그
리하고 있는 행위이니라.
54 모두를 다 내놓으라고 행패를 부리는
종과 같은 자이니라.
55 주인 밑에서 종살이를 하던 자가 어
느 날 갑자기 그 주인을 무시하며 주
인이 가진 재산과 권력과 그 모두를
내놓으라 행패를 부리며, 그 주인을
죽이고자 하는 그와 같은 사악한 종의
행동보다도 너희가 더 사악한 행위라
는 것을 잊어서는 아니 될 것이니 이
를 깨우치라.
56 너희는 나를 찾을 자격이 있는 자가
나를 찾으며, 찾을 때 찾아야 할 것이
며 기도할 때 나를 불러야 할 것이니
라.
57 그저 시도 때도 없이 그저 불러 대며
사악한 짓을 하는 장소에서 나를 불러
대지 말라.
58 추하고 더러운 곳에 가 내가 뒷설거지
를 하며 그 치다꺼리를 하는 너희 종
이라 지금 나를 생각하고 있다면, 이
무서운 뜻을 깊이 새겨 보라.
59 과연 너희가 내 이름을 부르기를 그
리 부르지는 아니하는가?

5,982 번째 하나님 말씀

2003년 4월 17일 10시 07분

1 사랑하는 나의 아들아!
2 "네, 아버님! 말씀하옵소서."
3 너희가 정녕 나로부터 선택된 백성이
요, 내가 너희를 쓰고자 하며,
4 너희가 자격이 갖춰졌을 때 나 여호와
가 너희를 찾으며, 내가 너희에게 임
하며,
5 또한 너희가 변하여 아름답게 살고자
노력하는 만큼 내가 은혜를 베푼다는
것을 알아야 할 것이니라.
6 너희가 사악한 짓을 하며 나에게 용서
받지 못할 짓을 하며 하늘을 향하여
한 점의 부끄럼이 없는 그와 같은 행
위가 아닌 행동을 하면서도 그저 나
여호와만을 부르며 나의 아들 예수를
부르기만 하고 찾기만 하면,
7 그저 너희 부름에 따라서 응하는 나
여호와요, 나의 아들이라 그리 생각하
고 있음이니,

8 그 생각에서 너희가 깨달음을 얻어야
할 것이니라.
9 나 여호와가 너희에게 임하는 것은
때가 되면 내가 너희를 쓰고자 하며
너희가 쓸 자격이 갖춰졌을 때 내가
임하는 것이며 내가 너희를 불러 쓰는
것이지,
10 너희가 나를 부른다 하여 너희 부름
에 움직이는 나 여호와가 아님을 알아
야 할 것이니라.
11 내가 너희에게 임하고자 할 때, 내가
너희를 쓰고자 할 때 나 여호와가 스
스로 너희를 선택하며 불러 쓴다는
것을 잊지 말라
12 그러나 지금 가고 있는 그 모든 믿음
의 형태가 얼마나 잘못되었으며 얼마
나 오만한 행위를 하고 있으며 자만에
젖어 있는가를 너희는 알아야 할 것
이니라.
13 내가 나의 아들을 통하여 만백성에게
전하였느니라.
14 너희 모든 죄를 사하며 용서를 빌고자
할 때, 너희가 회개의 눈물을 흘리며
깨끗한 백성이 되었을 때 내가 너희
입을 열어 나 여호와를 찾을 수 있도
록 내가 그것도 기회를 준다 하였음이
니라.
15 정녕 나를 찾을 수 있으며 나 여호와
를 부를 수 있는 백성은 내가 그 입을
열어 줌이니라.
16 너희가 지금까지 살아오면서 지은 죄
에 대한 것을 회개하고 용서 빌며 정
녕 아름답게 살아가고자 눈물의 기도
로 변하는 삶을 살 때, 내가 너희 입을
열어,
17 '앗! 여호와 하나님!'이라 부를 수 있
도록, 나를 부를 수 있도록 그리 변하
는 백성이 정녕 나를 찾을 수 있는 자
격이 있으며 나를 부를 수 있다는 것
을 잊지 말라.
18 너희가 임의로 부른다 하여, 임의로
생각한다 하여 자격이 없는 자, 갖춰
지지 않은 자들이 아무리 뭐라 한다
해도, 나는 그를 듣지 아니하며 내가
임하지 아니함을 알라.
19 너희가 얼마나 아름답고 변화된 삶을
사느냐에 따라서 내가 너희에게 나를
부를 수 있도록 입을 열어 줌이니라.
20 그 백성이 나를 함부로 찾을 수 있으
며 나를 부를 수 있음이니라.
21 나를 찾을 수 있는 입을 열어 주지 아
니하며, 내가 너희에게 허락하지 않는
한, 너희는 나를 함부로 부르고 농락
할 수 없다는 것을 알라, 사랑하는 나
의 아들딸들아!

5,983 번째 하나님 말씀

2003년 4월 17일 12시 04분

1 사랑하는 나의 아들아!
2 "네, 아버님! 말씀하옵소서."
3 지금의 모든 종교 집단들이 구약 시대
의 사람과 신약 시대의 사람과 지금
제3의 시대에 살아가는 백성, 그 모두
를 단계적으로 구분하여 사람들이 다
다른 것처럼 착각 속에 그리 가르쳐
가고 있다 내가 그리 말하지 아니하였
던가?
4 이는 곧 나 여호와가 하늘나라에서 내
리는 성령이 구약과 신약과 나의 법전

이 다르다 그리 단정하는 백성이 만들
었다 내가 말하지 아니하였던가?
5 구약도 나 여호와가 만들었음이니,
6 구약 시대도 나의 백성이요, 신약 시
대의 백성도 나의 백성이요,
7 신약 시대의 성경도 나의 것이요, 제3
의 시대에 지금 나의 법전도 나의 것
이요, 나로부터 나가는 것이요, 지금
의 백성도 나의 백성이거늘,
8 너희는 구약은 덮어 두며, 신약 시대
를 연구하며, 또 신약 시대가 아닌 또
새로운 법전의 시대에 공부하는 것처
럼 그리 착각하는 백성, 그리 몰고 가
는 백성, 그리하여 너희를 사탄이요,
이단이라 그리 말하는 자들,
9 그들이 지금의 종교 집단의 잘못된 관
행임을 알아야 할 것이니라.
10 구약의 시대의 백성도 나의 백성이요,
구약의 성경도 나의 것이요, 신약의
백성도 똑같은 나의 백성이요, 신약의
성경도 똑같은 것이니라.
11 그리고 지금 백성도 똑같으며 나의
제3의 시대에 내려가는 나의 법전도
똑같은 것이라는 것을, 이제 너희는
이것부터 먼저 깨우쳐 주도록 그리하
라.
12 너희가 수천 년 동안 살아오면서 모세
의 시대에 이루었던 그 기적의 역사
요, 모세가 입고 있던 그 옷의 천 조각
이라도, 모세가 신고 다니던 그 신발
의 한 조각이라도, 모세가 소장하고
쓰던 그 가재도구요, 그 무엇이라도
하나를 지금 가지고 있는 자가 있다면,
13 너희는 그 모세의 시대를 더 깊이 믿
을 것이며,
14 지금 나 여호와를 경배하며 따르는 너
희 마음이 더 달라졌을 것이며,
15 그 조각 하나, 소장품 하나가 얼마나
소중하고 귀하다 하여 관리하고 지키
겠는가?
16 또한, 구약 시대를 지나 신약 시대에
나의 아들 예수가 쓰던 무슨 소모품이
요, 그가 관장했던 모든 물품이요, 그
것이 지금 하나만 남아 있어서 너희가
지금 그것을 가지고 있다면,
17 그를 얼마나 귀하게 여기고 보배처럼
관리하겠는가?
18 예수가 입던 옷이요, 예수가 쓰고 있
던 모자요, 예수가 신던 그 신발 조각
하나요, 그가 쓰고 있던 모든 것 중의
하나만이라도 누가 가지고 있다 하면,
19 너희는 그것을 귀하고 소중한 것이라
생각할 것이며, 무엇과도 바꾸지 아니
할 것이니라.
20 그리고 그와 같은 모든 소모품의 하나
라도 지금 존재해 있다면, 나의 아들
예수가 존재함을 더 깊이 믿을 것이며,
21 너희 믿음의 자세 또한 지금과 같이
겉만 보는 믿음은 아니 되었을 것이니
라.
22 너희가 모든 성경을 가슴에 안고 정독
하지 아니하기 때문에 속을 모르고 겉
만 가지고 빙빙 도는 그와 같은 종교
지도자요, 믿음의 길을 가는 백성의
형태라 하였음이니라.
23 그러니 너희는 예수가 쓰던 가재도구
하나를 가지고 있으며 모세가 쓰던 것
을 하나만 가지고 있어도 소중하고 귀
한 것이며, 그 무엇과 바꿀 수 없는 귀
중품이라 그리 말할 것이니라.

24 그러나 너희는 여기서 알아야 할 것
이니라.
25 내가 불로 직접 써 내린 그 십계명이
무엇이던가?
26 그것은 내가 친필로써 세상에 내 보낸
것이니, 그 십계명을 너희가 읽고 쓰
는 그 순간이 진정 나의 친필을 가지
고 읽고 배우는 것이니라.
27 이 세상의 모든 것이 다 나의 뜻에 이
루어졌다 해도 직접 내가 친필로 써
내린, 내가 직접 써 내린 십계명보다
더 소중하고 귀한 것은 세상에 없을
것이니라.
28 내가 쓴 십계명이니라.
29 그 십계명을 너희가 지금 읽고 깨우
치고 그를 지키려 하는 것은 나의 뜻
을 너희가 그대로 반영하는 것이니라.
30 그러한 너희가 십계명의 소중함을 모
르고 귀한 줄을 모르니,
31 나 여호와가 직접 써 내린 나의 친필
의 그 글의 내용을 갑론을박하며 이를
지킬 수 있다 없다 말하는 너희가 얼
마나 어리석은 백성이며, 얼마나 나에
게 잘못된 짓을 하고 있는지 알겠는가?
32 너희가 예수의 소장품 하나를 가지고
있으면 지금 얼마나 소중하며 믿음이
달라졌을 것이며 너희가 지금 가는
길의 자세가 달라졌을 것이며 그보다
더 귀한 것이 없다 말할 것이니라.
33 지금 내가 나의 아들을 통하여 내리는
법전은 과연 무엇이더냐?
34 나의 성령을 태워서 세상에 내려보냄
이니라.
35 내가 성경에 기록하기를 그는 제 의사
대로, 제 뜻대로 말하지 아니하며 나
여호와가 내리는 것을 받아서 기록한
다 하니,
36 바로 나의 법전이 무엇인 줄 알겠는가?
37 그게 바로 나의 친필이니라.
38 그리하여 이를 받는 나의 아들이 소중
하며, 이를 만드는 선택된 제자 너희
가 소중한 나의 백성이라는 것을 잊
어서는 아니 될 것이니라.
39 나 여호와의 친필을 가지고 너희가
공부하며 그를 들여다보며 그를 가지
고 연구하는 너희가 과연 얼마나 나
에게 감사하며 이 법전이 소중하다 생
각하는가?
40 너희가 이 시대에 나의 친필을 직접
가지고 공부하며 나의 친필을 직접 읽
으며 공부하고 연구하는 것,
41 그리고 동양의 작은 나라에 이 시대에
나의 아들과 더불어 살아간다는 그 자
체,
42 나의 아들 예수가 입었던 그 옷 조각
하나만 가지고 있다 해도 너희 믿음이
달라지며 생각이 달라지며, 그보다 더
소중한 것이 없다고 목숨을 바쳐 간직
하려 할 것이거늘,
43 지금 나의 아들을 통하여 그와 더불어
공부하며 한 시대를 같이 살아가는 너
희가 얼마나 축복받고 영광된 그 자체
를 과연 얼마나 느끼며 얼마나 감사하
며 얼마나 은혜에 대해 나에게 경배의
기도를 드리는가?
44 이것이 너희가 어리석은 백성이요, 이
것이 오늘의 너희 마음의 자세니라.
45 그를 가지고 갑론을박하는 자가 얼마
나 불쌍한 백성인 줄 알겠는가?
46 너희는 모세가 쓰던 소장품 하나요,

그 떨어진 조각을 가지고 있는 것만
해도 그것도 위대하다 생각할 것이며,
47 나의 아들 예수가 소장했던 그 모든
것 중의 하나를 가지고 있어도 너희가
생명과 바꾸지 아니할 것이며 너희가
구원의 길을 가는 자세가 다르 것이거
늘,
48 어찌하여 내가 친필로 써 내린 그 십
계명의 위대함을 모르고 너희가 그를
가지고 감히 갑론을박하는가?
49 인간이기 때문에 지킬 수 없다, 지킬
수 있다 그 말을 너희가 감히 할 수 있
는가?
50 너희가 나를 얼마나 욕되게 하는 행위
며 나를 얼마나 능멸하는 행위인 줄
알고 있는가?
51 지금 나의 법전을 성령을 태워 내가
마지막으로 내림이니, 이는 인간이 받
아 기록할뿐이요, 나의 아들이 기록할
뿐이니,
52 그것은 그의 글이 아니요, 나의 친필
이라는 것을 알라.
53 나의 친필을 가지고 만백성을 깨우치
고자 역사하며, 나의 아들과 이 시대
에 더불어 같이 겸상하며 같이 대화하
며 강론을 들어가며 살아가는 너희가
얼마나 영광이요, 축복인가를,
54 2천 년 전이요, 6천 년 전에 이루어졌
던 그때의 소장품이요, 그때의 사람만
이 소중한 것이 아니라, 지금 너희와
더불어 가는 나의 성경이요, 나의 친
필이요, 나의 아들이요, 너희와 같이
가는 그 모두가 얼마나 위대하고 소중
한 것인가를 너희가 생각한다면,
55 감히 갑론을박하며 시시비비하지 못
할 것이니라.
56 너의 제자들 또한 마음 자세를 다시
하며, 너의 제자들이 먼저 깨우침을
다시 하라 하라.
57 모든 것을 너희가 소장하고 있지 않
은가?
58 나의 친필을 마음대로 소장하며 마음
대로 읽어 보며 마음대로 가지고 연구
하며 더불어 공부하는 것이 나의 친필
이니,
59 이와 같은 축복과 영광이 어디에 있는
가?
60 지금 몇천 년 전의 모세와 예수의 시
대의 소장품 하나라도 너희가 목숨과
도 바꾸지 아니하며 그와 같이 소중히
관리할 줄 알면서,
61 내가 직접 내린 십계명이요, 친필인
그 글의 뜻은 너희가 무시하며 그를
소중한 줄 모르느니라.
62 그러니 십계명을 기록하여 걸어 놓은
그 십계명 앞에 너희가 나의 친필이
라는 생각을 하며 그가 소중하다 하여
한번 보듬어 본 사람이 있는가?
63 얼마나 위대한 나의 친필이던가?
64 나의 법전이 그와 똑같으니라.
65 그리고 더불어 이 시대에 살아가는 나
의 아들의 소중함이 그와 같거늘, 너
희는 어찌하여 그리 모르는가?
66 산소라는 공기를 마시지 아니하면 단
몇 분도 안 돼 죽는 너희가 그 고마움
을 모르듯이,
67 오늘날 나의 친필로 내려가는 나의 법
전을 받아 기록하는 나의 아들이요,
이를 만드는 선택된 제자들의 그 소중
함을 너희가 감히 모르고 있음이니,

68 그 너희의 깨달음을 다시 한 번 갖도
록 그리 전하라, 사랑하는 나의 아들
아!

5,984 번째 하나님 말씀

2003년 4월 17일 16시 46분

1 사랑하는 나의 아들아!
2 "네, 아버님! 말씀하옵소서."
3 모든 종교 집단이요, 지도자요, 그 백
성이 나를 부르기를 뭐라 한다 하였느
냐?
4 너희가 기르는 애완동물의 이름을 부
르듯이 그저 아무 때나 대고 나를 불
러 대며 나를 찾는 것이 너희가 나에
게 향하는 길이라 하였음이니라.
5 그러니 너희가 나 여호와가 존재함을
두려워하는 자가 어디 있으며, 그를
무서워하는 자가 어디 있으며, 나를
경배하며 내 아들딸이라는 말을 입으
로 담을 수 없는 것이 너희들이니라.
6 너희는 여기서 알아야 할 것이니라.
7 너희가 종을 부르듯이 그저 마구 불러
대며 필요할 때 나를 쓰고자 하는 것
이 나 여호와가 아님을 알아야 할 것
이니라.
8 내가 필요할 때 내가 선택해서 쓰는
것이며, 내가 너희에게 성령으로 임하
여 깨우쳐 지도자로 쓰고자 할 때, 내
가 필요로 할 때 너희에게 성령으로
임하여 너희를 불러 쓴다는 것을 알
아야 할 것이니라.
9 너희가 그저 부르기만 하면 응답하며
그저 부르기만 하면 달려가는 나 여호
와라 그리 생각하지 말라.
10 너희가 지금 하고 있는 행위가 그렇다
했음이니라.
11 너희가 돈을 주며 생활비를 주며 부리
는 종보다도 더, 너희 부하들보다도
더 함부로 나를 불러 대며 나를 쓰고
자 하나니,
12 이것이 얼마나 잘못된 것인가를 깨달
으라 함이니라.
13 나 여호와가 너희를 쓰고 안 쓰는 것
은 나 여호와요, 내가 선택하는 것도
나 여호와의 권능이니라.
14 그런데 하물며 지금 역으로 생각하는
것이 모든 종교 집단이요, 지도자들이
가는 길임을 너희는 알아야 할 것이
니라.
15 모든 종교 지도자들이 나의 성령을 가
르치며 나의 뜻을 가르치는 방법이요,
또 설교하는 방법 자체도 다시 한 번
돌이켜 봐야 할 것이니라.
16 모든 백성이 설교를 들으러 오는 것
은 너희가 인간 세상에 살아온 삶이
요, 너희에게 대한 웃기고 울리는 그
와 같은 이야기를 들으러 나의 백성이
온다 생각하는가?
17 나 여호와의 참진리요, 하늘에 오르는
길이요, 성경의 참뜻을 깨우쳐 주는
것을 듣고자, 깨우쳐 주기를 바라는
그들이니라.
18 그리고 하늘에 오르는 그 진리를 듣고
배우고자 하는 것이 나의 백성이거늘,
너희가 그 시간을 함부로 씀이니라.
19 성전이요, 교회에 오는 백성, 구원받
고자 오는 백성, 수천 년 동안 흘러오
는 그 백성이 너희에게 바친 시간이
그 얼마나 많으며,

20 지금의 신도라는 자들이 그 시간을 갖
다 바침이니, 그 시간을 너희가 또한
함부로 쓰며,
21 인간사 세속에 살아가는 웃고 울리는
그와 같은 이야기로 시간을 때우고
찬송을 부르며 시간을 때움이니,
22 그와 같이 하는 것도 나에게 죄를 지
으며 너희가 잘못됨을 알아야 할 것
이니라.
23 한 사람이 시간을 몇십 분을 소모한
다 하나,
24 그 많은 백성의 그 시간을 계산해서
볼 때 너희는 얼마만큼 사악한 자인
가?
25 그와 같은 자는 설교할 수 없으며 단
상에 설 수 없음이니라.
26 모든 종교 지도자가 가르치는 것을 외
형적이요, 또는 형식에 치우쳐 그곳에
가는 것에 연연하며,
27 진실한 나의 깨달음이요, 나의 진리로
서 백성을 이끌어 가는 데는 관심도
없으며 방법도 모르고 길을 모르고 있
는 것이 너희들이니라.
28 지금 내가 너희에게 물어보고자 하느
니라.
29 종교 지도자들이 너희 부부지간에, 또
는 가장 속에 있는 말을 할 수 있는 이
웃에게 뭐라 말하느냐?
30 종교 지도자 자신도 나 여호와가 존재
함을 믿지 못한다고 말하는 자가 있으
며 저 자신을 의심하는 자가 얼마나
많이 있는가?
31 제가 가르치면서 그것이 나 여호와의
뜻인지, 진정한 하늘에 오르는 길인지
아닌지 그 자체도 모르고 있는 것이
지금 수많은 종교 지도자들이요,
32 저 자신이 갈피를 못 잡고 저 자신이
확고한 신념이 없으며, 나 여호와가
존재함을 모르며,
33 제가 선택된 자인지 아닌지도 모르며,
그저 직업의식으로써 지금 종교 지도
자라 하여 단상에서 그저 몇 시간 연
구하여 나의 피조물 만백성에게 설교
요, 강론한다 하며,
34 그들에게 재물을 바치라 하며, 재물을
거둬들이고자 하는 설교로써 모두를
끝내는 것이 너희들이니, 스스로 가슴
에 손을 얹고 깨우쳐 반성할 때가 지
금 되었음을 알라.
35 이제 너희가 그와 같이 방향이 없으며
신념이 없으며, 그저 세월이 흘러가는
대로 나의 피조물 만백성을 우롱하는
그와 같은 마음을 갖지 말고,
36 나의 법전을 읽고 깨우쳐, 너희가 진
정한 하늘에 오르는 길이 무엇인지를
깨우쳐 만백성을 인도하는 데 최선을
다하는 변화의 삶을 살지 아니하면,
37 너희의 그 죄가 얼마나 무섭고 두려
운 것인가를 나에게 왔을 때 알게 될
것이니라.
38 모든 종교 지도자요, 신도들이 나의
이름을 애완동물을 부르듯이 부르며
그저 친구 부르듯이 나를 함부로 아무
데서나 불러 대는 그 영향은 어디에서
받았는가?
39 그것은 잘못된 종교 지도자들이 그리
가르쳤으며 그를 배운 신도들이 또한
그와 같이 흘러감이니,
40 나를 부르는 그 이름조차도 한번 생각
해 봐야 할 것이며,

41 너희가 어느 때 나를 찾으며 나를 부
를 수 있는가?
42 그저 종을 부르듯이 내 이름을 불러
대는 그와 같은 형국은 너희가 얼마나
잘못된 것인가를 너희 스스로 깨우쳐
보도록 그리하라.
43 정녕 너희가 나의 뜻대로 살며 내가
기뻐하는 자식이 되었을 때, 나의 이
름을 부르며 나를 찾을 자격이 있음을
알라.
44 그렇지 않은 백성은 나를 부르고 찾을
자격도 없음을 알아야 할 것이니라.

5,985 번째 하나님 말씀

2003년 4월 17일 16시 54분

1 사랑하는 나의 아들아!
2 "네, 아버님! 말씀하옵소서."
3 내가 지금 나의 피조물 만백성에게 전
하기를 십계명이 무엇이라 그리 말하
였던가?
4 십계명은 나 여호와가 직접 쓴 친필이
요, 내 혼이 담겨 있는 글이라 말하였
음이니라.
5 그러니 너희가 과연 그 위대함을 무
엇을 얼마나 알며 그 소중함을 얼마나
알며 그 의미를 얼마나 깨닫고 사는가?
6 지금 나의 피조물 만백성이 얼마나 그
를 지키며 그 뜻에 따라 순종하며 살
아가는가?
7 나 여호와가 직접 쓴 나의 친필인 그
내용을 너희는 어찌 보는가?
8 모든 종교 집단이요, 지도자, 너희는
구약 시대에 내가 기록한 나의 친필이
라 하여 그를 뒷전으로 밀어 놓았으
며, 그를 쳐다보지 아니하며, 그를 암
송하여 지키려 하지 아니하는 것이 지
금의 너희들이니라.
9 그러면서 너희가 어찌하여 나의 백성
이라 말하며 나로부터 구원받을 수 있
다고 그리 말하는가?
10 나 여호와가 직접 불로 써 내린 나의
친필을 가르치고 깨달으라는 것을 그
를 인정하지 아니하며 그를 믿지 아니
하며 그를 목숨을 바쳐 지키려 하지
아니하는 백성은 나의 자식이요, 나의
아들딸이 아니라는 것을 알라.
11 그를 지켜야 한다고 하는 자, 그를 지
키고 살아가고자 노력하는 자, 그리하
여 변화를 이루는 자가 나에게 선택된
백성이라는 것을 너희는 알아야 할
것이니라.
12 내가 너희에게 뭐라 말하였느냐?
13 나에게 가장 사랑스러운 백성이요, 내
게 소중한 백성은 하루하루 변해 가는
삶을 사는 자라 그리 말하였음이니라.
14 그러니 지금 나의 십계명을 뒷전으로
두며 그를 지키려 생각하지 아니하며
인간이기 때문에 지킬 수 없다며 흉물
스러운 것을 보는 것처럼,
15 그리고 적을 보듯이 적대시하는 그와
같은 마음으로 살아가면서, 어찌 너희
가 나에게 오를 수 있다 하며 구원을
받을 백성이라 그리 말하는가?
16 나 여호와가 쓴 그 친필의 글씨를 맹
수를 보는 것처럼, 그리고 더러운 짐
승이요, 미물을 보는 것처럼, 흉악한
것을 보는 것처럼 너희 마음이 그리
굳어져 있으며 멀리 가 있음이니,
17 이 세상에 구약과 신약의 세월 속에

내가 직접 써 내린 십계명보다 더 소
중한 글이 어디 있으며 소중한 뜻이
어디 있다 말하는가?
18 그러니 이를 저버리는 백성은 나와
관계없다 함이니라.
19 지금 나의 법전이 나의 성령이요, 나
의 친필임을 너희는 알아야 할 것이
니라.
20 지금 나의 아들을 통하여 내가 내리는
이 모두는 그가 임의대로 쓰는 것이
아니요, 다만 인간의 형태를 보인 나
의 아들로서 내가 내리는 것을 그가
받아 기록함이니,
21 그가 쓰는 것은 내 손으로 기록함이
요, 그가 기록하는 것은 내 법전이요,
내 성령의 뜻이니, 이는 곧 나의 친필
이라 말하였음이니라.
22 그러니 이 법전을 만들고 전하는 선택
된 백성은 정성을 다해야 할 것이며,
나의 법전을 만드는 데 온갖 힘을 다
기울여야 할 것이며,
23 한 치의 허술한 마음이요, 한 치의 양
보하는 마음이요, 한 치도 게을리하는
마음이 있어서는 아니 될 것이니라.
24 내가 나의 법전이 친필이라는 그 뜻을
이미 너희에게 전하여 주었거늘, 이를
깨닫지 못하고 사는 것이 너희들이니
라.
25 나의 아들의 입을 통하여 전해지는 이
것이 나의 친필이라 하는 것은 무엇이
던가?
26 내가 이 동양의 선택된 백성이 쓰는
이 문자요, 이 글이 어찌 된다고 너희
에게 말하였던가?
27 이 동양의 글자요, 문자로 적은 나의
법전이 3부까지는 필요한 각국의 언
어로써 번역해 나가나,
28 4부부터는 동양의 이 작은 나라의 글
씨로 이 뜻으로써만 전하여진다 말하
였음이니,
29 그는 세상의 공통어가 되며 세상은 다
이 언어를 쓰게 됨이니, 그게 바로 무
엇이더냐?
30 그 의미를 돌이켜 생각하면 나 여호와
의 친필이요, 내가 직접 가르침이요,
내가 내린 교본의 책이라는 것을 너희
는 어찌 그리 깨닫지 못하는가?
31 지금 내가 나의 법전이 나의 친필이라
그리 말하며 십계명처럼 소중히 써 내
리는 것이라 그리 말하면,
32 너희는 이를 미친 자요, 정신 나간 자
라 말하나,
33 나의 친필이요, 나의 글이 아니면 그
글씨가 세상을 덮을 수가 없음이니라.
34 지금 수천 년 동안 흘러오는 동안에
그 십계명을 지키고 산다는 자, 살지
못한다는 자, 이와 같이 지금 시시비
비하며 갑론을박하고 있음이니,
35 그 십계명을 놓고 세상의 모든 백성이
그와 같이 시시비비하는 지금의 형국
에서 나의 법전을 읽고 정독하지 아니
하면 아니 됨을 알라.
36 그리하여 세계의 모든 공통어가 동양
의 작은 나라의 이 글씨요, 이 언어로
써 세상에 나가니,
37 그리하여 이것이 바로 나의 친필이요,
하늘의 글이라는 것을 너희는 잊어서
는 아니 될 것이니,
38 내가 법전에 기록하여 하나가 되며 공
통어가 된다는 그 뜻은 나의 글이요,

나의 친필로서 내려지는 것이기 때문
에 세상을 덮으니,
39 그것 외에는 세상을 덮고 다스릴 수
있는 글이 없음을 너희는 알아야 할
것이니라.
40 그리하여 미리 내가 너희에게 예견하
여 알려 주는 뜻이라는 것을 이제 너
희가 알 때가 되었음을 알라.

5,986 번째 하나님 말씀

2003년 4월 17일 17시 04분

1 사랑하는 나의 아들아!
2 "네, 아버님! 말씀하옵소서."
3 공기요, 산소가 너희에게 가장 귀중한
생명이라 하면 그다음에 중요하고 귀
한 것이 무엇이던가?
4 너희가 흔히 접할 수 있는 물이라는
것이니라.
5 그러니 그 물이 생수가 아닌 마실 수
없는 혼탁한 물이라면 과연 어찌하는
가?
6 그 물을 정화하고 또 정화하여 생수로
쓰며 인간의 생명수로써 쓰고 있지 않
은가?
7 그와 같은 것이 인생이 살아가는 길이
요, 하늘에 오르는 가장 중요한 기본
이요, 근본이며 기초라는 것을 네 제
자에게 깊이 깨우쳐 줘야 할 것이며,
8 나의 법전을 읽는 모든 백성은 이를
깨달아야 할 것이니라.
9 너희가 정화되는 것이 가장 소중하며
중요한 삶이라는 것을 알아야 할 것
이니라.
10 너희가 사는 삶에서 정화되고 다스려
지고 변화되지 아니한다면 삶의 가치
가 없는 것이니라.
11 혼탁한 물이 정화되면서 생수로 되듯
이 그렇지 못한 나의 백성은 어찌 되
는가?
12 너희는 바로 버림을 받는 자와 같으니
라.
13 정화된 물은 백성의 생수로서 귀중히
쓰이고 소중히 쓰이나 정화되지 아니
한 물은 무엇이더냐?
14 버려지며 그저 흘러가는 물속에 흘러
가게 됨이니라.
15 그리고 인간의 생명수요, 가치 있게
쓰이지 못하는 것이 아니던가?
16 그러니 너희가 정화되는 것이 하늘에
오르는 길이라는 것을 알아야 할 것이
니라.
17 인간이 오늘 하루가 변하며 내일 또
하루가 변하며 하루하루 나의 법전을
읽고 살아가면서 생활하는 속에서 아
름답고 천사와 같은 모습으로 정화되
는 것이 가장 위대한 것이며 가장 위
대한 믿음의 길이요, 바로 나에게 올
수 있는 지름길이라는 것을 너희는
알아야 할 것이니라.
18 그러니 인간이 정화되지 아니한다면
절대로 하늘에 오를 수 없으며 결국
나에게 버림을 받는 것이 정화되지 않
는 백성이니라.
19 그러니 정화되지 아니한 백성이 나로
부터 버림을 받았을 때 무엇이던가?
20 지옥으로 그냥 가는 것이 아니라 지옥
에 가서 너희가 지은 죄에 대한 대가
를 평생 영원히 나오지 못하는 그곳에
서 치르며 살아야 하는 것이니라.

21 그리하여 여과 과정을 거쳐서 정화되
는 물처럼 정화되는 삶을 살라 내가
그리 간곡히 이야기하며,
22 믿음이라는 것을 많은 세월을 믿은 자
일수록 천사와 같이 변화되지 아니한
것은 사악한 집단이요, 사탄의 집단이
요, 악마의 집단이라 내가 그리 말하
였으니,
23 나의 아들을 따르는 제자들이요, 나의
법전을 읽은 백성은 나의 법전을 한
번 읽고 두 번 읽고, 한 번 읽은 자와
세 번 읽은 자와는 그 근본의 자세가
달라야 하며 생각하는 것이 달라야
하며 대화의 방법이 달라야 하는 것이
니라.
24 그리 변화되는 것이 하늘에 오르는 길
이요, 하늘을 향하여 오는 나의 백성
이라는 것을 너희는 알아야 할 것이
니라.
25 지금 나의 피조물 만백성에게 모든 종
교 집단들은 그저 썩은 물을 갖다 놓
고 먹을 수 있다고 그리 말함이니라.
26 그저 물이면 됐지 물이 썩었든 안 썩
었든 사람이 먹으면 되는 것이며,
27 물은 똑같은 물이지 물이 깨끗하고 더
러운 것이 어디 있느냐 그들이 그리
말함이니,
28 그들은 정화 과정의 어렵고 힘든 그
과정을 겪으려 하지 아니하며 지키려
하지 아니하며 그를 무시하는 것이 지
금의 종교 집단이요, 지도자들이 나의
피조물 만백성을 이렇게 사악하게 만
든 것이니라.
29 너희가 정화되면 생수로서 쓸 수 있으
며 정화된 백성은 하늘에 오를 수 있
다 하나, 너희가 무엇으로 정화하는가?
30 그저 말로써 정화된다 생각하는가?
31 그리고 눈물로써 기도하며 찬송 부른
다 하여 정화가 되는가?
32 그 물이 정화되기 위해서는 어렵고 힘
든 그 소정의 과정을 다 거쳐 흘러나
와야 하는 것이니라.
33 그러나 모든 종교 집단이요, 지도자
요, 신도들은 그 어렵고 힘든 정화 과
정을 거치지 아니하고 물은 물로써 그
저 하늘에 오를 수 있으며 물은 생명
수가 된다고 그리 말하니,
34 썩어서 오수가 되어 먹지도 못하는 그
물도 생명수가 되며 그 물은 하늘에서
내리는 생수와 똑같다고 지금 나의 피
조물을 가르침이니,
35 저희가 썩어 가는 그 물을 어려운 과
정을 거쳐 정화하지 않으려 하며 변화
하지 않으려 하느니라.
36 그 많은 과정을 거쳐야 하는 그 과정
을 거치지 아니하며 저희는 변화되는
그 삶을 살지 아니하고도 구원을 받을
수 있다 그리 말하기에 그들은 그리
변화될 줄 모르느니라.
37 그저 썩은 물이든, 오수든, 냄새가 나
든, 물은 물이면 된다고 고집을 피우
는 것이 그 불쌍한 백성이니라.
38 그리하여 저희가 행동함을 소홀히 생
각하며, 행함이 얼마나 소중한가를 그
리 무시하며, 정화 과정을 무시하면서
저희는 그저 생수라 말하는 자니, 그
말에 속지 말라.
39 그 물을 마시는 자 죽을 것이며, 그 물
을 마시는 자 전염병이 발생할 것이
며, 그 물을 마시는 자는 병들어 제 육

신이 썩어 가는 추악한 모습으로 죽어
간다는 것을 알라.
40 종교 집단과 지도자 모두가 정화되지
않은 자들이며 여과 과정을 무시하는
자들이니라.
41 그러니 그들이 바로 나의 피조물 만백
성을 정화 과정을 거치지 아니하고 하
늘로 오를 수 있다고 가르치니,
42 그게 사탄이요, 악마요, 사탄의 자식
이요, 사탄의 앞잡이라 함을 너희는
알아야 할 것이니라.
43 그러니 인간이 정화되는 과정을 무시
하는 자는 지금의 모든 종교 집단이
요, 그들이 대표적인 형국이며,
44 그리하여 어려운 정화 과정을 거치지
않고 하늘에서 내리는 생수와 같다 말
하며 만백성을 구할 수 있으며 만백성
이 먹을 수 있으며 그를 먹으면 하늘
에 오를 수 있는 길이 열린다 그리 가
르치는 것이니, 이 무서운 사실을 이
제 너희는 깨우쳐야 할 것이니라.
45 깨우치지 아니하는 자, 하늘에 오를
수 없음을 알라.
46 지금 잘못된 백성이요, 썩어 가는 물
을 구약 시대부터 신약 시대까지 6천
년에 걸쳐 정화하며 바로 여과 과정
을 거치는 것이 무엇인 줄 알겠는가?
47 나의 십계명이었음을 알라.
48 나의 십계명이 구약과 신약 시대에 너
희를 정화하는 여과 과정의 그 단계요,
49 열 단계를 거쳐 그를 지키는 자가 하
늘에 오르는 길이며 나에게 올 수 있
는 백성이니,
50 그 열 단계를 지키기가 너무 힘들고
어렵다 하여 그 열 단계의 과정을 거
치지 않고 하늘에 오를 수 있는 자라
하니, 그게 바로 무엇이더냐?
51 너희는 그 열 단계를 지키는 것이 너
무나도 힘들고 어려워서, 인간은 지킬
수 없기 때문에 그저 나의 아들 예수
의 이름을 부르며 예수가 대속해 죽었
음이니 그를 믿으면 구원을 받는다 그
리 말하며,
52 열 단계의 정화 과정을 무시하고 그저
하늘에 오를 수 있는 영광만 찾으면
된다 말하는 자들이니,
53 이것이 지금 잘못되었음을 알라.
54 이제 내가 제3의 시대는 무엇으로써
너희를 정화하고자 하는가?
55 내 새로운 성경이요, 나의 법전으로써
너희를 이제 정화하고자 함이나,
56 너희가 너무나 썩고 썩었기 때문에 열
단계를 거쳐 정화할 수가 없어서 수
천수만 가지 그 단계를 거쳐 서서히
서서히 정화하는 그와 같은 역사를 지
금 실시하고 있음을 알라.
57 거기에 동참하지 않은 자, 정화하는
과정에서 고통의 길을 들어가지 않는
자들은 영원히 지옥 불로 가는 백성이
라는 것을 잊지 말라, 사랑하는 나의
아들딸들아!

5,987 번째 하나님 말씀

2003년 4월 17일 17시 38분

1 사랑하는 나의 아들아!
2 "네, 아버님! 말씀하옵소서."
3 인간인 너희가 마음을 비우기가 얼마
나 힘들고 어렵고 고통스러우면 나 여
호와가 너희 마음이 변하는 그것을 보

며 내 마음이 아프다 그리 말하겠는가?
4 인간인 너희가 살아온 그 삶의 생활
속에서 그 모든 마음을 반대 방향으로
살아가고자 하는 것은 너무 힘드느니
라.
5 그리하여 내가 너의 제자에게 깨우쳐
주지 아니하였던가?
6 너의 제자가 마음이 변하고자 노력하
는 것이 갸륵하고 기특하여 내가 그에
게 상을 주고자 하나,
7 그가 아직 마음이 다 변하지 못하였으
니,
8 그에게 상을 준다면 천사요, 사탄들이
나 여호와를 공의의 하나님이라 따르
겠으며 내가 그들을 통제할 수 있겠는
가?
9 그리하여 내가 그에게 상을 내릴 수
없음이니, 내가 그의 체중을 45킬로
그램까지 줄이라 하였음이니라.
10 그리하여 그가 인내와 노력으로써 45
킬로그램으로 체중을 줄여서 나에게
보이면 그에게 내가 재물과 그의 고통
모두를 덜어줄 것이니,
11 우선은 그의 가슴에 생기는 폐 부분에
대한 병을 고쳐 줄 것이며, 그의 건강
을 보장해 줄 것이며, 생활까지 내가
보장해 준다고 그리 말하지 아니하였
더냐?
12 그리하여 내가 그에게 내릴 수 있는
상을 주고자 함이니라.
13 그가 나의 명에 따라 45킬로그램으로
체중을 줄였을 때 내가 그의 건강을
완결되도록 할 것이며, 그가 하고자
하는 것도 내가 들어준다 그리 말하
였으니, 그 공에 의하여 상을 주고자
함이니라.
14 너희가 마음을 비우는 것으로써는 아
직도 그 누구도 상을 받을 만큼 마음
이 변화되지 아니하였으며, 그와 같이
변화의 역사를 이루지 못하는 것이 너
를 따르는 제자들이요, 나의 법전을
읽고 깨우친 백성, 너희들이니라.
15 그러니 너희가 마음을 비움이 아직도
멀었음이니라.
16 다만, 비우고자 노력하며 변하고자 노
력하는 그 정성이 너무 갸륵하여, 그
것으로써 내가 상을 내릴 수가 없음이
니 그에게 하나의 과제를 주었음이니
라.
17 체중을 45킬로그램까지 줄이는 것을
보였을 때 내가 상을 준다 하였음이니
라.
18 하물며 나 여호와가 변하고자 아름답
게 살아가며 발버둥치며 노력하는 그
백성, 아직 변하지 못했으나 변해 가
고 있는 그에게도 내가 상을 줄 수 없
으며 내려 줄 수 없거늘,
19 변하지 않는 삶을 살면서 그저 말로만
나 여호와를 믿으며 나의 아들 예수를
믿으며 보혈로써 은혜를 받았다 하며
구원을 받았다 말하는 자, 선택된 백
성이라 말하는 자, 얼마나 어리석은
백성인가?
20 변하고자 노력하며 피나는 노력을 하
는 나의 선택된 아들딸들도 그들이 완
벽하게 변하지 아니하였기 때문에 내
가 상을 내려 주지 못하여, 그에게 따
로 과제를 주어 변하라고 말하였듯이,
21 하늘의 법도가 엄중함을 너희는 알아
야 할 것이니라.

22 그리고 내가 너의 제자에게 다리를 고칠 수 있도록 운동을 하라 그리하였음이니라.

23 그가 머지않아 다리를 상실하여 걷지 못하며 주저앉을 것이니, 그를 내가 미리 고쳐 주기 위하여 그 다리 부분을 운동하라 하여 내가 깨우쳐 주었음이니,

24 그것이 너희를 내가 사랑하는 것이며 미리 예방함이니라.

25 병이 들어 어렵고 힘들 때 그 병을 낳게 해 달라 몸부림치는 것이 아니요,

26 병이 발생하기 전에 예방하는 것이며 미리 너희에게 알려 주어 그 치료의 역사를 할 수 있도록 내가 그리 너희에게 깨우쳐 줌이니,

27 그것이 너희가 얼마나 은혜요, 영광인가를 아는가?

28 너희는 어찌하여 병든 자를 낫게 하는 것만이 기적이라 말하며,

29 너희가 병이 들어 쓰러질 것을 내가 미리 알려 주며 나의 아들을 통하여 너희를 미리 치료해 주는 것은 기적이요, 영광이라 하지 않는가?

30 죽을 자에게 내가 그 죽는 이유를 가르쳐 주며,

31 네가 죽게 됨이니 그를 고치라 하여, 내가 미리 예방하여 너희가 다스려 나가 그 화를 면하는 길을 가르쳐 주는 그와 같은 역사는 어찌하여 은혜요, 기적이라 말하지 않는가?

32 너희는 어찌하여 죽어 가는 자를 살리는 그것만이 기적이요, 영광이라 말하는가?

33 그 또한 머지않아 그와 같은 역사가 이루어질 때는 이룰 것이니라.

34 그러나 지금은 너의 제자요, 나의 피조물 만백성이 쓰러져서는 안 되며 넘어져서는 안 되기 때문이니라.

35 너희에게 정해져 있는, 넘어질 수 있으며 병마에 쓰러질 수 있는 것을, 너희가 마음을 변하고자 노력하며 고통의 시간을 마다하지 않고 가기에, 내가 그 상만큼 그 육신을 다스려 주고 바로잡아 줌이니라.

36 이것이 기적이요, 영광이요, 나의 법전을 읽는 백성의 축복이라 너희는 알아야 할 것이니라.

37 나의 아들과 더불어 가는 백성, 너희가 어렵고 힘들며 쓰러지는 것을 나 여호와가 미리 예방해 줌이니,

38 그것이 너희에게 주는 사랑이니라.

39 그리하여 너희가 마음이 변하기 시작하며 좀 더 변하며 더 전진할 때, 더 큰 상과 영광을 줄 것이니라.

40 너희가 나로부터 상을 받을 만큼 변한 자는 죽은 자도 일어설 것이며 죽음에서도 소생할 수 있다는 것을 잊지 말라.

41 그러니 천사와 같은 마음으로 변하는데 최선을 다하라.

42 속과 겉이 다르지 않은 진정한 변화된 모습이요, 아름다운 모습으로 살아가도록 그리하라, 사랑하는 나의 아들딸들아!

43 너희가 그리 살아갈 때 나의 아들을 통하여 너희에게 내가 기적의 역사를 이루어 줄 것이니라.

44 그가 가슴의 폐에 문제가 생겨 쓰러질 것을 내가 미리 얘기해 주니, 그리하

여 너는 그 과격한 운동을 할 것이며
그 힘겨운 운동으로써 그가 45킬로그
램으로 체중을 줄였을 때, 나의 약속
을 지킴이니 내가 상을 준다 하였음이
니라.
45 반드시 큰 상이 있을 것이니라.
46 그와 같이 내가 너희에게 미래의 일
을 전해 주는 것, 명해 주는 것, 내가
사전에 알려 주는 것, 미리 고쳐야 할
부분을 알려 주는 것, 너희가 병이 나
쓰러질 부분을 내가 예방하여 치료해
주는 것, 그것이 더 위대한 기적이요,
역사함이라는 것을 잊지 말라, 사랑하
는 나의 아들딸들아!

5,988 번째 하나님 말씀

2003년 4월 17일 17시 50분

1 사랑하는 나의 아들아!
2 "네, 아버님! 말씀하옵소서."
3 내가 너를 불러 나의 법전을 만드는
역사를 시작하며 내가 너에게 뭐라 말
하였느냐?
4 세상사 먹고 쓰며 살아가는 그 모두를
걱정하지 말며 네 주변의 모두를 두려
워하지 말며 걱정하지 말라 내가 그리
말하지 아니하였던가?
5 그리하여 너는 오로지 법전에만 연연
하며 최선을 다하며 초연한 자세로써
법전을 만드는 데만 전념을 다하라 그
리하였음이니라.
6 그리하여 지금까지 나 여호와가 너에
게 무엇인들 내려 주지 아니하였던가?
7 네가 이루는 것, 네 주변의 신상이요,
네 문제에 대한 네 가정의 모두까지
나 여호와가 다 너에게 들어주었으며
역사해 주지 않았는가?
8 자식에 대한 문제까지도, 경제적인 살
아가는 그 모든 것까지도 의식주를 해
결하는 것을 내가 너에게 안 내려 준
것이 없으며, 네가 법전에만 전념할
수 있도록 모두를 다 주었음이니라.
9 또한, 너의 제자들이 그리 받쳐 같이
따라왔거늘, 어찌하여 너 스스로 지금
초조한 마음을 가지고 있는가?
10 너는 지금 여기서 알아야 할 것이니라.
11 네가 열여섯 권의 법전을 내고 지금
80권이 넘는 법전을 다 써 가고 있으
며,
12 머지않아 160권의 법전이 세상에 나
오는 그 역사가 얼마나 위대한 역사
던가?
13 내가 너에게 모든 백성을 대중적으로
보라 하였으나 어찌하여 네 제자의 어
렵고 힘든 삶의 고통까지도 그들을 다
안고 지금 가려 하는가?
14 네가 열여섯 권의 법전을 세상에 만
들어 냄에 있어서 나 여호와가 네 의
식주며 네 주변의 모두를 다 들어주었
으며,
15 네가 편안히 법전을 만들 수 있도록
이끌어 주지 아니하며 내려 주지 아니
한 것이 무엇이 있는가 너는 조용히
생각해 보라.
16 네가 지금까지 모든 법전을 만들어 세
상에 전함에 있어서 내가 너에게 모
두를 다 주었거늘,
17 어찌하여 너는 지금 법전을 만드는 데
최선을 다하지 못하며, 너의 제자의
하나서부터 열까지 어렵고 힘든 그

문제까지 가슴에 안고 가려 하는가?
18 내가 너에게 제자들의 어렵고 힘든 것을 돌보지 말라 함은 아니니라.
19 다만, 너는 만백성을 구하는 대역사요, 160권의 법전을 세상에 만들어 내는 것이 너에게 소중하며 가장 중요한 일이거늘,
20 인간 세속의 아는 사람들의 어렵고 힘든 그 부분을 네가 안고 가고자 하여, 법전을 만드는 데 태만하며,
21 하루에 한 개의 녹음 테이프를 넘길 수 있도록 나의 성령을 받아 기록하여야 할 네가 거기에 고민이요, 신경을 씀으로써 법전을 만드는 것을 소홀히 한다면,
22 그건 만백성을 구하는 생명에 관계되는 것이니라.
23 너는 어찌하여 네 주변에 있는 제자들이요, 네가 알고 있는 사람들의 육의 생활이 조금 어렵고 힘든 것을 고통이라 생각하며 그들을 위해서 무엇을 이루고자, 말은 하지 않으나, 나에게 기원하고자 하는 마음, 나에게 네가 기도하지 아니하며 감히 말은 하지 아니하나, 그들의 어려움을 풀어 주고자 신경 써서 네 마음에 파장을 이루고 있음이니,
24 너는 나의 법전을 만들어 만백성이 지옥 불로 죽어 가는 자들을 구원하는 것이 급한 것이던가,
25 지금 너의 제자의 어렵고 힘든 육의 삶의 그 문제를 위해 파장을 이루는 삶을 살아야 하겠는가?
26 어찌하여 지금 모든 백성, 네 형제가 지옥으로 죽어 간다는 것을 너는 생각하지 않는가?
27 지금 너를 따르는 제자들이요, 너를 따르는 같은 형제들이 과연 지옥이요, 죽음으로 가고 있는가?
28 그들은 변화되는 삶을 살며 개혁의 바람 속에서 나 여호와의 뜻에 따라 역사하는 나로부터 선택된 전사로서 그들은 시간이 있으며 미래가 있음이니라.
29 그러나 많은 나의 백성이 나의 법전을 접하지 못하며 읽지 못하고 죽어 가는 자들이 있으니, 그들은 죽어 가는 자들이니라.
30 죽어 가는 자가 너에게 소중하더냐, 그렇지 않으면 육신의 고통을 받는 것이 더 소중하던가?
31 너는 두말할 것 없이 죽어 가는 백성을 살리는 것이 급선무라는 것을 어찌 모르는가?
32 너는 나로부터 선택된 나의 아들이요, 만백성을 이끄는 목자라 하였음이니라.
33 그러한 네 마음속에 모두를 대중적으로 보라 하였거늘,
34 네가 어찌하여 모르는 사람이라 하여 멀리하며, 안다 하여 가깝게 생각하는가?
35 너와 가까운 제자라 해서 더 사랑하고 더 생각하며, 그 사람의 신변을 먼저 생각하는 어리석은 자로서 네가 선다면, 어찌 나의 아들이요, 만백성의 목자라 그리할 수 있겠는가?
36 이 세상 모든 백성은, 잘나고 못난 그 모든 백성은 너와 형제며 나의 아들딸이니,

37 죽어 가는 자를 살리는 것이 급선무며
급한 일이 아니던가?
38 그들이 나의 법전을 접하고 싶어도
160권이 늦게 나와 접하지 못하고 지
옥으로 죽어 간다면, 너는 그 죄가 어
디까지 가겠는가?
39 너의 제자들로 하여금 네게 파장을 이
루게 한 그 제자들도 그 죄의 대가를
받게 될 것이며,
40 너 또한 그 죄를 면치 못한다는 그 무
서운 사실을 모르는가?
41 너는 이제 모두를 거둬들여야 할 것이
니라.
42 내가 너에게 걱정하지 말며 근심하지
말며 오로지 법전만 쓰는 데 최선을
다하라 하였거늘,
43 세상사 모든 인간관계의 인연 속에 그
고리를 아직도 끊지 못하고 거기에 연
연하며,
44 너와 가까운 자를 도와주고자 하며 네
제자를 먼저 도와주고자 하며, 네가
이름 석 자를 기억하는 자를 도와주고
자 하는 그와 같은 마음을 가졌다면,
45 아직도 너는 대중적으로 보지 못함이
며, 만백성을 네 형제요, 모두를 나의
아들딸로 보는 네 마음이 없음이니,
46 그러고도 네가 목자요, 나의 아들이
요, 만백성을 이끄는 지도자라 할 수
있는가?
47 사랑하는 나의 아들아, 너는 오늘부터
그 뜻을 알라.
48 너는 160권의 법전을 만드는 데 거기
에만 전념을 다할 것이며, 아무것도
생각해서는 안 되며,
49 인간 세상에 있는 고리를 끊지 못하여
그로 하여금 몸부림쳐서도 안 되느니
라.
50 그리고 네 제자요, 가까이 있는 자가
어렵고 힘들다 하여 네 마음에 파장이
일어서도 아니 되느니라.
51 이 모두는 네가 이루어야 할 것이며
네가 행해야 할 것이라는 것을 잊지
말라.
52 네가 무엇이 우선이며 무엇을 더 먼저
역사해야 될 것인가?
53 160권을 만들어 내는 것보다 더 귀하
고 급한 것이 없음이니라.
54 내가 너에게 모두를 다 주었으며 모두
를 역사하였으며, 네가 나의 법전을
만드는 데 지장이 없도록 다 갖춰 주
었으며,
55 의식주요, 가정의 문제까지 다 해결해
준 나 여호와이거늘,
56 어찌하여 네가 그 은혜를 모르고,
57 네 제자들과 모든 백성이요, 네 이름
을 아는 자들과 모르는 자들을 차별하
여,
58 죽어 가는 자들을 먼저 생각하지 아니
하고 네 제자의 어렵고 힘든 육의 생
활을 먼저 들여다보는가?
59 그와 같은 어리석은 자가 세상의 왕이
어찌 되며, 세상을 지배하는 목자가
어찌 되며, 어찌 하늘에서 내린 나의
아들이라 그리할 수 있는가?
60 이제 네가 그를 벗어날 때가 되었음이
니라.
61 그 모두에 연연해서는 아니 됨이니,
이제 모두를 벗어나라.
62 그 제자들이 역사하는 것, 그 모두가
와서 역사하는 것, 그 모두는 그들이

해야 할 일이며, 그들이 가야 할 몫이
며, 그들이 이루어야 할 역사이니,
63 너는 그저 앉아 법전을 만들라.
64 천둥이 치든, 불바다가 되든, 물바다
가 되든, 밖에서 모든 것이 무너져 가
든, 불에 타든,
65 너는 그저 앉아서 법전을 만드는 데만
최선을 다하면, 네 주변을 태우지도
못할 것이며, 물이 잠기지도 못할 것
이거늘, 어찌하여 네가 그리 가는가?
66 너는 오늘 다시 한 번 깊이 생각해 보
라.
67 네가 열여섯 권의 법전을 만들며, 지
금까지 160권의 법전 중에 80권이 넘
는 책을 써 오는 동안에 내가 무슨 고
통을 주었으며 시련을 주었는가?
68 네가 감히 이룰 수 없는 의식주요, 모
든 주변 정리를 나 여호와가 해 주며,
네가 편안히 갈 수 있도록 다 이루어
주었거늘,
69 거기에 너는 나의 법전을 만드는 데
최선을 다하지 아니하고, 다른 생각이
요, 네 제자의 어렵고 힘든 것에 연연
하는 어리석은 삶을 살지 말라.
70 수천수만의 죽어 가는 백성을, 160권
의 법전이 세상에 나와 하얀 눈처럼
세상을 덮을 때, 그 많은 백성을 살릴
수 있거늘,
71 죽어 가는 길에서 살리는 길을 네가
태만히 하지 말며 버리지 말라는 그
무서움을 알아야 할 것이니라.

5,989 번째 하나님 말씀

2003년 4월 17일 19시 46분

1 사랑하는 나의 아들아!
2 "네, 아버님! 말씀하옵소서."
3 사람이 변하여 하늘에 오르는 길은 모
든 욕심이요, 마음을 비우는 것이라
하였음이니라.
4 그러나 마음을 비우는 사람이 없으며
너희 말대로 십계명대로 지키고 살 수
없다고 말하듯이,
5 거짓 하지 않고 살 수 없으며 남에게
피해 주는 일을 하지 아니하고 살 수
없는 것이 인간이라 너희가 그리함이
니,
6 너희가 천사와 같은 마음으로 변화되
며 비울 수 없는 것이 인간이라 하여
그 마음 하나를 비우지 못함이니,
7 그렇다 하여 내가 너희에게 행복이 뭐
라 말하였느냐?
8 너희의 가장 큰 행복은 숨을 쉴 수 있
으며, 나 여호와에게 지은 죄를 용서
해 달라 기도할 수 있는 것이며, 눈물
의 기도를 드릴 수 있으면 너희의 행
복이라 하였거늘,
9 과연 오늘의 삶을 행복하다고 사는 사
람이 과연 얼마나 있는가?
10 너희만이 고통스러운 삶을 살며 너희
만이 어려운 삶을 살며 너희만이 힘
들고 어려운 인생을 산다고 나를 원망
하며,
11 때로는 너희가 운명론을 말하며 팔자
를 말하며 너희만큼 고통스럽고 힘들
게 살아가는 사람이 없다 그리 생각할
것이니라.

12 그러나 생각해 보라.
13 너희보다 어렵고 힘든 자가 이 세상에
얼마나 많이 살고 있는가?
14 너희가 위를 보고 살아가고자 하면 끝
도 한도 없이 불행한 것이며,
15 아래의 고통스러운 그 내면을 보면 오
늘의 삶을 감사할 수 있을 것이니라.
16 너희가 숨을 쉴 수 있으며 나에게 용
서를 비는 말을 할 수 있으며 생각을
할 수 있는 그것으로써 가장 행복한
것이라 생각할 수 있는 마음을 갖고
살라 했으나, 너희는 그 마음도 또한
갖지 못하니라.
17 그러니 너희가 물질을 다 놓을 수 있
는 마음이요,
18 물질에 얽매이지 않는 마음이요,
19 물질로 사람을 견주어 사람을 차등하
며, 물질보다 사람을 소중하게 생각하
지 않는 그와 같은 마음을 버리며,
20 너희가 오늘의 살아 있는 삶이요, 물
질을 놓고 살아갈 수 있으며 물질에
연연하지 않는 그와 같은 삶을 살라
했으나,
21 물질을 두려워하지 아니하며 물질에
얽매이지 않는 삶을 살지도 못하며,
22 마음을 비우고 사는 것도 살지도 못하
며, 물질이요, 마음이요, 두 가지를 다
비우지 못하고 사는 것이 너희들이니,
23 그리하고도 나에게 구원을 받았다 하
며 하늘에 오를 수 있다고 말하는 것,
그것이 과연 있을 수 있는 일이라 생
각하는가?
24 너희가 생각하는 육신의 삶은 그 세월
이 길고도 길고 어렵고 힘든 것이라
생각하나,
25 하늘에서 내려다보는 너희의 그 삶은
그저 잠깐 켜졌다 꺼지는 불빛만큼도
못한 것이라 하였음이니,
26 거기에 의하여 너희는 그 모두를 버리
지 못하고 사는 어리석은 삶을 사느니
라.
27 그러니 너희가 하루 살다 숨지는 백성
이라 생각할 수는 없겠는가?
28 하루 살다 숨지는 백성이라면 너희는
과연 어찌 살겠는가?
29 거기서 물질의 마음을 비우지 못하겠
는가, 아름다운 마음으로 살 수 없겠
는가?
30 영원히 사는 그 속에서 너희가 변한
다면, 오늘의 삶은 60년이요, 100년을
산다 해도 그저 깜빡 켜졌다가 없어지
는 불빛만도 못한 짧은 세월을 사는
것이 육의 세상이니라.
31 그 세상을 위해서 너희가 영원히 사
는 것을 다 버릴 수 있음이니라.
32 너희는 나 여호와가 인정이 없으며,
너희에게 어찌하여 그리 고통스러운
길만 가게 하며 그것이 하늘에 오르는
길이라 하는가를 생각하며 고개를 흔
들 것이니라.
33 그렇게 어려운 길이요, 그렇게 힘든
길이라면 차라리 하늘에 가지 아니하
며 천국에 올라가지 아니하고,
34 그저 남들처럼 죄를 짓는 것만큼 네가
남보다 좀 덜 짓고 그리 살다 죽어 가
면 너도 견딜 수 있을 만큼 견딜 수 있
는 것이 아닐까 그리 생각할 것이나,
35 여기서 나의 아들을 통하여 너희에게
전함이니,
36 너희가 60이요, 100이라는 길고도 긴

인생이라 생각하는 것이 깜박하는 순
간에 지나가는 그 삶도 안 된다고 내
가 수천 번 너희에게 그리 말하였음이
니,
37 너희가 인생을 그리 짧게 생각하면,
거기에서 재물을 놓지 못하며 마음을
놓지 못하겠는가?
38 무엇에 그리 연연하여 사악한 마음을
가지며 남을 시기하고 질투하며 남을
용서하지 못하는 삶을 사는가?
39 그렇다면 오늘의 삶이 너희가 고통스
럽고 힘들다 하는 것은 무엇이던가?
40 다 그게 욕심이니라.
41 너희보다 못한 자가 있으며 어려운 자
가 있으며,
42 그리고 너희가 영원히 사는 하늘나라
에 올라오기 위하여 가는 길이요, 깨
달음으로 가는 길이요, 나의 법전을
읽고 깨우치는 백성 너희는 육의 삶
의 세월이 그리 길지 않음을 알라.
43 그것을 너희가 깨닫는다면, 세상사의
인연의 고리를 놓는 것이 그리 무섭지
아니하며 두렵지 아니하며 겁나지 아
니할 것이니라.
44 너희가 60평생 사는 것이 너무나 길
고 긴 세월이라 생각하며, 그 세월 속
에 인내할 수 없다고 그리 사나,
45 다음에 영원히 사는 세상에 오를 수
있는 것은 오늘의 잠깐 비치는 빛과
같은 삶에 달렸으니, 그 짧은 삶을 얼
마나 아름답게 살아야 하는가?
46 과연 너희가 그와 같이 살다 영원히
사는 세상에 올라오라는 것이 무엇이
무리한 것이며 너희에게 지키지 못할
것을 내가 명한단 말이던가?
47 잠깐 켜졌다 꺼지는 불과 같은 그 짧
은 인생에서 모두를 다 버리라는 나
여호와의 뜻이 과연 무엇이 그리 잘못
되었는가?
48 영원히 사는 세상으로 오기 위하여 너
희들이 잠깐 켜졌다 꺼지는 불빛만도
못한 인생의 삶을 아름답고 착하게 한
송이 꽃이 피는 것처럼 살라 하였음이
니라.
49 한 송이 꽃이 아름다운 향기요, 아름
다운 모습을 세상에 보이고 시들어 가
듯이 너희가 그와 같은 아름다운 인
생의 삶을 살아가라 함이니라.
50 이 세상의 가장 아름다운 꽃이 인간
너희라 하였거늘,
51 아름다운 꽃으로서 너희가 잠깐 피었
다 시드는 그와 같은 삶을 사는 데 무
슨 욕심이 있으며, 무엇을 이루고자
시기하고 질투하며, 그 삶을 꽃과 같
이 아름답게 사는 것이 무엇이 두렵고
무섭던가?
52 오늘 모두를 잃는 것이 큰 것을 얻는
다는 것을,
53 오늘 작은 것을 버리지 못하며 놓지
못하여 크고 큰 영광이요, 영원히 사
는 그 삶을 잃는다는 것을 생각한다면,
54 나 여호와가 나의 아들을 통하여 너희
에게 마음을 비우라 하는 것, 그리고
숨을 쉬고 기도할 수 있는 그 정신만
있다면 가장 행복하다는 그 뜻을 너희
가 깊이 깨우쳐 알게 될 것이니 그리
알라.

5,990 번째 하나님 말씀

2003년 4월 17일 20시 06분

1 사랑하는 나의 아들아!
2 "네, 아버님! 말씀하옵소서."
3 너희가 인간 세속에 살아가는 그 생활
속에서 마음을 비우며 바로 선다는 것
은 정녕 어렵고 힘든 삶이니라.
4 너희가 세상을 보는 것을 남들과 똑같
은 눈으로 모두를 다 보며 산다면 그
와 같은 세속에서 벗어날 수가 없음이
니,
5 세상을 보는 그 눈이요, 보는 그 차원
이 달라야 할 것이며, 보는 시선이 모
두 다 달라야 함을 알아야 할 것이니
라.
6 너희가 세상사 이루어지는 세속에서
그 모든 소리를 다 들어 골라 선별하
여 듣는 지혜를 갖지 못한다면, 너희
는 정녕 변화될 수 없으며 깨우칠 수
가 없는 것이니라.
7 그리고 너희가 하는 말을 남들처럼
그저 말을 쉽게 아무 말이나 함부로
하고 산다면, 또한 너희가 세속에서
살아가는 백성과 똑같으니 변화될 수
없는 것이니라.
8 그리하여 너희가 인간 세속에 살면서
똑같이 눈을 가졌으나 그 눈으로 보는
것이 달라야 하며 보는 시야가 달라
야 하며,
9 그리고 귀로 듣는 것을 다 생각해서
들어야 하며 골라서 들어야 하며,
10 너희가 하는 말 자체도 백 번, 천 번
심사숙고한 그와 같은 행동으로써 말
을 한마디씩 할 수 있는 그와 같이 변
화되는 삶을 살지 않고는 내가 원하는
그와 같은 인간으로 변화가 이루어질
수 없음이니,
11 그 길이 얼마나 힘들고 어려운 길이더
냐?
12 그리하여 내가 그 길을 가라 너희에게
말하면서도 나 여호와의 마음이 아픔
이니라.
13 그러니 너희가 지금 그와 같은 길의
역사를 할 수 있는 것은 내가 나의 아
들을 통하여 내리는 나의 법전이요,
새로운 성경 그를 읽고 보지 아니하면
그 길을 갈 수 없다 함을 알아야 할 것
이니라.
14 내가 너희에게 그 어려운 길을 가라
하며 인간 세속에서 그 누구도 듣지
아니하며 보지 아니하며, 또 너희가
말하는 것을 말하지 아니하고 살 수
없으며, 그 모두를 거르고 또 걸러서
행동한다는 것이 그리 쉬운 것이 아니
니라.
15 그러나 그와 같은 완벽한 삶을 살아가
도록 해야만 하늘에 오른다 하였으니,
16 내가 무조건 너희에게 그리 지키고 하
늘에 오르라 하는 것은 공의의 나 여
호와가 아니며 창조주가 아니니라.
17 그리하여 내가 너희가 그를 행할 수
있는 나의 법전을 지금 나의 아들을
통하여 세상에 내려보내는 것이니라.
18 그러니 너희가 이를 보고 읽고 깨우치
는 자는 그를 행할 수 있으며, 이를 보
지 않는 백성은 그를 행할 수 없다는
것을 알아야 할 것이니라.
19 이것이 내가 너희에게 내리는 명령이
요, 내가 너희에게 법전을 내리는 이

유요, 뜻이 거기에 있음을 너희는 알
아야 할 것이니라.
20 이제 너희는 똑같은 인간 세속에 살
아가면서 보는 것을 선별해서 볼 줄
아는 눈을 뜨며,
21 너희가 보는 것이 아름다운 것을 볼
수 있는 눈으로 변화되어야 하며,
22 듣는 것도 선별하여 들을 수 있는 그
와 같은 지혜요,
23 그리고 한마디 말을 하되 그것을 얼마
나 신중히 해야 하는가?
24 그와 같이 변하는 역사를 견디고 이기
지 아니하면 나에게 오를 수 없는 것
이니라.
25 그러나 인간이기에 그를 할 수 없다는
자들, 또 변화될 수 없는 너희라 그리
말함이니,
26 과연 그는 어렵고 힘든 길이니라.
27 그리하여 내가 너희에게 그 길만이
하늘에 오르는 길이라 했으니,
28 그 길을 오를 수 있는 나의 법전이요,
새로운 성경을 상세히 160권으로 만
들어 너희 가슴에 전해 줌이니 이를
보고 읽는 자는 행할 수 있음이니라.
29 나의 법전을 몇 권을 읽든, 읽고 깨우
쳐 들여다보는 자는 내가 지금 명한
그 삶을 살 수 있음이니라.
30 세상을 보는 눈이 지금 보는 눈과 다
르며 아름답고 추한 것을 구분할 수
있으며, 너희가 봐야 할 것과 보지 않
아야 할 것을 스스로 구분하고 알게
되는 것이 나의 법전 속에 기록되어
있으며,
31 들어서는 안 되는 소리를 들었을 때
귀를 막는 방법과 들어야 할 귀를 여
는 방법, 그 모두가 나의 법전 안에 다
있음이니라.
32 그것을 한 권을 읽든 한 줄을 읽든 그
를 읽고 깨닫는 그 순간에 그 모든 지
혜요, 영광을 내가 내림이니라.
33 너희가 말을 삼가야 하는 이유, 그리
고 말을 조심해야 하는 이유, 그리고
남에게 불쾌한 행위를 하지 않는 것,
그리고 생각을 아름답고 건전하게 갖
고 살아가는 그 모든 방법이 나의 법
전 속에 있음을 너희는 알아야 할 것
이니라.
34 그러니 나의 법전을 한 권을 읽든 두
권을 읽든 너희는 그 지혜를 얻게 되
어 있으며,
35 그리하여 법전을 읽는 자만이 심판을
받으며, 하늘에 오르는 길을 볼 수 있
으며, 반석 위에 서서 하늘에 오르는
찬란한 빛을 보게 되는 대변화의 역사
를 이룬다는 것이 나의 가르침이라는
것을 명심하고 또 명심하여 행하도록
그리하라, 사랑하는 나의 아들딸들아!

5,991 번째 하나님 말씀

2003년 4월 17일 20시 14분

1 사랑하는 나의 아들아!
2 "네, 아버님! 말씀하옵소서."
3 너의 제자에게 내가 일찍이 깨우쳐 전
해 주지 아니하였던가?
4 이 세상에 말없이 있는 부처요, 돌과
같은 것들이요, 무생물, 그 모든 것도
그들의 음성을 듣게 되면 그게 너희
스승이라는 것을 알게 되며,
5 미물이요, 식물이요, 동식물, 그 모두

가 다 너희 스승이라 내가 그리 말하
였음이니,
6 너희가 더불어 살아가는 인간의 삶은
얼마나 그 인간이 너희에게 스승의
역할을 하는가?
7 인간은 다 같이 스승이니라.
8 세 사람이 있으면 세 사람 중에 스승
이 있으며, 열 사람이 있으면 열사람
중에 아홉 명의 스승이 거기에 있다는
것을 너희는 깨우치며 살아야 할 것
이니라.
9 그러니 이제 나의 아들을 따르는 백성
이요, 정녕 나 여호와가 직접 친필로
내리는 나의 법전을 접하고 읽고 깨우
치는 백성, 그를 마음대로 열어 볼 수
있으며 나의 성령을 들을 수 있는 선
택된 백성, 너희는 그 삶을 어찌 살아
가야 하는가?
10 너희가 나로부터 선택을 받은 그 영광
은 하늘에 닿을 정도로 나의 친필을
읽고 깨우치고 나의 법전을 가지고 연
구하는 백성이 되었음이니,
11 그러니 너희 마음이요, 행동의 자세가
과연 어찌해야 하겠는가?
12 바로 여기에 문제가 있느니라.
13 너희가 나의 성경을 가지고 공부하고
깨우쳤으며 하늘에 오르는 백성이라
하면 일반 백성보다 한 걸음 앞에 나
가 사는 아름다운 삶을 살아야 하는
것이니라.
14 그러나 모든 종교 집단이요, 믿음의
길을 가는 백성, 너희는 행동은 한 걸
음 앞에 나가지 아니하며, 말로써만
열 보, 백 보, 천 보 앞에 나가 있는 것
처럼 그리 수다를 떨고 있음이니,
15 말로써 모든 게 다 이루어졌다 하니,
16 그리하여 그들은 하나도 나에게 올 수
없으며 나로부터 선택된 백성이 없으
며,
17 은혜와 영광이요, 축복이요, 천국의
문을 들어설 수 없으며, 내가 그들은
나의 아들딸들이 아니며 나와 관계가
없다 그리 말하였음이니라.
18 이제 나의 가슴이 조이며 내 가슴에
아픔을 안고 내가 너를 통하여 너의
제자들과 나의 법전을 읽고 깨우친 사
랑하는 아들딸 너희에게 나의 뜻을
전함이니,
19 이는 피를 토하는 나 여호와의 아픈
가슴이라 는 것을 알아야 할 것이며,
너희가 이를 가슴에 꼭꼭 네 생명처럼
간직해야 할 것이니라.
20 세상에 살아가면서 모든 인간이 다 너
희 스승이니라.
21 하물며 말이 없는 무생물까지도 너희
스승이라 내가 그리 말하지 아니하였
더냐, 이는 바로 무엇이던가?
22 봉사를 할 줄 아는 마음을 가지고 가
는 사람, 네 주변에 봉사할 줄 아는 사
람, 어려운 사람에게 봉사하며 신체장
애인요, 몸이 불편한 사람 앞에서 굳
은 일을 마다하지 않고 하는 사람,
23 그와 같은 사람을 봤을 때, 너희는 그
들보다 한 걸음 더 나가 앞에 가는 불
편한 자들을 도와주는 그와 같은 봉사
의 마음으로써 일인자가 되어야 할
것이며,
24 어려운 자에게 베푸는 것을 보거든 그
이웃에 있는 사람이 베푸는 것보다도
너희가 먼저 더 한 걸음 앞에서 성심

성의껏 베푸는 그와 같은 마음을 가져
야 할 것이니라.
25 그리고 부모에게 효도하며 효성을 하
는 자의 눈물을 흘릴 수 있는 그와 같
은 아름다운 미덕의 말을 들을 때,
26 너희가 그들보다 한 발짝 더 앞에 나
가 더 위대한 역사를 하는 것이 너희
가 해야 하는 자세이니라.
27 형제지간에 우애 있게 살아가는 사람
을 네 주변에서 보거든 그보다 네가
한 발짝 앞에 더 나가야 되는 것이며,
28 깨끗하게 살아가는 자, 그리고 남에게
주는 것을 두려워하지 아니하며 남에
게 주는 것을 즐거움으로 생각하는 네
주변에 스승을 보면 그 스승보다 너희
가 한 발짝 앞에 나가 베푸는 그와 같
은 삶을 살지 아니하면 너희는 나에
게 오를 수 없음이니,
29 이 말을 전하는 나 여호와의 이 피맺
힌 가슴을 너희가 알겠는가?
30 차라리 내가 너희를 신으로 만들어
그 모두를 하도록 했더라면, 인간으로
만들어 놓고 인간 세속에서 살아가면
서 너희가 그를 깨우쳐 나에게 오르라
하는 나 여호와의 가슴 아픈 마음은
피를 토하는 아픔보다 더 아프니라.
31 그러나 너희가 그와 같은 삶을 살지
아니하며 그 길을 오지 아니하면 아니
됨이니라.
32 남을 위해 목숨을 던진 자가 있다면
너희는 그들보다 더 가벼운 마음으로
던질 수 있는 그와 같은 마음의 자세
가 되어야 할 것이며,
33 어려운 자의 짐을 들어주는 자 있으면
그들보다 먼저 들어 주며 더 무거운
것도 마다하지 않고 들어 줄 수 있는,
34 항상 앞에 가는 우등생이요, 한 발짝
앞에 나가는 것이 나의 아들을 따르는
제자들이요, 그리고 나의 법전을 읽은
백성 너희가 가야 할 길이니,
35 나 여호와가 이와 같이 살아가는 길을
가르치고 전하면서 내 가슴이 아프고
저림을 안다면,
36 그 모두를 육신으로써 견디고 육신으
로 행하며 그 모두를 넘고 실천하는
사랑하는 나의 아들딸로서 너희가 다
시 태어나는 삶을 살도록 그리하라,
사랑하는 나의 아들딸들아!
37 모든 면에서 우등생이 되며, 모든 면
에서 앞에 가는 사람이 되며, 남들에
게 뒤지고 처지는 그와 같은 삶을 살
아서는 아니 될 것이니라.
38 내가 그리 말하니, 너희가 모든 것에
우등생이 된다는 게 어렵다 생각하나,
39 한 사람 한 사람 스승을 놓고 한 스승
옆에서 한 가지씩을 배워 그 스승보다
앞에 가는 일을 할 수 있다면,
40 한 가지 한 가지 따르면 여러 스승의
것을 함이니,
41 한 번에 다 이루라는 것이 아니니 그
리 어렵고 힘든 것이 아니니라.
42 한 스승에게 하나를 배워 실천하며 또
한 스승에게 하나를 배워 실천하며,
그와 같이 변화되는 삶을 산다면 너희
는 나에게 오를 수 있음이니라, 사랑
하는 나의 아들딸들아!

5,992 번째 하나님 말씀

2003년 4월 18일 06시 49분

1 사랑하는 나의 아들아!
2 "네, 아버님! 말씀하옵소서."
3 나 여호와가 존재함을 믿는 그 자체가
구원의 길에 들어서는 기본이요, 근본
이라 하였음이니라.
4 너희가 나 여호와가 존재함을 믿는다
면 나 여호와의 이름을 망령되이 부르
며 행할 수가 없으며,
5 너희가 그리 건널 수 없으며 살아갈
수 없는 길이며 넘을 수 없는 험악한
길도 넘을 수 있다는 것을 알아야 할
것이니라.
6 너희가 나 여호와가 존재함을 믿는다
하면, 너희는 죄를 짓지 않고 살 수 없
다, 거짓 하지 아니하고 살 수 없다는
그 모든 것,
7 그리고 남에게 추하고 더러운 행위를
하지 않고 악습을 다 끊지 못한다는
것은 다 변명이며 허상임을 알아야 할
것이니라.
8 그러니 이 세상의 모든 종교 집단이
요, 지도자요, 그리고 성서를 가지고
구원을 받았다 하는 신도들이요, 모든
백성, 너희는 나 여호와가 존재함을
얼마나 믿느냐 안 믿느냐에 따라서 악
습을 버릴 수 있으며,
9 너희가 십계명대로 살 수 있다, 없다
하는 것을 그것으로써 평가하는 것을
알아야 할 것이니라.
10 너희가 나 여호와가 존재함을 믿으며
그리하여 심판받음을 알며 두려움을
안다면,
11 어찌 내가 내린 그 십계명을 너희가
인간이기 때문에 지키고 살 수 없다고
그리 말할 수 있는가?
12 너희가 그와 같이 말을 하는 것은 바
로 무엇인 줄 알겠는가?
13 너희가 나 여호와가 존재함을 믿지 않
기 때문이니라.
14 너희가 정녕 믿는다면 어떠한 길도 갈
수 있음이니라.
15 그러니 이제 너의 제자들과 나의 법전
을 읽는 백성, 그리고 모든 백성, 너희
는 나 여호와가 존재함을 먼저 가슴
속에 깊이 심으라 그리하라.
16 모든 종교 지도자요, 집단이요, 신도
들이 나 여호와가 존재함을 믿지 아니
하며 그를 생각하지 아니하기 때문이
니라.
17 그러니 너희가 바로 나 여호와가 존재
한다는 것을 굳게 믿는 그 마음의 훈
련부터 쌓도록 그리하라.
18 그리한다면 너희가 모두를 다 넘길 수
있으며 이길 수 있음이니라.
19 어떠한 악습도, 버리지 못할 버릇도
너희가 다 버릴 수 있다는 것을 잊지
말라.
20 그러나 너희가 나 여호와가 존재함을
믿지 아니하기 때문에 사악한 짓을 할
수 있으며 거짓된 짓을 할 수 있으며
용서받지 못할 짓을 하고 있음을 알라.
21 그러니 너희는 나 여호와가 존재함을
굳건히 믿도록 그리하라.
22 그리하면 모든 것을 다 역사할 수 있
으며 너희가 지킬 수 있음이니, 시시
비비할 것도 없으며 갑론을박할 것도
없음이니라.

23 그러니 너희가 아무리 나의 나라 하
늘에 오른다 하며 나의 아들 예수의
이름을 부르며 그로써 구원받으며 축
복받는 영광이라 하며 온갖 아름다운
말을 다 집어넣어 찬송을 부르고 울
고불고 나를 찾고 해도,
24 그 모두는 나의 존재함을 얼마나 믿느
냐 하는 그 강도에 따라, 그 마음의 깊
이에 따라서 너희가 구원의 길을 오고
못 옴이니라.
25 그러니 너희가 어떠한 잘못된 것도,
십계명을 지키고 살 수 없으며 나의
법전대로 살 수 없으며 인간 육의 삶
에서 정신을 다스리지 못하는 것,
26 그 모두가 내가 존재함을 얼마나 믿느
냐, 믿지 않느냐에 달렸음이니,
27 너희가 지금 나를 믿는다 말하나, 전
혀 나 여호와가 존재함을 믿지 않기
때문에 그러한 일들이 있다는 것을 잊
지 말라, 사랑하는 나의 아들아!

5,993 번째 하나님 말씀

2003년 4월 18일 21시 23분

(강론을 마치며)

1 사랑하는 나의 아들아!
2 "네, 아버님! 말씀하옵소서."
3 내가 너를 사랑하듯이 너 또한 너의
제자들을 사랑하는 마음이 같아야 함
을 알아야 할 것이니라.
4 내가 너를 사랑하는 만큼 네가 너의
제자들을 사랑하지 아니하면 아니 됨
이니 네 마음을 나 여호와는 알고 있
음이니라.
5 그리하여 너의 제자에게 일러 전하라.
6 창조주 나 여호와는 유일한 신이요,
나는 형체가 없으며 나는 볼 수도 없
으며 만질 수도 없으며 들을 수 없는
것이 나 여호와라 그리 말하였느니라.
7 너희가 볼 수도 없고 들을 수도 없으
며 만질 수도 없는 나 여호와를 너희
가 만져 보며 나의 음성을 들으며 나
를 봄으로써 나를 믿으며 구원의 길이
요, 지금 믿음의 길을 가겠다 생각한
다면,
8 너희는 평생 보이지 않는 나 여호와를
보기 위하여, 나의 음성을 듣기 위하
여, 나의 형체를 만지려다,
9 믿음이요, 하늘에 오르는 길을 깨우치
지 못하며 그저 허송세월하다 너희 스
스로 잘못 살아온 그 죄요, 네 욕심에
대한 그 대가를 받는다는 것을 알아야
할 것이니라.
10 지금 내가 나의 아들을 통하여 나의
법전이라 하여 나의 성령을 태워 세상
에 내려보냄이니,
11 이를 내가 구약을 거역하며 신약을 거
역하며 나의 아들 예수를 거부하라 하
였는가, 그리고 모든 종파를 내가 거
부하라 하였던가?
12 그리고 모든 백성을 다 한 형제라 생
각하지 말며 남과 남이라는 마음을 갖
고 살아가라 내가 그리 말했던가?
13 그리 가르침이 아니니라.
14 형체가 없는 나 여호와요, 만질 수도
없으며 들을 수도 없으며 볼 수 없는
나 여호와를, 너희가 본 다음에, 그리
고 만진 다음에, 그리고 나의 음성을
들은 그와 같은 상태에서 믿음을 가겠
다 생각하는 자, 그리고 하늘에 오르

는 길을 가겠다 하는 자,
15 창조주 나 여호와를 보지 아니하면 믿
지 못하겠다 말하는 그와 같은 백성이
있다면 그보다 더 어리석은 백성이 없
음이니라.
16 지금 너희가 들을 수 있고 깨우칠 수
있는 나의 법전을 세상에 내려보냈음
이니,
17 너희가 나의 법전을 보고 오늘보다 내
일에 더 아름다운 삶을 사는 것이 곧
형체가 없는 나를 볼 수 있으며 나를
만질 수 있으며 나의 음성을 들을 수
있는 그 길을 오게 됨이니 그를 잊지
말라.
18 너희는 한 송이 아름다운 꽃을 피운
그 꽃만을 생각하지 말며,
19 그 꽃이 어렵고 힘든 고난의 세월 속
에서 한 송이 아름다운 꽃을 피우는
역사함의 그 뒤안길에 얽히고설킨 그
길을 보며 그 길을 가고자 하는 것이
나로부터 선택된 백성 너희들이니라.
20 이 세상은 한 사람을 통하여, 하나의
나의 아들을 통하여 내가 통제하며 모
두를 관장한다 그리하였음이니라.
21 그리하여 지금 내가 나의 아들을 통하
여 그 모두를 다 내려보내니 그를 보
고 기쁨이요, 영광이요, 축복임을 알
아야 할 것이며,
22 너희 자신의 마음을 스스로 다스려야
할 것이니라.
23 너희가 언제 죽어 와 나에게 심판을
받을지 알지 못하며 언제 나에게 부름
을 받아 불려올지 모르는 그와 같은
답답한 마음이나,
24 나의 아들을 통하여 내리는 그 빛이
나의 아들에게 꺾여 너희에게 내려가
는 것은 보이지 아니하며 잡을 수 없
음이니,
25 너희가 그를 답답히 생각하는 마음을
나 여호와는 아느니라.
26 그러나 나의 아들을 따르는 제자 너희
는 그 모두를 다 초월해야 함을 잊지
말라.
27 너희는 결국 언제 죽을지, 언제 나에
게 불려와 심판을 받을지 모른다 하
여, 죽지 않고 영원히 산다 생각하는
가?
28 너희는 결국 죽음의 길의 문턱을 넘지
못하며 나에게 부름을 받게 되어 있으
니, 모르는 그 세월 속에 그리 역사함
이니라.
29 바로 하늘의 빛이요, 참진리의 뜻을
내가 직접 나의 아들을 통하여 너희에
게 내림이니,
30 보이지 아니하나 이는 엄연한 사실이
며, 너희가 죽어 왔을 때 그를 알 것이
니라.
31 다만, 너희가 나의 법전을 읽고 아름
답게 변하는 그 마음이 곧 나의 빛이
너희 마음에 임함이니,
32 그게 곧 나의 성령이 너희에게 임하는
것임을 알아야 할 것이니라.
33 어찌 그를 모르는가?
34 너희가 나의 법전을 읽고 깨우쳐 아름
답게 그리고 착하게 그리고 남들에게
부끄럽지 않은 삶을 살고자 하는 것,
악습을 버리고자 몸부림치는 것,
35 그것이 바로 너희가 나의 빛을 직접
받음이요, 나의 성령을 직접 받는 그
와 같은 영광이요, 축복임을 알아야

할 것이니라.
36 이제 너의 제자들에게 이르느니라.
37 너희 스승이요, 너희를 가르치는 선생
이 나로부터 빛을 받아 정답을 가르침
이니,
38 너희가 정답을 알고자 한다면 이는 아
니 됨을 알아야 할 것이니라.
39 주인이 보내도, 부림을 받는 사람이
주인 행세를 한다 해서 그 행세를 할
수 있겠는가?
40 주인과 부림을 받는 자, 또 그 부림을
받는 자와 주인은 엄연히 한계가 있음
이니라.
41 나 여호와가 존재하며, 나의 빛은 오
로지 나의 아들 한 사람을 통하여 세
상에 내려보내니,
42 그는 나로부터 선택된 자요, 나의 모
든 성령을 받아 너희에게 전하는 자
니,
43 너희가 그가 될 수 없으며 그가 또한
너희가 될 수가 없음이니라.
44 이와 같은 이치를 너희가 깨우쳐, 오
늘의 믿음을, 나의 법전을 읽을 때 정
독하며 거기서 하나하나 깨우쳐 바른
길로 변하는 그것이 내가 나의 아들을
통하여 내리는 빛이 너희에게 충만되
는 것이며, 나의 성령이 너희 가슴에
쌓임이니,
45 머지않아 이 진실의 그 모두를 너희가
증명한다 하였음이니,
46 너희처럼 행복하며 축복받은 백성이
없음을 알라, 사랑하는 나의 아들딸들
아!

5,994 번째 하나님 말씀

2003년 4월 19일 07시 14분

1 사랑하는 나의 아들아!
2 "네, 아버님 말씀하옵소서."
3 내가 너희에게 전하기를, 너희가 가장
소중한 일이요, 해야 할 일은 오늘보
다 내일, 또 내일보다 모레가 더 아름
답게 변해 가는 삶이요,
4 너희 마음을 다스려 나가는 그와 같은
삶이 가장 소중한 것이라 그리하였느
니라.
5 그리하여 너희는 어떠한 것을 가지고
도 시시비비하지 말며 오로지 너 자신
을 다스려 나가는 그와 같은 마음의
자세로써 살아갈 때,
6 그게 바로 나의 진리를 연구하는 백성
이요, 나의 뜻을 듣는 백성이요,
7 그리고 나로부터 선택된 백성이 가야
할 길이라는 것을 너희는 알아야 할
것이니라.
8 변하는 삶이 아닌 것은 너희가 천 가
지, 만 가지 어떠한 형태든, 어떠한 모
양이든, 어떠한 형국으로 살아가든 그
모두는 나와는 관계가 없음이니라.
9 고인 물은 썩는다 내가 그리 말하지
않았던가?
10 그와 같이 변하지 않는 자는 정녕 나
에게 오를 수 없는 것이요, 죽은 자의
믿음이며 죽은 자의 가는 길이라 내가
그리 말하였느니라.
11 그러니 무엇보다도 변하는 그와 같은
삶을 사는 것에 최선을 다하도록 그리
하라.
12 그리하여 나의 법전 160권이 대장정

으로 역사하는 것도 너희가 읽고 읽
음으로써 그 변화되는 삶이요, 변화되
는 길이요, 내가 원하는 길을 스스로
알 수 있으며, 그 길을 위하여 너희가
살아갈 수 있는 용기가 생기며, 그리
고 너희가 가야 하는 그 길에 대한 목
표 의식이 확실하며,
13 그리하여 어떠한 환란에도 이기고 견
디는 그와 같은 삶을 살 수 있는 것이
니라.
14 그리하여 내가 160권이라는 대장정의
법전을 가지고 너희를 깨우치고자 함
이 여기에 있음이니라.
15 너희가 요즘 나이에 따라서 믿음이요,
변하는 그 속도가 날이 가면 갈수록
무섭게 변하나,
16 또한 그 한구석에 스스로 무너지는 그
와 같은 사악한 마음의 꼬리가 또한
너희를 더 강하게 물고 늘어짐이니,
여기에서 너희가 무너지면 아니 됨이
니라.
17 너희 깨달음이 높으면 높을수록 사탄
이요, 사악한 자들이 너희를 무너트리
고자 하는 그 마음이, 너희가 변하는
만큼 그와 같이 너희를 공격한다는
것을 잊어서는 아니 될 것이니라.
18 너희는 인간사에 살아가면서 한 분기
점에 오게 되어 있음이니라.
19 모든 것을 노력하며 변화되는 그 삶도
한 시점에 도달하면 너희 스스로 지
치는 때가 있으며, 스스로 피로한 때
가 있으며, 스스로 무너지려는 그와
같은 마음의 자세가 있음이니라.
20 그 시기를 너희가 어찌 넘기고 어찌
견디느냐에 따라서 영원히 갈 수 있는
그 고비요, 그렇지 않으면 너희가 무
너지게 됨을 알아야 할 것이니라.
21 모든 하던 짓도 인간에게 할 수 있는
여건을 만들어 주면 하지 않는다는 말
은,
22 너희가 남에게 보여 주기 싫어서 남들
에게 자랑하기 싫어서 하던 짓을 할
수 있도록 준비해 줄 때 하지 않는다
는 그 심리도 있으나,
23 너희는 바로 권태요, 스스로 중단하고
싶은 마음에 그와 같은 마음의 변화가
일어나는 것이니라.
24 하던 일도 중단하고 싶으며, 하던 일
도 그만두고 싶으며, 하던 일도 거기
서 끝을 맺고자 하는 것이 너희 심리
이니,
25 믿음도 또한 그와 같은 마음으로 너희
가 변화가 있음이니라.
26 그때 그 마음을 중단치 아니하며 일어
설 때 나에게 오를 수 있음을 너희는
알아야 할 것이니라.
27 법전을 가지고 정독하는 것, 또 나의
법전을 가지고 공부하는 것, 그리고
나의 아들을 통하여 내리는 나의 강론
을 듣는 것, 그 모두가 언젠가 한 번은
반드시 등을 돌리고 떠나고 싶은 생각
이 있으며,
28 스스로 그 길을 중단하고 싶은 마음이
너희도 모르게 그 강력한 욕구가 있음
이니,
29 그때가 바로 간악한 사탄이요, 사악한
자가 너희를 무너트리고자 하는 그
싸움이니,
30 그때 너희가 무너지면 일어설 수 없으
며,

31 그때 그 고비를 넘는 자는 나의 아들
과 더불어 하늘에 오를 수 있는 그 길
을 올 수 있다는 것을 알아야 할 것이
니라.
32 내가 너희에게 미리 알려 주지 아니
하며 미리 가르쳐 주지 아니함이니라.
33 이 세상은 누가 뭐래도 나는 한 사람
을 통하여 세상에 빛을 전하며, 모든
진리를 전하며, 그를 통하여 하늘에
오를 수 있는 그 역사를 이룬다 하였
음이니라.
34 거기에 선택된 자들이요, 그와 더불어
가는 자들이 얼마나 너희 스스로 받
을 수 없는 은혜와 영광을 받은 것인
가?
35 내가 천 번, 만 번 너희에게 말을 해도
그를 모를 것이니라.
36 그러니 너희가 그만큼 은혜를 받으며
영광을 받은 백성인 만큼 나에게 또한
소중한 백성이니라.
37 그러니 그와 같이 선택된 그 길에 대
하여 감사하는 마음, 그리고 나에게
무엇으로써 보답할 것인가, 그리고 나
에게 무엇으로써 은혜를 갚을 것인가
를 너희는 항상 생각해야 할 것이며,
38 생각했을 때는 행동으로 옮기며 실천
하는 그와 같이 변화되는 삶을 삶이
중요함을 너희는 알아야 할 것이니라.
39 말로써 생각하면서 행동하지 아니한
다면 지금의 모든 종교 집단이요, 지
도자들이 생각하는 그 길과 무엇이 다
르던가?
40 너희는 나의 아들이 선지자요, 만백성
을 구원하는 나의 목자로서 세상에 내
려온 그를 보고 따르라 하며,
41 그가 선지자이기에 오늘 법전을 읽고
무엇인가를 생각하며 무엇인가를 이
룰 것이며 나의 아들이 무슨 역사를
이룰 것이라는 그와 같은 기다리는 마
음에서 나의 법전을 가지고 공부하며
나의 성전을 찾아오는 너희라면,
42 지금의 종교 집단이요, 무엇을 얻기
위하여 기도하며 구원을 받기 위하여
몸부림치는 그들과 무엇이 다르던가?
43 나의 진리가 나의 뜻이기에, 나의 법
전이 나 여호와가 내린 너희를 구원
하고자 하는 나의 성령의 뜻이기에,
44 이 한 가지만을 보고 가는 백성이야말
로 흔들리지 아니하며 사탄도 감히 그
를 무너트리려 하지 못함이니,
45 이와 같은 믿음의 길을 가는 그 마음
부터 다스려야 할 것이니라.
46 선지자가 더불어 있기에, 그가 또한
존재하기에, 그리하여 160권이 세상
에 나오기 전에 역사를 이루며,
47 160권이 세상에 나와 변화되는 그와
같은 그림을 그리면서 믿음의 길을 가
는 것은, 너희가 기다림의 믿음이요,
계산된 믿음이요, 따로 생각하는 믿음
이니,
48 그는 진정한 믿음이 아니요, 그는 정
녕 끝까지 견디지 못하며 쓰러진다는
것을 너희는 알아야 할 것이니라.

5,995 번째 하나님 말씀

2003년 4월 19일 07시 23분

1 사랑하는 나의 아들아!
2 "네, 아버님! 말씀하옵소서."
3 10점짜리가 100점짜리를 탓하며 100

점짜리를 가르치고자 한다면 그건 어떠한 형국이던가?
4 너희 스스로 그는 잘못된 것이며 그건 웃지 못할 일이라 생각할 것이니라.
5 너희는 여기서 깨우치고 가야 할 것이니라.
6 똑같은 말로 전달하며 똑같은 사랑의 마음을 전달하며 똑같은 생각으로써 너희 친구요, 형제를 다스리고 이끄는 방법도 너희 생각에 달렸음이니라.
7 너희가 나의 아들 선지자가 오늘의 이 길을 가기 위하여 그는 밤낮으로 그 시간을 다 하여 나의 법전을 만드는 세상에 다시없는 그 역사를 이루느니라.
8 그가 가는 길에 실수하고 잘못되었을 때, 너희가 사랑으로써 그를 다스리며 그를 사랑의 눈으로써 보며 그에게 조용히 느낄 수 있는 사랑의 손길로써 그와 더불어 가르치며 그를 깨우쳐 주며 인도하는 사람이 있는가 하면,
9 그를 채찍질하며 그가 잘못된 것을 욕되게 하는 마음으로써 나의 아들이 가는 그 길을 표현하는 두 가지 방법이 있음이니라.
10 인간사 너희 형제지간에도 마찬가지며 나의 법전을 가지고 공부하는 나의 성전에 모이는 너희도 그러하니라.
11 남을 사랑의 눈길로써 그의 단점을 고쳐 주며 잘못된 것을 깨우쳐 주는 자와,
12 언성을 높이며 핀잔으로써 또는 상대방의 마음을 상하게 하는 그와 같은 행위로써 저 자신은 실수가 없는 것처럼, 온통 남들만이 실수하는 것같이 그와 같은 마음으로써 무엇인가를 충고한다면, 이것은 너무나 하늘과 땅의 차이임을 너희는 알아야 할 것이니라.
13 너희가 아름다운 마음으로써 형제를 다스리는 것은 진심으로 그가 바로 가기를 바라며 그가 나 여호와의 뜻에 살아가기를 바라는 마음이며, 그리고 기다려 주는 마음이니라.
14 그러나 너희가 면박하며 핀잔하는 마음으로써 그를 충고하는 것은 그를 바로 서게 하고자 함이 아니요, 제 욕심이요, 제 성격이요, 제 마음이요, 자신의 화풀이를 하는 것이니,
15 이것이 얼마나 무서운 관계인가를 알아야 할 것이니라.
16 그러니 과연 어떠한 길을 선택할 것인가?
17 말로써 항상 천사와 같은 마음, 웃는 마음, 죽은 자의 마음이요, 돌과 같이 살라는 그 말을 수없이 듣고 깨우친 너희가,
18 너희 형제요, 이웃의 친구요, 나의 아들 선지자가 가는 길이요, 그 모두를 웃음으로 사랑으로써 다스리고 그를 깨우쳐 주고 서로 돕고 살아가는 마음이 아니라,
19 나의 선지자가 바로 서지 못하기에, 그가 역사하지 못하기에 너희가 오늘의 힘들고 어려운 길을 간다고 말하는 것은 너희의 욕심이니라.
20 그 욕심을 버리지 못한 너희들이니라.
21 그와 같이 한 가지 똑같은 방법을 놓고 분석하며 그를 깨우쳐 주며 의사를 전달하는 방법도 그와 같은 것이니, 이는 하늘과 땅의 차이이니라.

22 정녕 160권의 법전이 세상에 나와야
한다는 그 애절한 마음이요, 나 여호
와의 성령을 세상에 전하여 만백성을
구하며 내가 내리는 나의 성령이 소중
한 나의 뜻이며, 너희가 살아가는 길
에 도움이 되며, 너희가 변하는 역사
의 가르침이 된다면,
23 너희는 160권이 세상에 나올 수 있도
록 하기 위한 최상의 방법은 무엇이던
가?
24 모든 것을 사랑으로써 서로 인내하며
서로 위로하는 그와 같은 마음의 자세
로써 행동하며 살아가야 할 길이니라.
25 너희가 언성을 높이며 핀잔을 하며 그
로 하여금 모든 역사가 이루어지지 아
니한다 생각하는 것은 너희 욕심이니
라.
26 너희는 욕심이 아니라 그리 말하나,
그것이 욕심이니,
27 그와 같은 마음의 뿌리를 먼저 뽑아야
할 것이며 그와 같은 마음의 자세로
변해야 함을 잊지 말라.
28 내가 이제 너희에게 말할 때가 왔음
이니라.
29 추운 겨울을 지난 모든 식물이 봄이
되어 그 이파리가 돋아나듯이, 그 역
사는 결국 이루어진다는 것을 너희는
알아야 할 것이니라.
30 너희 동양의 작은 나라에 계절이 있느
니라.
31 겨울이 지나 봄이 오며, 봄이 오면 여
름이라는 무성한 계절이 오며, 또한
가을에 앙상한 가지만 남는 그 계절이
있음이니라.
32 그 순환은 너희가 막을 수 없으며 그
는 변화시킬 수 없는 것이니라.
33 이 세상에 나의 진리요, 나의 법전이
세상에 나가는 것도 그와 같이 변할
수 없으며 너희가 그 역사를 바꿀 수
가 없음이니라.
34 이제 나의 아들이 길고도 긴 그 여정
속에서 나의 법전 80여권이 넘게 지
금 준비되어 가고 있으며, 160권의 법
전은 이 세상에 역사하게 되어 있음이
니라.
35 그리하니 봄에 모든 식물이 잎이 돋아
나고 꽃이 피며 무성한 여름이 오듯이
그와 같은 역사는 변할 수가 없으며
반드시 이루어지며 그는 중단됨이 없
음이니라.
36 때가 되면 봄이 와 모든 식물의 잎이
무성히 돋아나듯이, 그 생동감의 소리
가 너희에게 들리듯이,
37 나의 법전도 이제 봄의 시절이 다 와
있음을 너희는 알아야 할 것이니라.
38 다만, 그를 볼 수 있고 그 아름다움을
알며 그게 소중한 것임을 아는 너희
제자들이 되어야 하는 것이며,
39 나의 법전을 읽은 백성 너희가 그와
같은 마음으로 변화되어야 할 것이니
라.
40 그를 감상할 수 없으며 그를 아름다
움이라 느낄 수 없는 자라면, 나의 법
전이 역사를 이룸으로 그 상을 받을
수 없는 자, 그 축복의 은혜를 받을 수
없는 자가 있다면, 이는 내가 피우지
아니하는 것을 너희는 알아야 할 것
이니라.
41 그러니 얼마나 너희가 소중하며 너희
마음자리가 중요한가, 내가 모두를 다

비우라 하지 아니하였던가?
42 너희가 이 세상에서 가장 큰 은혜요, 축복을 받은 자요,
43 나의 법전을 접하는 순간에 너희는 그보다 더 큰 영광과 은혜가 없다는 것을 알라.

5,996 번째 하나님 말씀

2003년 4월 20일 07시 08분

1 사랑하는 나의 아들아!
2 "네, 아버님! 말씀하옵소서."
3 세상사 모두를 다 주고 얻는다 하여도 하늘에 오르는 길이요, 그 역사함을 얻을 수는 없는 것이니라.
4 또한, 네 마음으로 너희 생각으로 너희 노력으로써 할 수 없는 것이 하늘에 오르고 못 오르는 것을 결정하는 것이니라.
5 지금 내가 뭐라 말하였는가?
6 지금의 모든 나의 법전은 내가 친필로 내 백성을 위하여 내리는 것이며, 너희를 구원하고자 내가 내리는 것이라 그리 말하였느니라.
7 너희는 창조주 나 여호와에게 오르고자 하며 내 품에 오고자 하며 영원히 사는 하늘나라에 오고자 하는 것이 모든 너희의 소망이요, 모든 것을 다 바치고 가는 길이거늘,
8 어찌하여 너희가 정작 그 길을 올 수 있도록 그 길을 향하여 오라 할 때는 그를 따르지 아니하며 그를 행하지 아니하는가?
9 너희가 나 여호와에게 오른다며 나의 천국의 문을 통과한다 하면서, 내가 인도하고 이끄는 그 길이 아니고 어찌 올 수 있단 말이던가?
10 오로지 그 길은 한 길이니라.
11 그 한 길을 따라서 오는 것밖에 없음을 알아야 할 것이니라.
12 내가 하늘의 뜻이요, 모든 나의 빛은 오로지 선택된 나의 아들을 통하여 세상에 내려보내며 그를 통하여 내가 모두를 다 거둬들인다 하였음이니라.
13 너희가 지상에서 기도하고 몸부림치며 울고불고 통곡을 해도 그는 이를 통하여 나에게 상달되지 않는다는 걸 잊지 말라.
14 그러니 그 1차 관문에서 나의 아들이요, 내가 명한 자가 너희에게 원하는 것이 무엇인가를 알며, 그를 거역하고서는 그를 따라 하늘에 오를 수 없음을 너희는 알아야 할 것이니라.
15 일단 인간 세상에서 통과하는 첫째의 관문이 바로 나의 성전이요, 내가 내린 법전을 가지고 공부하고 깨우치며,
16 지상에서 나의 아들이 너희를 통과하고 안 하는 그 1차의 관문을 우선 통과해야 할 것이니라.
17 그 길을 통과하는 자만이 하늘에 오르는 길에 들어섬이니,
18 내가 나의 아들을 통하여 법전이요, 160권의 새로운 성경을 세상에 내려보내 그를 보고 깨우쳐 오라 함이니,
19 그를 보지 않으며 깨우치지 않는 자, 그리고 그를 가슴에 안고 정독하지 아니하는 자는 1차 나의 지상에서 나의 아들을 통하여 하늘에 오를 수 있는 그 거점으로 오지 못함이니,
20 거기에 오지 아니하고 너희가 어찌

오르겠는가?
21 하늘에 오르는 길은 나의 아들이 존재
하는 이 성전의 거점을 통과했을 때
너희가 다음의 세상을 보게 되어 있으
며,
22 그렇지 않으면 그다음의 세상을 알지
못함이니라.
23 그러니 내가 나의 아들을 통하여 법전
으로써 공부하고 깨우치며 정독하여
하늘에 오르는 길을 깨우치라 하였음
이니,
24 너희가 그를 보고 깨우치는 자는 나의
성전을 통과하며 육의 세상에서 영혼
의 세상인 하늘에 오르는 길을 볼 수
있음이니,
25 1차 나의 아들을 통하여 오는 것을 너
희는 알아야 할 것이니라.
26 그리하여 나의 성전에 모이라는 것이
며, 나의 '새로운 성경'이라는 그 법전
을 가지고 공부하라 함이니라.
27 너희가 나의 법전을 통과하지 아니하
고는 하늘에 오를 수 없듯이,
28 나의 아들 예수가 지상에 내려갔을
때, 나의 아들을 통과하지 아니하고는
하늘에 오를 수 없음이니라.
29 그러니 구원을 받을 자는 모두 그리
오라 하였음이니,
30 지금 내가 나의 아들을 통하여 전함이
니, 나의 성전이요, 나의 성령이 내려
가는 나의 법전을 통과하지 아니하는
자는 하늘에 오르는 그 길을 볼 수 없
으며,
31 인간 세상에서 다음 세상의 역사함을
알 수가 없음이니라.
32 그러니 나의 아들이 나의 성전에 모이
며 나의 법전을 보는 자만이 심판의
기준이요, 하늘에 오르는 길이라는 것
이 얼마나 무서운 말인가를 알겠는가?
33 나의 아들 예수가 세상에 나가, 나의
아들 예수에게 오는 자, 거기 와 강론
을 듣는 자, 그에게 오는 자만이 구원
을 받을 수 있다 하였음이니,
34 그는 바로 그를 통하여 하늘에 오를
수 있으며 상달될 수 있기 때문이니라.
35 지금은 내가 나의 성전이요, 나의 법
전을 통하여 너희를 거둬들임이니,
36 곧 그는 나의 법전을 얼마만큼 읽고
깨우쳤느냐, 그리하여 그 법전이 마지
막 심판이며 마지막 너희에게 내리는
나의 새로운 성경이라 하였음이니라.
37 구약 시대요, 신약 시대 모두,
38 구약 시대는 십계명을 들고 있는 그
모세를 통하여 모든 구원의 길을 볼
수 있었으며,
39 신약 시대는 나의 아들 예수를 통해야
만 나에게 오를 수 있으니 모두 나의
아들에게 오라, 저를 통하지 아니하면
구원을 받지 못한다고 말한 것이 예수
가 한 말이니라.
40 그와 같이 빛이 그러하니라.
41 그러니 예수의 강론을 듣고 예수의 삶
을 그대로 본받는 자는 그를 통하여
하늘에 오를 수 있으니,
42 2천 년 동안 내가 하늘로 오른 자 없
다 하였음이니, 그 모두는 다 암흑의
세상이요, 죽은 세상으로 내가 눈을
감고 있었음이니라.
43 그리하여 지금 나의 아들을 통하여 법
전을 세상에 내려보내니, 이는 곧 나
라 하였음이니라.

44 그리하여 나의 법전을 읽고 깨닫는 자만이 그 빛을 통하여 하늘에 오를 수 있는 것이며, 그렇지 않은 자는 오를 수 없다는 것이니, 너희는 여기서 그 뜻을 알라.
45 지금 내가 나의 법전을 통하여 너희가 하늘에 오를 수 있으며, 나의 성전에 오지 않는 자는 하늘에 오를 수 없으며 나의 법전을 접하지 아니한 자는 오를 수 없다는 것은,
46 2천 년 전 예수가 오로지 예수를 통해서만 구원을 받는다 하여 너희가 오늘에 '예수, 주 예수여, 구세주여!' 그리 소리 지르고 외치는 그 뜻을 이제는 깨우치라.
47 그가 행하는 대로 살라 함이며, 그 예수를 통하여 빛이 하늘에 오름이니, 그러니 예수가 원하는 삶을 살며 예수가 합격점을 매겨야 함이니,
48 지금 나의 법전을 가지고 강론하며 가르치는 나의 아들이 정녕 이 자는 하늘에 오를 수 있다고 생각할 때, 이 백성은 천사라고 생각할 때, 그리고 너희가 나의 법전대로 살 때 너희가 오를 수 있음이니,
49 너희의 그 모든 영혼은 다 나의 성전이요, 나의 아들이 존재하는 나의 이 법전을 통하여 하늘에 오를 수 있음이니,
50 너희 모두가 다 이리 모여야 한다는 것을 잊지 말라, 사랑하는 나의 아들 딸들아!

5,997 번째 하나님 말씀

2003년 4월 20일 11시 55분

(강론을 마치며)

1 사랑하는 나의 아들아!
2 "네, 아버님! 말씀하옵소서."
3 모든 너의 제자에게 그리 전하여야 할 것이니라.
4 하늘에 오르는 길이요, 믿음의 길이라는 것은 너희가 잘 알고 있는 욥이 상을 받으며, 욥이 나로부터 영광을 받은 그것만을 생각하는 믿음을 가서는 아니 됨이니라.
5 너희는 말할 것이니라.
6 너희가 욥과 같은 환경 속에서 그 여건이 닥친다 하여도 그대로 견디고 살아갈 수 있다 너의 제자들이요, 만백성은 그리 말하나,
7 정녕 그와 같은 시련과 고통이 닥쳤을 때 마음이 변하지 않는 마음이 변화된 마음이니,
8 과연 지금 나의 성전에 와 있는 나의 백성이 그와 같은 역사를 할 수 있겠는가?
9 너희가 숨을 쉬지 못하며 고통스러운 그 죽음의 순간까지도 나의 법전을 가슴에 안고 버티고 지탱할 수 있는 그와 같은 마음의 자세가 과연 되어 있는가?
10 어렵고 힘들 때 나의 법전을 던질 수 있는 그와 같은 마음은 아니던가?
11 숨이 막혀 견딜 수 없는 그 순간에 들고 있는 법전을 던지라 할 때, 너희가 그 요구를 거절할 수 있는 그와 같은 용기 있는 백성이던가?

12 너희는 욥의 축복이요, 욥의 영광은
아나,
13 욥이 그 고통 속에서 견디고 인내하는
것은 모름이니라.
14 그러니 그 고통과 시련을 견디고 이길
수 있는 마음이 중요한 것을 너희는
알아야 할 것이니라.
15 그 마음만이 너희 몫이며 너희가 생
각할 수 있는 것임을 알아야 할 것이
니라.
16 내가 나의 아들을 통하여 너희에게
뭐라 말하였느냐?
17 너희가 그리 갈망하며 구원하는 하늘
에 오르는 길이라는 것은 물을 여과하
는 과정처럼 변하고 또 변하는 그 역
사 속에서 너희가 나에게 오를 수 있
는 길이라 내가 그리 말함이니라.
18 이는 바로 무엇이던가?
19 행함이 중요함을 너희에게 깨우쳐 줌
이니라.
20 너희가 행함이 없이는 변할 수 없으며
하늘에 오를 수 없다는 그 이치를 내
가 너희에게 전해 주거늘, 어찌하여
너희는 그 뜻을 깊이 새기지 못하는가?
21 내가 나의 아들을 통하여 너희에게
오늘 전했음이니라.
22 너희가 유사시에 광분할 때, 화가 복
받칠 때, 속이 뒤틀릴 때, 그때 참고
인내할 수 있는 것,
23 남이 넘을 수 없는 길, 남이 용서할 수
없는 그 길을 넘고 용서하는 것이 너
희가 가야 할 길이며 하늘에 오르는
길이라 하였음이니라.
24 그러니 너희는 오늘 이 시간 이후부
터 내가 죽은 자라 말한 그 뜻을 깊이
깨우치라.
25 과연 너희가 죽은 자의 마음으로써
얼마만큼 살아가는가?
26 너희 스스로 재판하고 심판하도록 그
리하라.
27 너희가 죽은 자로서 행함이 과연 어느
정도 점수를 매길 수 있으며 어느 단
계, 어느 한계까지 와 있는가?
28 너희가 정녕 죽은 자의 자세로써 살아
가는 자세가 어디 있는가?
29 이를 못 하면 너희는 나에게 오를 수
없음이니라.
30 내가 너희에게 육신의 삶이 얼마 안
남았으니 그 삶을 아름답게 다스려 변
하는 삶을 살라 하였으나,
31 얼마 남지 않는 그 육의 삶에 연연하
며, 사후의 세계를 보며 변하고자 하
는 마음을 갖지 못하는 것이 너희들이
니라.
32 그러니 너희가 그와 같은 마음을 정녕
다스려야 할 것이니,
33 너희 자신을 심판하며 너희 자신을
다스려 보며 평가하는 시간을 수없이
갖도록 그리해야 할 것이니라.
34 너희가 채점표를 매겨 보도록 그리하
라.
35 너희가 선과 악을 행하는 것, 네 악습
이 무엇인가를 하나하나 기록하여 그
를 가슴에 안고 다녀 보라.
36 너희가 너의 악습은 무엇인지 그를 수
시로 꺼내서 고치고자 읽고 또 깨닫고
또 보는 그와 같은 훈련에 돌입하여서
고쳐야 함을 알아야 할 것이니라.
37 이제는 너희가 선한 일을 행하며, 너
희 단점과 약점 그 모두를 비교 분석

하고 그를 기록하여 읽고 읽으며 지니
고 다니는 그와 같은 마음의 자세로써
너희 자신을 바로 다스려 나가도록 그
리하라.
38 그리해도 너희가 설까 말까 함이니
그리 알도록 하라.

5,998 번째 하나님 말씀

2003년 4월 21일 08시 31분

1 사랑하는 나의 아들아!
2 "네, 아버님! 말씀하옵소서."
3 내가 너희에게 가르쳐 뭐라 말하였느
냐?
4 인간이 사는 도리요, 크게는 하늘에
오르는 길이 물이 정화하는 그 과정과
같다 그리 말하였음이니라.
5 그러니 그 정화되는 과정과 같이 변하
고 변하여 만백성의 생수가 될 수 있
도록 만백성에게 기본이 될 수 있는
그와 같은 너희가 변화된 삶이 가장
소중하며 귀하다 하였음이니라.
6 그러나 너희가 그 변화되는 과정 또
한 속도가 있음이니라.
7 그저 한 세월 세월이 가든 말든 한 가
지 두 가지 변하는 둥 마는 둥 하면서
조금씩 변해 오는 것은 너희 노력이
아니니라.
8 너희가 얼마만큼 빠른 속도로 많은 것
을 짧은 기간에 변화되는 그와 같은
삶을 사느냐, 또 너희가 그 악습을 하
나하나 털어 버림에 있어서 얼마나
용감하며 얼마나 나 여호와의 뜻에 따
라 행하는가?
9 이는 너희가 나를 믿고 안 믿는 마음
의 강도에 달렸음이니라.
10 너희가 정녕 나 여호와가 존재함을 믿
는다면 변하는 속도가 무서우리만큼
변할 것이며, 악습을 버리는 것을 하
루에 그저 수백 수천 개씩 버려 갈 수
있는 그와 같은 믿음의 자세가 될 것
이니라.
11 서서히 변하는 것은 변하는 용기가 없
는 것이며 그 마음이 약함이니라.
12 재물을 바치며 울고불고 기도하고 찬
송하는 것으로써만 너희가 나를 믿고
나를 따른다는 그와 같은 생각을 하지
말라.
13 그것으로써는 마음의 척도를 알 수가
없는 것이 너희들이니라.
14 그러니 너희가 악습을 버리고 선하게
변화되는 그 속도가 빠르며 그 양이
늘어날 때,
15 너희는 나 여호와가 존재함을 믿는 것
이며 너희 노력의 대가가 얻어진다는
것을 알아야 할 것이니라.
16 그것이 너희가 행해야 할 길임을 알라.
17 그저 세월이 가든 말든 하루에 하나씩
변하는 그와 같은 마음으로 가서는 아
니 됨이니 그리 알라.
18 그리고 내가 너의 제자들에게 전하였
느니라.
19 너희가 지금까지 살아오면서 지은 죄
도 수없이 많으니, 앞으로 절대 죄를
짓지 말고 살라는 그 간절한 나 여호
와의 뜻을 그들에게 다시 한 번 심어
주고 강론을 하여 그와 같은 삶을 살
수 있도록 그리하라.
20 그리고 죄를 짓고 용서를 빌면 용서를
받는다는 그 생각 자체의 뿌리까지도

완전히 뽑아내도록 그리하라.
21 그것으로써 너희가 오늘까지 산 죄의
무서움을 알며, 내일 죄를 짓지 않는
그와 같은 마음이 흔들리지 않고 너희
가 바로 서게 되는 것이 여기에 있음
을 알라, 사랑하는 나의 아들딸들아!

5,999 번째 하나님 말씀

2003년 4월 22일 09시 05분

1 "너는 나 외에는 다른 신들을 네게 있
게 말지니라.
2 너를 위하여 새긴 우상을 만들지 말
고, 또 위로 하늘에 있는 것이나 아래
로 땅에 있는 것이나 땅 아래 물속에
있는 것의 아무 형상이든지 만들지 말
며, 그것들에게 절하지 말며 그것들을
섬기지 말라.
3 너는 너의 하나님 여호와의 이름을 망
령되이 일컫지 말라.
4 안식일을 기억하여 거룩히 지키라.
5 네 부모를 공경하라.
6 살인하지 말지니라.
7 간음하지 말지니라.
8 도적질하지 말지니라.
9 네 이웃에 대하여 거짓 증거하지 말지
니라.
10 네 이웃의 집을 탐내지 말지니라.
11 나 여호와가 존재함을 믿는 그 자체가
구원의 길에 들어서는 기본이요, 근본
이며, 나의 법전을 가슴에 안고 정독
하는 자, 반석 위에 서서 하늘에 오르
는 찬란한 빛을 보게 되는 영광을 얻
게 됨이니라."
12 사랑하는 나의 아들아!
13 "네, 아버님! 말씀하옵소서."
14 네가 나의 십계명을 많이 기록하고 전
하여, 만백성이 그 십계명을 암송하며
또 기억하도록 그리 가르쳐야 할 것이
니라.
15 그들이 십계명을 암송하고 읽음으로
인하여 그 중요함을 알며 그 소중함을
알게 될 것이며,
16 내가 왜 십계명을 직접 불로 써 세상
에 내려보냈는가 하는 것을 알게 될
것이니라.
17 내가 직접 써 내린 그 친필의 십계명
을 그들이 암송하고 외움으로 그들의
가슴속에 그들이 바로서고자 하는 마
음의 싹이 틀 것이니,
18 그리하여 내가 나의 법전이요, 나의
이 새로운 성경에 이 십계명을 많이
기록하여 너희에게 전하는 그 뜻을
알아야 할 것이니라.
19 사랑하는 나의 아들아!
20 "네, 아버님! 말씀하옵소서."
21 세상에 기록을 보유하고 있는 그 운동
선수라는 사람들도 그들이 수시로 계
속 제 몸을 관리하지 아니하면 그저
무너진다 그리 말하였음이니라.
22 그리고 그들이 제 위치를 찾고자 할
때 숨이 가쁘고 힘들며, 처음에 노력
했던 것보다 더 강한 강도의 훈련을
받지 아니하면 그를 이룰 수 없음이니
라.
23 너 또한 나에게 경배하며 나로부터 기
도를 들으며 내가 내리는 성령을 받아
씀을 게을리해서는 너 자신이 숨이
차며 호흡이 어려울 것이며,
24 네가 감히 나의 성령을 받을 수가 없

음을 알아야 할 것이니,
25 쉬지 말며 중단해서는 아니 됨이니라.
26 어떠한 이유든 어떠한 생각이든 네가
물러서는 것은 네 육의 편안함 때문이
니,
27 네가 그와 같은 생각을 하고 나의 성
령을 받아 법전을 만드는 데 게을리한
다면,
28 너는 숨이 차며 가슴이 답답하여 나의
성령을 받아 기록할 수 없음이니, 계
속 노력하는 길을 가도록 그리하라.
29 내가 너에게 뭐라 말하였느냐?
30 모세의 시대는 너희가 말하는 계주를
한다면 출발 시대요, 예수는 중간 시
대요, 지금은 내가 임하는 마지막 시
대라 그리하지 아니하였던가?
31 그러니 마지막 시대에 나의 성령을 받
아 만백성을 구하는 나의 뜻을 대행하
는 너로서는 삶이 어떠한 생활이어야
하겠는가?
32 종교 지도자로서의 자세가 중요함이
니라.
33 만백성의 영혼이요, 생명을 구하는 그
지도자로서,
34 앞에 간 그 지도자들보다 네가 더 아
름답고 깨끗하게 살아가는 그와 같은
삶을 사는 것이 네가 가야 할 길이라
는 걸 잊어서는 아니 될 것이니라.
35 모세가 살았던 그 광야의 고통스러운
삶이요, 힘들고 어려운 그 시련 속에
서 살았던 것보다 네가 더 어렵고 힘
든 그 모두를 극복하고 넘어야 할 것
이며,
36 그리고 신약 시대에 예수가 살아왔던
그 삶 또한 그가 행했던 것보다 네가
더 아름답고 소중히 간직하는 나의 계
명대로 살아가는 그와 같은 삶이 지도
자요, 나의 아들로서 만백성을 이끄는
목자로서 네가 바로 설 수 있음을 잊
어서는 아니 될 것이니라.
37 지금 너는 많은 나의 양이요, 순한 나
의 백성을 광야의 험악하고 메마른 곳
으로 인도하며 지옥 불로 인도하여 끌
고 가는 그들의 형태를 보면서, 네가
감히 주저하며 두려워하는가?
38 네가 바로 섬으로써 그들을 구할 수
있는 빛이 된다면,
39 네가 바로 서고 깨끗한 나의 아들이
요, 한 점의 부끄럼이 없는 아들로서
설 때, 모든 것은 네 몸에서 너를 통하
여 모두가 이루어진다 하였으니,
40 그들은 그 빛을 그대로 볼 수 있으며
그 생수를 그대로 받아 마실 수 있음
이니라.
41 네가 혼탁하며 흔들리는 자세로써는
깨끗한 생수가 될 수 없음이니라.
42 내가 하늘에서 내리는 그 생수를 담을
수 있는 그릇은 완벽해야 한다 하지
아니했던가?
43 오물이 한 방울이 묻어 있어도 그 물
을 먹을 수 없다 하였으니, 그는 생수
로서 썩어지며 버려짐이라 내가 말한
그 무서운 뜻을 너는 알고 지키고 행
해야 함을 잊지 말라.
44 모세의 삶보다도 네가 더 어렵고 힘든
길이라 하여도 네가 바로 살아야 할
것이며,
45 예수의 행함보다도 더 곧고 바른 너
자신의 변화를 이루지 아니하면, 너는
나의 아들로서 목자로서 대명을 다 이

루지 못하며, 너 자신이 하늘나라에
오를 수 없다는 것을 너는 알아야 할
것이니라.
46 나의 법전을 읽고 깨우친 백성이 하
늘에 오르는 그 중역으로서 참여하는
영광을 얻을 때,
47 네가 그 중역 회의에 참석하지 못하는
나의 아들이 될 때, 네 비참한 모습이
요, 너의 그 아픈 마음을 알겠는가?
48 그리고 나의 아들이요, 또 나의 성령
을 받아 만백성을 구원하여 나의 하늘
나라의 중역 회의에 참석할 수 있는
만백성을 인도해 놓고,
49 네가 정녕 그 중역 회의의 문을 들어
서지 못하며 그 자리에 앉지 못한다
면, 나 여호와의 가슴이요, 마음이 얼
마나 아프겠는가?
50 하늘나라에 오르는 것도 중요하나, 내
가 통제하는 세상의 그 중역 회의에
참여할 수 있는 그와 같은 영광을 얻
는 백성이 많이 나와야 할 것이니라.
51 중역 회의라는 것은 간부며,
52 간부는 그 시대의 주인이며, 운영하는
모든 발언권을 가지고 있는 자들이며,
모든 것에 참여할 수 있는 것이 아니
던가?
53 주식회사라는 그 회사의 주식을 가지
고 있는 사람과 갖지 않은 직원과는
얼마나 차이가 나는가?
54 그와 같은 형국으로써 하늘의 법도가
있음을 잊지 말라.
55 내가 운영하는 중역 회의에 참여할 수
있는 선택된 백성이 되도록 그리하라.
56 너희가 하늘에 오른다 하며 그 중역
회의에 참여하지 못하는 것은 바로 무
엇이던가?
57 하늘나라를 주관하는 주인으로서 자
리를 잡지 못함이니,
58 하늘나라의 모든 회의에 참석할 수 있
는 주인의 역할을 할 수 있도록 그리
하라, 사랑하는 나의 아들아!
59 이제 네가 그와 같이 살라.

6,000 번째 하나님 말씀

2003년 4월 22일 09시 12분

1 사랑하는 나의 아들아!
2 "네, 아버님! 말씀하옵소서."
3 만백성 그들이 하늘에 오르고자 모두
를 다 바치며 정성을 다하느니라.
4 그리고 저희가 바로 살며 사랑을 베풀
며 산다 말하느니라.
5 그러나 그들에게 전하라.
6 나의 사랑하는 백성 너희가 하늘에
오르고자 한다면,
7 창조주 나 여호와가 무엇을 원하며 내
가 바라는 것이 무엇이며 내가 너희가
어찌 살아가는 것을 원하는지 모른다
면 그 뜻을 알지 못한다면 너희는 하
늘에 오를 수 없음이니라.
8 어찌하여 주인이 보내고자 하는 그 잔
치에 참여할 수 있는 그 자격의 기준
에 벗어나는 사람이 그 잔치에 참여할
수 있겠는가?
9 주인이 벌여 놓은 그 잔치에 참여할
수 있는 자와 참여할 수 없는 자를 구
분하고 있다 하면,
10 그 주인이 원하는 뜻이 무엇인가를 알
지 못하면 그 잔치에 어찌 참여하겠는
가?

11 너희가 나 여호와에게 오르고자 한다
면 나 여호와의 뜻이요, 내가 원하는
것을 알지 못한다면 오를 수 없다는
것임이니라.
12 나의 뜻을 너희가 헤아리지 아니하며
그를 알지 못하며 연구하지 아니한다
면, 나의 잔치에 너희가 올 수 없다는
것을 명백히 내가 너희에게 전함이니,
13 그와 같은 하늘의 이치를 깨달아 행하
도록 그리하라.
14 나 여호와를 만나는 것이 우선이며 정
기적인 만남이요, 계획된 만남이요,
그리고 나를 만나기 위한 장소를 만들
어 그 장소에서만 만나며 그와 같이
이루어진다 생각하는 것을 이제 버려
야 함을 알라.
15 너희가 정기적인 만남이요, 정기적인
그 장소에서 그 시간에만 나와 만난다
는 생각을 하지 말라.
16 너희가 나의 뜻을 알고자 한다면 나는
수시로 너희를 만날 수 있으며, 너희
와 항상 더불어 같이하고 있다는 것을
잊어서는 아니 될 것이니라.
17 너희는 조용한 만남의 장소를 만들어
야 하며 조용한 시간에만 나를 만날
수 있다 그리 생각함이니,
18 너희는 그와 같은 생각을 저버리라.
19 항상 나는 너희와 같이하고 있으며,
복잡하고 어려운 그 모든 생활 속에
나 여호와가 너희와 같이하고 있다
함을 잊지 말라.
20 너희는 정기적으로만 만나려 하지 말
며, 또한 그와 같은 만남의 장소를 만
들어야 하며 정해진 장소에서 나를 만
난다 하니,
21 그 장소를 만들기 위하여 수단과 방법
을 가리지 아니하고 그를 빙자하여 나
의 사랑하는 백성에게 재물을 바치게
하며,
22 저희 가정 생활보다도, 의식주를 해
결하며 안락한 가정보다도 더 위대하
고 더 호화롭고 찬란하게 만들어야 한
다 그리하여,
23 너희가 나의 피조물 만백성으로부터
평생 재물과 노동력을 착취하는 사악
한 행위를 하고 있음이니라.
24 너희는 이제 그와 같은 생각을 버려
야 할 것이니라.
25 모든 생활 속에서 너희가 거주하는
그 장소가 곧 나와 만남의 장소요, 내
가 너희와 같이하는 장소라는 것을 잊
지 말라.
26 너희는 특별한 장소요, 특별히 조용한
시간에 기도하는 그와 같은 기도방법
으로써 나를 만난다 생각하지 말며,
27 정해진 시간, 정기적인 장소에서 지도
하는 자, 가르치는 자의 그 기도 소리
와 설교 소리를 듣는 그 장소에서 나
를 만나게 된다는 생각을 버리라.
28 그와 같은 장소에서 나를 만날 수 없
음이니라.
29 너희가 성서를 한 줄을 읽을 때, 그리
고 그를 보고 깨우쳐 행할 때,
30 복잡하고 어려운 사회생활 속에서 살
아가는 너희 생활 모습 속에, 어렵고
힘든 그곳에 나 여호와가 항상 너희와
같이하고 있음이니,
31 너희가 나를 만나며 나에게 기도하는
것은, 항상 만나며, 특별히 나에게 기
도하고 경배하고 싶은 마음이 있을 때

생활 속에서 그저 너희 거주지 가정
에서, 직장에서 나에게 기도하면 되는
것이니라.
32 너희가 가장 잘 나를 만날 수 있는 것
은 너희가 많이 가 있는 시간이니라.
33 직장에 나가 있는 시간이 많다면 그
시간이 나에게 기도하는 가장 소중한
시간이며 나를 경배할 수 있는 시간이
며,
34 장사를 하면 장사하는 장소요,
35 그 많은 시간 속에 있는 것이 모두 나
에게 기도하고 경배할 수 있는 아름다
운 장소라는 것을 너희는 이를 잊지
말라.
36 이제 어떤 장소요, 특별한 장소에서
기도하고 경배하기 위해 그것을 아름
답게, 더 웅장하게, 더 방대하게, 더
호화롭고 찬란하게 만들고자 하며, 그
와 같은 곳에서 너희가 나를 만난다
는 생각을 버리라.
37 그리하여 나의 피조물 만백성에게서
재물을 갈취하며 그들의 노동력을 갈
취하며 너희 종교 지도자들이 호의호
식하며 배를 두드리며 살아가니,
38 그것은 종교 지도자가 가는 길이 아니
니라.
39 정녕 종교 지도자는 한 시대를 이끌었
던 모세의 삶이요, 나의 아들 예수의
삶이요, 그 길을 밟지 아니하는 자는
종교 지도자가 아니라는 것을 내가 나
의 아들을 통하여 나의 법전에 기록하
여 전했으니,
40 너희가 이를 읽고 바로 깨우쳐 행하도
록 그리하라.

6,001 번째 하나님 말씀

2003년 4월 22일 09시 21분

1 사랑하는 나의 아들아!
2 "네, 아버님! 말씀하옵소서."
3 누구나 동등한 자격으로서 이 세상에
나가, 나 여호와가 준비해 놓은 이 세
상에 너희가 아름답게 살아갈 수 있
도록 내가 모두를 너희에게 그리 내려
주었거늘,
4 종교 지도자요, 잘못된 종교 집단, 그
들이 세상에 태어남으로 인하여 나의
사랑하는 백성이 어찌 흘러가고 있는
가?
5 너희는 강아지를 훈련하는 그와 같은
방법으로 나의 피조물 만백성을 그리
훈련해 놓았으며, 그들을 구속하고 얽
매는 것이 지금 종교 집단이요, 지도
자들이 가고 있는 길이니라.
6 강아지라는 그 짐승에게 대소변을 가
리기 위하여 그를 훈련하고 다스려,
7 신문지를 깔면 그곳에 그저 소변을 보
도록 말하고 가르치는 것을 먹이로써
가르치고 매로써 가르쳐 그 강아지를
훈련시킴이니,
8 바로 나의 사랑하는 백성을 너희가
믿음이라는 그 테두리 안에서 인간을
그와 같이 훈련을 시켰으며 그보다 더
강력하게 그들을 세뇌시켰음이니라.
9 너희는 믿음의 그 길을 가기 위해서는
교회라는 곳에 와서 기도하며 경배해
야만 하늘에 오를 수 있는 길이라 나
의 피조물 만백성을 그리 세뇌시키고
그리 가르치고 그리 교육했으니,
10 강아지를 훈련하는 것보다 더 혹독한

훈련으로써 나의 피조물 만백성을 지
옥으로 지금 이끌어 가고 있는 행위를
하고 있음이니 이를 깨달아야 할 것
이며,
11 너희 스스로 강아지가 되어, 신도라는
백성의 자리를 인간이 어찌하여 강아
지와 똑같은 그 훈련을 받으며 그와
같이 행동을 해야만 되는가?
12 너희가 교회라는 곳에 와서 기도하고
경배해야 한다 그리 가르치며 그리 훈
련을 시켰기에,
13 너희는 그곳에 가 기도하고 구원을
받기 위해 그들이 요구하는 모든 대가
를 지불하며,
14 그 요구에 거절하지 못하며 거기에 절
대적으로 복종하며 순종하는 그와 같
은 나의 백성으로 그리 훈련되어 있
음이니,
15 정녕 옳고 그른 것을 볼 수 있는 판단
력과 이성을 잃었음을 너희는 알아야
할 것이니라.
16 그리하여 내가 너희에게 가르침이니
라.
17 너희가 나에게 정녕 오르고자 한다면,
기도하며 나에게 경배하고자 한다면,
18 장소와 때를 가리지 말라 그리 말하지
아니하였던가?
19 너희가 많은 시간 가 있는 장소가 너
희가 나 여호와를 가장 많이 만나는
곳이라 내가 그리 말하였느니라.
20 너희가 나에게 소원하며 기도하고자
한다면, 마음속에 가지고 있는 수없이
스쳐 가는 모든 생각이요, 인간 세상
에 살아가는 인간 세속의 생각이요,
너희가 몸으로 부딪치며 지울 수 없는
그 모든 생각까지도 다 지워 버리며,
21 그 기도하는 순간에는 아무것도 생각
하지 않는 그와 같은 마음의 자세로써
나에게 기도하며 나를 찾는다면 그것
이 바로 나를 경배하는 자세요, 내가
존재함을 믿는 기본의 자세임을 너희
는 알아야 할 것이니라.
22 다만, 나의 백성을 종교 지도자요, 그
집단들이 저희의 권위와 저희의 부귀
영화요, 저희의 그와 같은 세를 과시
하기 위하여 그저 나의 피조물 만백성
을 훈련하고 세뇌시켜, 저희의 손으로
지은 교회라는 곳에 와 기도하고 경배
하지 아니하면 구원을 받지 못한다 그
리 철저하게 교육하며,
23 그곳에서 나의 피조물 만백성에게 진
리를 가르치며 나의 뜻을 가르치며 복
음을 전하면 되거늘,
24 그러나 너희는 그다음 단계가 무엇이
더냐?
25 그저 요구니라.
26 재물을 거둬들이며 그들의 노동력을
뺏으며 절대복종하고 절대 순종하며
너희를 제왕처럼 받들도록 그리 만들
고 가는 사악한 자들이니라.
27 너의 제자들이 그리 말하지 아니하던
가?
28 너희가 어떠한 곳에 가서 경배하고 기
도해도 마지막에 짚고 넘어가는 것은
무엇이던가?
29 헌금을 많이 내라, 십일조를 정확히
내라, 재물을 바치라, 그 모두로써 너
희를 이끌어 감이니,
30 바로 너희를 깨우침을 인도하는 것이
아니요, 결론은 재물을 거둬들이기 위

한 그와 같은 사악한 짓을 하느니라.
31 이제 한 곳의 장소에 와서 기도하고
경배하는 것이 하늘에 오르는 길이라
는 그 사악한 자들의 말을 듣지 말라.
32 저희가 만든 성전에 와서 기도하는 것
만이 하늘에 오르는 길이라는 그들이
사기꾼이며 거짓된 자며 잘못된 자며
저 자신도 모르는 자며,
33 제가 얼마나 무서운 죄를 짓고 지옥으
로 가는지 제 죄도 모르는 자들이 남
의 죄를 어찌 대속해 주며 그를 깨우
쳐 준다 하는가?
34 이를 너희가 깨우쳐 줘야 할 것이니
라.
35 나의 아들 예수가 너희 죄를 대속했
다 말하며, 너희를 대신하여 죽음의
길을 선택했으며 너희를 용서하고자
했던 것은,
36 그는 너희처럼 깨끗하지 못한 사람이
아니었으며 너희가 생각할 수도 없는
아름답고 깨끗한 나 여호와의 뜻에 사
는 나의 아들이었기에 그는 그와 같은
기도를 할 수 있으며 그와 같은 말을
할 수 있음이니라.
37 나의 아들 예수와 같은 자가 아니거
든, 나의 백성의 죄를 용서해 주며 너
희 손으로 지은 교회요, 성전에 가 기
도하고 경배함으로써 구원을 받는다
는 그와 같은 사기극을 이제는 중단해
야 할 것이며,
38 그를 내가 이제 다스린다는 것을 너희
는 잊지 말라.
39 이제 내가 너희를 용서하지 않음을 알
라.

6,002 번째 하나님 말씀

2003년 4월 22일 10시 10분

1 사랑하는 나의 아들아!
2 "네, 아버님! 말씀하옵소서."
3 너희가 나를 보려 하지 말며 내 음성
을 들으려 하지 말며 나를 만지려 하
지 말라 내가 그리하지 아니하였던가?
4 나 여호와를 볼 수 없으며 만질 수 없
으며 나의 음성을 아무나 들을 수 없
다 내가 너희에게 그리 말하지 아니하
였던가?
5 그러나 정녕 너희가 나를 볼 수 있으
며 나의 음성을 들을 수 있도록 하려
면, 너희는 무엇을 위하여 이 세상을
살아가야 하는 것이던가?
6 너희가 바른 마음이요, 바른 자세로써
살아갈 때, 그리고 나로부터 선택된
백성이요, 내가 너희에게 명하고자 할
때 나를 볼 수 있으며 나의 음성을 들
을 수 있음을 알아야 할 것이니라.
7 너희가 정녕 나 여호와를 볼 수 있으
며 나를 만질 수 있으며 나의 음성을
들을 수 있다 하면,
8 너희가 온 세상을 다 뒤지고 다니며
온 산과 바다를 찾아 나의 음성을 들
으려 할 것이며, 나를 보려 할 것이며,
나를 만나기 위하여 너희 모든 생활을
다 포기할 것이며, 그와 같이 질서가
무너지는 형국이 될 것이니라.
9 내가 너희에게 내 모습을 보여 주며
나의 음성을 들려주어 바다에서 들었
다면 그곳을 갈 것이며,
10 이 지상의 끝에서 나를 보았으며 나의
음성을 들었다 하면 너희는 나를 보

고 듣기 위하여 그곳으로 달려가지 아
니하겠는가?
11 그러니 너희가 나를 보고 듣고 만지
기 위하여 온 세상을 모든 사업이요,
생활을 전폐하고 나를 보기 위하여,
나를 찾기 위하여 헤맬 것이니,
12 그 생활의 질서가 파괴되며 모든 것이
다 제대로 이루어질 것이 하나도 없음
이니라.
13 그리하여 나는 너희에게 보이지 않으
며, 너희가 내 음성을 들을 수 없으며,
나를 만질 수 없는 것이니라.
14 그러니 너희는 그와 같은 깨달음을 얻
으라.
15 내가 이 질서를 지키며 이 세상의 모
두를 존재하게 하기 위해 오로지 내
가 선택한 나의 아들을 통하여 글로써
말로써 내 뜻의 모두를 다 역사함이니,
16 너희는 이를 듣고 깨우쳐 나의 뜻이
요, 내가 존재함을 깨닫도록 하는 것
이 너희가 와야 할 길임을 알아야 할
것이니라.
17 만일 내가 환상으로 너희에게 보여
주며 너희가 내 형체를 만질 수 있으
며 내 음성을 들을 수 있다면,
18 너희는 나의 환상을 보기 위하여, 나
의 모습을 보기 위하여, 나의 음성을
듣기 위하여 집단적으로, 개인적으로
모두가 다 행동할 것이며,
19 그 길만을 위하여, 그 역사를 위하여
헤맬 것이니라.
20 그리하여 너희에게 그와 같은 역사가
이루어지지 아니하며 있을 수 없다는
것은, 너희가 질서를 지키고 바른 삶
을 살게 하려고 나를 볼 수 없으며 내
가 너희에게 보여 주지 아니함을 알
아야 할 것이니라.
21 오로지 나는 선택된 나의 아들이요,
나의 명을 받아 행하는 자, 나의 선택
된 백성이요, 지도자에게만 내가 직접
보이며 들려줌이니 그리 알라.
22 지금 바로 나의 아들을 통하여 160권
의 대장정의 법전이요, 새로운 성경을
세상에 내려보내니, 너희는 나의 법전
의 책장을 넘기며 정독하는 그 길뿐이
며, 그것이 너희가 나를 볼 수 있는 길
이며 내 음성을 들을 수 있는 길이라
는 걸 알라.
23 너희가 나의 법전을 보고 마음이 변
하며 너희가 정화되어 가는 마음으로
생활할 때, 그리하여 너희가 깨끗해졌
을 때, 그리고 한 점의 부끄럽이 없는
삶을 살아가고자 노력할 때, 그때 너
희가 나를 볼 수 있음이니,
24 너희는 나의 법전을 가슴에 안고 정독
하여 읽고 또 읽어 거기에서 내가 원
하는 길을 알며, 내가 깨우치고자 하
는 걸 알며 내가 이루고자 하는 걸 알
아 행할 때,
25 너희는 그 모든 소원이요, 원하는 것
이 이루어질 수 있다는 것을 알아야
할 것이니라.
26 이 세상에 나의 음성을 들려주는 곳이
있다면 그곳에 너희는 집단이요, 개인
적으로 모여들 것이며,
27 나의 형체를 볼 수 있으며 그리고 나
의 형체를 봤다는 지역이 있다면 너희
는 개인이요, 집단으로 그곳에 가 울
고불고 기도하며 나의 모습을 보고자
할 것이니,

28 그 형상이 어찌 되겠는가?
29 이 세상의 질서는 파괴될 것이며 너희 자신을 지탱할 수 없는 그와 같은 무서운 환란의 환경이 된다는 것을 잊지 말라.
30 나는 너희에게 보여 주지 아니하며, 보일 수 없으며, 너희가 들을 수도 없으며 볼 수도 없으며 만질 수 없는 것이니라.
31 오로지 나의 아들들을 통하여 모두를 내려 준다는 것을 잊지 말라, 사랑하는 나의 아들딸들아!

6,003 번째 하나님 말씀

2003년 4월 22일 10시 15분

1 사랑하는 나의 아들아!
2 "네, 아버님! 말씀하옵소서."
3 내가 나의 법전에 기록하여 너희에게 최초에 그리 가르쳤느니라.
4 너희의 소중함을 알며 자신의 귀함을 알며 제자리를 지킬 수 있는 그와 같은 깨우침을 먼저 행하며, 그와 같은 삶으로 변화되는 것이 가장 소중한 길이라 내가 그리 말하였느니라.
5 이는 그 뜻이 무엇인지 너희는 알겠는가?
6 변화되는 모든 역사는 너희 자신으로부터 시작하며 너희 자신으로부터 이루어지기 때문이니라.
7 너희 자신으로부터 시작되지 아니하는 것이 없으며,
8 악을 행하는 것도, 선을 행하는 것도, 나의 계명을 지키고 바로 살고 못 사는 것도 그 모두는 너희 자신으로부터 시작하며, 모든 기초가 너희 자신이기 때문이니라.
9 저 자신이 구원받지도 못하며 자신이 바로 서지 못했을 때, 이웃과 형제와 그 누구도 구원할 수 없으며, 또한 사회를 바로 세울 수 없으며, 구원할 수 없는 자임을 너희는 알아야 할 것이니라.
10 너희 자신이 바로 선다는 것이 얼마나 소중하고 귀한 것인가를 아는가?
11 너희가 바로 서고 바로 서지 못함을 남들이 먼저 알며 평가하기 때문이니라.
12 나의 법전을 읽고 깨우친 백성이요, 나의 아들을 따르는 제자요, 선택된 너희는 모를 것이나,
13 너희 자신이 어찌 서고 어찌 살아가느냐 하는 것을 이웃의 형제요, 모든 백성이 먼저 진단하고 평가하며 점수를 매기고 있다는 것을 알아야 할 것이니라.
14 그러니 자신의 삶에 충실치 못한 자는 기도할 자격이 없음을 너희는 알라.
15 저 자신이 충실하지 못하여 남으로부터 평가받으며 남으로부터 존경받는 삶을 살지 못하는 자, 그리고 남으로부터 인정받는 삶을 살지 못하는 자, 자신을 다스리지 못하는 자는 정녕 남을 위하여 기도할 자격이 없음을 너희는 알아야 할 것이니라.
16 우선 자신에게 충실한 그와 같은 삶을 살라.
17 그리하여 너희 자신을 다스리는 것이 기본이요, 근본이기에 너 자신을 다스리는 것이 가장 소중하다 하여 깨달으

라 너희에게 전하지 아니하였던가?
18 저 자신을 다스리지 못하는 자는 모든
자격이 없는 자들이니라.
19 악습을 버리지 못하며, 그 악습을 반
복하며 또 반복하면서 말로써 기도하
고 회개하며 또 악습을 반복하는 그와
같은 자들이니라.
20 자신을 다스리는 자는 그와 같은 자가
없음이니라.
21 그와 같이 자신을 다스리지 못하는 자
의 기도를 나는 듣지 아니함이니라.
22 그들은 거짓말하기를 수시로 하며,
23 나와 약속한 것을 그저 물거품처럼 흘
려보내며,
24 언제 약속했는지 나에게 무엇을 얘기
했는지 자체도 모르고 행하는 짓을 하
고 있음이니라.
25 악습을 반복하지 아니하겠다 눈물로
기도하고 회개하면서도 또 돌아서서
그를 행함이니,
26 너희는 나를 얼마나 욕되게 하며 나를
얼마나 능멸하는 자들이던가?
27 그와 같은 자의 기도는 나는 듣지 아
니함이니라.
28 너희가 나에게 용서를 빌었으며 두 번
다시 행하지 않겠다 약속했으면, 그를
바로 지키는 백성만을 내가 선택함을
너희는 알아야 할 것이니라.
29 사랑하는 나의 아들딸들아, 너희는 그
와 같은 이치를 알라.
30 반복하는 행위를 하는 자는 나를 욕되
게 하는 자며, 나와 약속을 우습게 알
며, 나 여호와가 존재함을 믿지 않으
며, 나 여호와의 은혜를 모르며, 나 여
호와에 대한 두려움을 모르는 백성이
하는 짓이라는 것을 잊지 말라.

6,004 번째 하나님 말씀

2003년 4월 22일 10시 34분

1 사랑하는 나의 아들아!
2 "네, 아버님! 말씀하옵소서."
3 나 여호와를 믿는 그 자체의 마음의
깊이와 뿌리가 과연 어떠하냐, 그게
중요함을 너희는 알아야 할 것이니라.
4 나 여호와가 존재함을 믿는 그 마음의
뿌리요,
5 그리고 이 세상 그 모두는 나 여호와
가 창조하여 나의 주관하에 이루어지
는 것이며, 내가 만든 이 세상이 바로
내가 만든 아름다운 성전이라는 것,
6 그리고 너희가 지금 손으로 지은 성전
이요, 구원의 길이라 울부짖는 그와
같은 곳은 죄의 온상이라는 것,
7 그와 같은 깊은 마음의 뿌리가 어떠냐
에 따라서 나에게 오를 수 있고 못 오
는 길의 선택의 기로에 서게 됨을 알
아야 할 것이니라.
8 지금의 모든 종교 집단이요, 지도자들
이 가르치는 그 방법이 너희는 과연
옳다 생각하는가, 그것으로써 너희가
구원을 받을 수 있다고 생각하는가?
9 그리고 나 여호와가 존재하며 그리하
여 너희가 죽어 나에게 와 심판을 받
으며 심판을 받아 그 죄의 대가를 치
른다는 것, 나 여호와가 존재한다는
것을 굳건히 믿는 백성은 바로 설 수
있음이니라.
10 그 백성은 당연히 십계명을 지키고 살
수 없다는 말을 하지 아니하느니라.

11 지금 나를 믿고 믿지 않는 그 마음의
차이가 만 분의 일이라도 나를 의심
하며 의혹하는 마음이 있는 자, 그와
같은 백성은 바로 어떠한 백성인 줄
알겠는가?
12 완벽하게 나 여호와가 존재함을 믿지
않는 백성은 나를 속일 수 있다고 생
각하는 백성임을 너희는 알아야 할
것이니라.
13 그리고 나를 속일 수 있으며 나를 속
이고 살 수 있다 생각하며 나를 속이
는 행위를 하는 것이 너희임을 알아
야 할 것이니라.
14 너희가 나를 속일 수 있다고 생각하는
그 마음은 악한 마음의 근본이요, 그
악한 마음의 근본의 뿌리는 무엇인 줄
알겠는가?
15 그것이 바로 욕심이라는 근원지에서
모두가 발생함을 너희는 알아야 할
것이니라.
16 너희가 나 여호와를 완벽히 믿는 마
음, 그 외에 다른 마음을 가지고 산다
면 나에게 오를 수 없음을 알아야 할
것이니,
17 지금 모든 종교 집단이요, 지도자요,
신도라 하여 구원을 받겠다고 몸부림
치는 백성, 너희가 다 나를 속이고 있
음을 알아야 할 것이며,
18 나를 속이고 있는 자, 그리고 죄를 짓
고 회개하여 죄를 사했다 하고 돌아서
서 죄를 짓는 자는 내가 존재함을 모
르며, 내가 존재함이 얼마나 무섭고
두려운 것을 모름이니라.
19 그리하여 나를 속일 수 있다고 생각하
며, 나를 속이고 살아가는 백성이 바
로 지금 죄를 짓고 너희가 손으로 지
은 성전에 가 금화와 은화를 바치며,
시간을 바치며,
20 그 종교 지도자요, 사악한 자들의 세
치 혓바닥에 의하여, 그들의 명에 따
라 '아멘, 할렐루야!'만 찾으면 구원을
받는다고 생각하고 가는 백성이니,
21 그와 같은 행위를 반복하고 또 반복하
며 수없이 죄를 짓고 살아가는 그와
같은 자들, 그들이 바로 나를 속이는
자들이니,
22 그리고 나를 속일 수 있다고 생각하며
나를 속이고 살아가는 그 어리석은 백
성이니라.
23 그러니 그들은 나를 믿는 마음의 깊이
가 없으며 그 넓이가 없음을 내가 너
희에게 증명해 줌이니라.
24 정녕 나의 존재함과 두려움을 아는 백
성은 그리하지 아니함을 알라.
25 너희가 반복되는 악습을 하면서도 한
순간 용서를 빌면 된다고 그와 같이
가르치는 종교 집단이요, 지도자가 있
는 한 너희는 나에게 오르는 길을 볼
수 없으며,
26 그들을 따르는 백성은 지옥으로 가며,
천국으로 올 수 없는 백성이니라.
27 그들이 존재하는 한 나의 백성이 지옥
으로 가는 것은 당연하며, 그 뿌리를
막지 못하며 뽑지 못하게 되어 있음이
니라.
28 그리하여 너희가 악한 마음, 욕심의
마음의 죄를 짓고도 그 마음의 괴로움
을 모르며, 그 죄의 두려움을 모르며,
그 죄의 무서움을 모르느니라.
29 그리하여 그와 같은 뿌리를 뽑지 못한

다면 너희는 지금과 같은 그 믿음은
다 허사임을 알아야 할 것이니라.
30 너희가 지금까지 온 그 믿음이 너무
나도 잘못되었으며, 나의 피조물 만백
성이 천국이 아니요, 지옥으로 이끌어
가는 그 뿌리를 지금부터 스스로 뽑아
내는 변화의 그 역사를 이루지 못한다
면,
31 너희는 영원히 지옥으로 가며 나와는
관계없는 그와 같은 삶을 산다는 것을
알아야 할 것이니라.
32 지금 가는 종교 집단이요, 지도자는
나를 속일 수 있다고 생각하며 속이고
가는 백성이니라.
33 여기서 내가 나의 법전을 읽은 나의
아들을 따르는 제자들이요, 변화된 나
의 백성의 그 모습을 너희에게 깨우
쳐 주고자 함이니라.
34 수십 년 동안 흘러온 백성 너희는 나
에 대한 믿음을 내가 존재함을 완벽한
마음으로 믿지 못하며 그 마음이 굳어
지지 아니하였기에,
35 너희는 감히 죄를 짓고 용서를 빌면
죄를 용서받는다 그리 말하며 그리하
여 악습을 계속 반복하는 삶을 사느니
라.
36 그러나 나의 법전을 읽은 백성은 두
번 다시 그 일을 하지 아니하기 위하
여 그들의 목숨을 던지고자 하는 자
들이니라.
37 그 악습을 반복하지 아니하기 위하여
그들은 저 자신을 불 속에 던져서라도
그 악습을 반복하지 아니하려 하며
악습을 고치고자 하는 것이 나로부터
선택된 백성이요, 나의 법전을 읽고
가는 백성, 그들임을 너희는 알아야
할 것이니라.
38 수십 년 동안 흘러온 너희는 십계명을
지킬 수 없으며 그리 살 수 없다고 말
하며,
39 그리 또 죄를 짓고 용서를 빌며 또 눈
물을 흘리고 돌아서서 또 죄를 지으며
나를 능멸하며 나를 욕되게 하는 행위
를 하나,
40 나의 법전을 읽은 백성 그들은 자신을
갈기갈기 찢어 바치는 한이 있어도 두
번 다시 죄를 짓지 아니하고자 하며
그 악습을 버리지 못하여 그들이 몸부
림치며 눈물을 흘리고 있는 것을 아는
가?
41 그들은 하늘을 향하여 나 여호와에게
눈물의 기도를 하느니라.
42 '전지전능한 아버지! 정녕 제가 죄를
짓지 않도록 하여 주옵시고, 순간순간
죄를 짓는 추하고 더러운 저를 벌하여
주옵소서.
43 그리고 저를 가시나무 채로 후려 주옵
소서.
44 그리고 제가 피를 바쳐 기도함으로써
그 추하고 더러운 일을 반복하지 아니
하고 살아갈 수 있겠사옵나이까, 아버
님의 뜻에 따라 살아갈 수 있으며 아
버님의 기쁨으로 살아갈 수 있겠사옵
나이까?'
45 밤하늘을 바라보며 눈물을 짓고 통곡
하는 그 불쌍한 나의 선택된 백성이
요, 나의 아들을 따르는 그 제자들의
모습이 그러하니라.
46 죄를 짓고 용서를 빌면 죄를 사할 수
있다는 생각, 그리고 나를 속일 수 있

다는 생각, 나를 속이고 살아가는 너
희 그 추한 모습을 가지고 감히 천국
이요, 하늘이요, 나 여호와의 이름도
부르지 말라.
47 지금 나의 법전을 읽고 깨우친 백성이
요, 나의 아들을 따르는 제자, 그들이
제 목숨을 불에 던져, 제 살을 갈기갈
기 찢어 바쳐서, 피를 바쳐서라도 악
습을 하지 아니하며,
48 순간순간 짓는 그 악습을 버릴 수 있
다면 그 길을 선택하겠다 하여 하늘을
향하여 눈물의 기도를 하며 발버둥치
는 그 불쌍한 백성의 변화되는 모습
과 너희를 견주어 보라.
49 제 몸을 바쳐서라도 악습을 버리며 바
로 가는 길을 가고자 몸부림치는, 내
가 사랑하는 나의 아들을 따르는 제자
들이요, 나의 법전을 읽고 깨우친 백
성,
50 그들이 살아가는 모습을 내가 기록하
여 너희에게 전함이니,
51 너희 스스로 견주어 보고 바로 보고
오는 길을 선택하도록 그리하라, 사랑
하는 나의 아들딸들아!

6,005 번째 하나님 말씀

2003년 4월 22일 10시 47분

1 사랑하는 나의 아들아!
2 "네, 아버님! 말씀하옵소서."
3 이 세상의 그 많은 종교 집단이요, 지
도자 그들이 진정한 믿음의 길이요,
하늘에 오르는 그 영광된 것을 바라는
것이 아니라,
4 저희 자신이 어디에 서 있는지 모르
며, 저 자신도 모르며, 그저 믿음을 가
져 가르친다는 것이 거짓된 행위를 수
없이 많이 하고 있음이니,
5 그들이 거짓된 행위를 하지 아니한다
말하거든 그들에게 물어보라,
6 하늘을 향하여 한 점의 부끄럼이 없이
가르치는 지도자며 그 자세로 서 있는
자며 그리 살아가고 있는 자인가를.
7 하늘을 향하여 한 점의 부끄럼이 없는
삶을 살지 아니하는 자, 그는 다 잘못
된 지도자며, 지도자의 자격이 없는
자며, 거짓된 자이니라.
8 하늘을 향하여 한 점의 부끄럼이 없는
그 삶을 위하여 뼈를 깎는 그 고통의
길을 가지 않는 자는 진정한 종교 지
도자가 아님이니라.
9 그리고 나로부터 직접 명을 받으며 선
택받은 자는 너희가 가지고 있는 성
서요, 성경으로만 가르치는 것이 아니
요,
10 새로운 진리요, 새로운 뜻을 들어 가
슴에 안아 만백성을 가르치는 그와 같
은 변화의 역사를 이루는 자니,
11 그리하지 아니한다면 너희는 진정한
지도자가 아니라는 것을 알아야 할
것이니라.
12 그러니 지금의 믿음을 가고 있는 집단
이요, 지도자들이 가르치는 것이 하늘
에 오르는 길이 아니요, 지옥으로 가
는 길을 가르친다 하면 너희는 이를
믿겠는가?
13 나 여호와가 내려다보는 지상의 모든
종교 집단은 진정한 길을 위해서 가는
것이 아니니,
14 거짓된 자들의 가르침에 현혹되어 지

금 지옥 불로 달려가는 그 수많은 백
성을 바라보는 나 여호와의 아픈 마음
이며 그 형국이 지금의 현상이니라.
15 너희는 여기서 거부할 길이 없으며,
아니라 고개 흔들 자격이 없음을 알아
야 할 것이니라.
16 개중에는 저 자신을 팔아 모두를 다스
리고자 하는 진정한 지도자가 있으며,
나 여호와가 존재함을 가슴 아프게 생
각하며 영광되게 생각하며 기쁨으로
생각하며 한 점의 부끄럼이 없이 살아
가기 위해 노력하는 진정한 지도자들
도 있으나,
17 그들은 사악한 자들의 가르침에 짓눌
려 그 빛을 보지 못하고 있음이니라.
18 이제 그와 같은 자들은 나의 법전을
들여다보라.
19 그러면 너희가 지금까지 가르쳤던 방
법이요, 행했던 것이 무엇이 잘못되었
으며 무엇을 잘못 알고 있었던 것인가
를 알게 될 것이니,
20 바로 가고자, 바로 역사하고자 하는
종교 지도자 너희가 나의 법전을 먼
저 봐 변화되어야 할 것이니라.
21 그리하여 사악한 자들이 이 세상에 뿌
리를 내리지 못하도록 너희가 역사해
야 될 것이니라.
22 그리하여 지옥 불로 가는 나의 피조물
만백성을 계속 인도하는 것이 아니라,
23 바르게 살고자, 바르게 가르치고자,
참진리를 깨우치고자 저를 버려 나 여
호와의 존재함을 알아 희생하고자 하
는 종교 지도자 너희가 진정한 진리
의 빛을 봐야 할 것이며,
24 너희가 하늘에 오르는 진정한 진리의
빛을 바라봤을 때, 그 빛에 따라 나의
피조물 만백성을 인도하여 이끄는 목
자로 다시 태어나야 할 것이니,
25 나의 법전을 읽고 깨우쳐 나의 법전대
로 공부하며 그대로 역사하지 않는 백
성은 나에게 오를 수 있는 그 진정한
길이 아니며 진정한 지도자가 아니며
진정한 선택된 자가 아니라는 것을 너
희는 알아야 할 것이니라.
26 이제 바로 가고자 바로 깨우치고자 하
는 종교 지도자 너희가 변화되는 그
역사를 이루라.
27 나의 법전을 읽고 또 읽어 깨우치고
또 깨우쳐 너희가 지도자요, 나의 목
자로서 다시 태어나는 그 변화를 이루
지 아니하면, 지금 지옥으로 끌고 가
는 사악한 지도자들이요, 그 집단의
앞길을 막을 길이 막연하니,
28 너희가 바로 서야 할 것이니라.
29 그리하여 내가 종교 집단이요, 그 모
든 지도자의 발을 묶으며 입을 다물게
하며 그 문을 닫게 하며 거미줄을 치
게 하며, 이 세상에 재가 되게 하여 그
뿌리를 뽑고자 함이니,
30 그때까지 너희가 기다릴 시간이 없음
을 알아야 할 것이니라.
31 지금의 모든 종교 집단이요, 지도자들
의 문을 닫지 아니하며 그 뿌리를 뽑
지 아니하면 하늘이 열리지 아니할 것
이며, 하늘에 오르는 길을 볼 수 없으
며,
32 그 사악한 자들로 인해 구원을 받을
수 있는 자, 그리고 바로 설 수 있는
종교 지도자, 그들까지도 바로 서지
못함이니,

33 지금 나의 법전을 읽고 깨우치는 지도
자가 나와야 할 것이니라.
34 지금의 가는 길이 아니라 생각하는 종
교 지도자, 이 방법이 아니며 나 여호
와의 뜻을 거역하는 모든 집단에 항거
하고 싶은 종교 지도자, 너희는 나의
법전을 읽으라.
35 그리고 너희가 나의 법전을 읽고 정
독했을 때, 새로운 역사가 이루어짐을
알아야 할 것이니라.
36 너희 마음속에 선한 마음으로써 선한
사람으로 다스리고자 하면 천사가 나
올 것이며,
37 선한 마음속에서 선한 사람이 나오며
선한 사람 속에서 천사가 나옴이니라.
38 그러니 악한 마음을 가지고 있는 종교
집단이요, 지도자들은 악한 사람을 만
듦이니,
39 그들이 악마를 만들며 사탄을 만들어
내는 짓을 지금 하고 있다는 것을 너
희는 알아야 할 것이니라.
40 개중에는 진정한 나의 뜻에 따라 나의
은혜에 감사하며 내가 내려 준 영광과
축복의 은혜를 보답하고자 사는 종교
지도자들이 있음이니, 너희가 먼저 돌
아서라.
41 나의 법전을 읽고 너희가 바른길의
선봉장에 서도록 그리하라, 사랑하는
나의 아들딸들아!

부 록

【하나님께서 가르쳐 주신 운동】

천재지변이 일어날 때, 동물이나 미물들은 미리 알고 대피하지만, 인간은 알지 못하고 큰 화를 당합니다. 하나님께서 인간에게 가장 높은 지혜를 주시고 완벽하게 창조해 주셨기에 동물들보다 더 잘 알 수 있지만, 욕심으로 마음이 혼탁해져서 한 치 앞을 보지 못하는 것입니다.

마찬가지로, 인간은 누구나 스스로 필요한 운동을 해서 건강을 지킬 수 있도록 하나님께서 만들어 주셨습니다. 우리의 머리에서 우리 몸에 필요한 동작을 해 달라고 끊임없이 신호를 보내지만, 인간이 혼탁하게 살아서 그 신호를 알아채지 못합니다. 그러니 자연스럽게 자기 몸이 원하는 그 신호를 따라서 운동하는 것이 하나님께서 가르쳐 주신 운동 방법입니다. 바로, 우리의 영이 육을 이끄는 운동입니다.

▶ 하나님 운동법

1. 눈을 감고, 발을 어깨너비로 벌리고 바르게 선다.
2. 몸에 힘을 풀고, 허리를 숙이면서 손과 머리를 아래로 내린다.
3. 허리를 펴고 싶을 때, 천천히 펴면서 하고 싶은 동작을 하면 운동이 시작된다. (사람마다 다르다.)
4. 멈추지 말고, 어떤 동작이든지 자기 몸의 느낌대로 계속 이어서 한다.

▶ 참고 사항

① 눈을 감은 상태로 아무 생각 하지 않고, 자기 몸의 느낌대로 움직입니다.

② 마음을 비우고, 욕심을 버리고, 지난날의 잘못을 반성하면서 몇 차례 시도하다 보면, 자기도 모르게 하고 싶은 동작이 끊임없이 생깁니다.

③ 운동 장소는 방 안이든 운동장이든 관계없으며, 걷거나 달리고 싶을 때는 눈을 떠도 됩니다.

④ 매일 40분 이상, 주 4회 이상, 3개월 이상 하면 음식 조절에 들어갑니다.
- 음식으로 생긴 병은 음식으로 치료하게 되며, 어떤 음식을 먹어야 하는지 스스로 알게 됩니다.
(자기 몸에 필요한 음식만 먹고 싶어집니다.)

⑤ 사랑하는 사람과 함께 운동하면 서로 치료해 주기도 합니다.

⑥ 운동을 하다가 몸의 어느 한 부분을 계속 손으로 자극한다면 그쪽에 이상이 있는 것이니, 의사에게 상담을 받고 적절한 치료를 받으면 됩니다.

⑦ 다이어트 및 기타 건강관리에 효과적입니다.

⑧ 꾸준히 운동하여 영이 맑아지면, 자신의 과거와 미래를 스스로 보게 됩니다.

누구나 스스로 하실 수 있습니다.

간 행 사

《새로운 성경》은:

· 새로운 성경은, 하나님께서 선량하고 선한 자를 선택하여 십계명을 암송하도록 하시고, 십계명을 암송한 다음에 음성으로써 들려주시는 말씀을 듣고 그대로 카세트테이프에 녹음해서 받아쓴 책입니다.

· 90분짜리 녹음테이프 700여 개에 달하는 말씀으로, 1999년 8월부터 2004년 7월까지 총 160권(권당 288쪽)을 완성하였으며, 그 이후에도 현재까지 계속 말씀을 내려 주고 계십니다.

· 새로운 성경은 "하늘을 두루마리 삼고 바닷물을 먹물 삼아 쓰고 써도 다 못 쓴다"는, 끝없이 방대한 하나님의 말씀이 두루마리로 직접 내려오는 것입니다. 이러한 새로운 성경은 구약과 신약을 폐하려는 것이 아니라 "인봉된 성서의 비유의 뜻"을 상세히 설명하여 완성하고자 하나님께서 직접 내려 주신 말씀입니다.

《새로운 성경》의 구성:

· 제 목: 2013년, 160권 모음집을 발간하면서, 본 도서의 제목을 "하나님! 말씀하옵소서"에서 《새로운 성경》 으로 명해 주셨습니다.

· 단행본: 각 권당 288쪽(신국판) 책이 160권까지 시리즈로 출판됩니다.
(모음집은 단행본을 16권씩 묶어서, 총 10부로 구성됩니다.)

《새로운 성경》의 성경적 근거:

· 신약 성경 [요한복음] 16장 13절에 "진리의 성령이 오시면 그가 너희를 모든 진리 가운데로 인도하시리니 그가 자의로 말하지 않고, 오직 듣는 것만을 말하며" 하신 말씀처럼 하나님의 음성을 들은 것만 기록하였으며,

· "장래 일을 너희에게 알리시리라" 하신 말씀과 같이 개인, 나라, 인류의 "장래"일을 하나님께서 알려 주시는 것만 기록하여 책으로 만들었습니다.

《새로운 성경》의 기록 방법:

· 1999년 8월부터 하나님께서 저에게 들려주시는 음성을 기록하였습니다. 처음에는 제가 들은 말씀을 불러 주면 저의 아내가 기록하여, 2000년 1월 29일에 1권 초판이 세상에 나왔습니다. 2000년 4월부터는 주시는 말씀을 받아 녹음기에 기록하여 시리즈로 출간하기 시작하였습니다.

· 녹음을 시작하면서 하나님의 말씀을 받는 데 가속도가 붙었고, 2001년 5월 3일에 1부(1~16권까지)를 인쇄하여 출판하였으며, 2004년 7월까지 총160권 분량의 말씀을 받아 기록하였습니다.

하나님께서 저에게 주신 것은:

· 첫째, 만백성을 상대로 내려 주시는 "기도", 둘째, 수시로 내려 주시는 "묵상", 셋째, 개인의 과거, 현재, 미래를 알려 주시는 "개인 기도", 넷째, 개인의 건강을 위해서 내려 주시는 "음식 처방", 다섯째, 하나님께서 가르쳐 주신 "운동"등이 있습니다. 이 중에 첫 번째, "기도"를 책으로 편찬하였습니다. 사람의 생사, 개인의 미래에 관한 천기는 수록하지 말라 하셨습니다.

강론 안내:

· 하나님께서는 지금도 매일 저에게 새로운 하늘의 비밀의 말씀을 내려 주고 계십니다. 수시로 내려 주시는 말씀을 정리해서 제자를 육성하라는 말씀에 따라 매주 강론을 하고 있습니다. 누구나 무료로 들으실 수 있습니다. (book160.com)

《새로운 성경》을 읽는 분들에게 드리는 선물:

· 개인 기도: 개인의 과거, 현재, 미래에 관하여 말씀을 내려 주십니다.

· 음식 처방: 사람은 음식을 먹고살다가 건강을 잃으니, 음식과 운동으로 건강을 되찾는 방법을 알려 드립니다. 단, 하나님이 계심을 믿고, 십계명을 지키겠다고 진실로 서약하는 분들께 알려드립니다.

《새로운 성경》의 은혜와 기적:

· 새로운 성경 전160권은 16권씩 묶어서 총 10부의 모음집으로 구성됩니다. 모음집 한 부를 읽고 깨우치는 자에게 하나님께서 다음과 같은 기적이 있다고 하셨습니다.

· "첫째, 그가 죽어 하늘에 갔을 때 그의 죄를 묻지 아니하며, 구원을 받는 위대한 은혜가 있으며, 둘째, 그의 소원과 소망이 이루어지고, 셋째, 죽은 자(부모, 형제, 자식, 사랑하고 은혜 입은 분)의 이름으로 구입한 책을 읽고 누군가 한 사람이 깨우칠 때, 그 죽은 자가 지옥에서 천국으로 구원을 받게 되며, 넷째, 유산, 중절 수술 등으로 태어나지 못한 아이를 위하여 구입한 책을 보고 한 명이 깨우쳤을 때, 그 아이가 사람으로 다시 한 번 태어나는 은혜를 받는다."

· "새로운 성경"을 3회 이상 정성을 다해 정독하는 자, 성서의 비밀을 알게 되고, 세상의 이치를 알게 되며, 세상을 지배하고 통제할 수 있는 지혜를 다 얻게 된다고 하셨습니다. 이 책은 만백성이 정독하고 이웃에게 전하여, 평생 가슴에 묻은 슬픔과 고통의 짐을 벗고 미래를 위한 힘찬 삶을 살아가도록 하는 책입니다.

끝으로

· 하나님께서는 흰 눈이 세상을 덮듯이 새로운 성경을 온 세상에 전하라고 하셨습니다. 《새로운 성경》을 각국어로 번역해서 온 인류에게 구원의 길을 깨우쳐 주고, 그 수익으로 가난하고 어려운 백성을 구제하여, 만백성의 영과 육을 함께 구원하는 선지자의 임무를 수행하라고 저에게 명하셨습니다.

· 하늘에서 내려 주신 말씀의 보화를 만백성에게 나누어 주는 것이 선지자의 임무라고 하셨습니다. 새로운 성경을 통해서 얻는 재물을 사용할 곳도 하나님께서 일일이 명해 주십니다. 모든 재물은 저의 자의로 쓸 수 없고, 하나님께서 명하시는 대로만 쓰여집니다.

· 어떤 명분으로든 십일조나 각종 헌금을 거두어들이지 말라 하셨으며, 국내뿐 아니라 각국에 성전과 단독 서점을 운영하며, 한국의 많은 젊은이들을 전 세계에 지도자로 내보내라고 하셨습니다.

· 우리는 세계적으로 새로운 성경을 보급하며 어려운 이들을 돕는 역사를 해 나갈 것입니다. 지금까지 비록 몇 명 안 되는 제자들과 함께 이러한 일을 역사했지만, 앞으로도 계속 하나님께서 기뻐하시는 일들을 해 나갈 것입니다. 부족한 저희에게 여러분들의 지혜와 성원을 보내 주시기를 바랍니다. 많은 분들의 참여와 도움을 간절히 기다립니다. 감사합니다.

한국어로 내려온 《새로운 성경》 단행본을 출간하며
2016년 4월 10일

발행인 **김 용 철**

한국어로 내려온

새로운 **성 경** · 6부 · 제81권

지은이 하나님 말씀
대역자 김용철

초판인쇄 1쇄 2017년 4월 3일

펴낸 곳 도서출판 하얀마음
등록번호 제 10-2107호 (2001년 2월 14일)
주소 서울시 노원구 덕릉로86길5, 2층
전화번호 02) 313-1114
팩스 02) 393-5554
전자우편 book160@hanmail.net
편집위원 조나영 김미향 이석교
제작지원 김홍숙 이미숙 이미란

도서상담 1600-7527
ISBN 978-89-5875-181-6 (04230)
978-89-5875-100-7 (세 트)

값 10,000원
잘못된 책은 구입하신 곳에서 바꾸어 드립니다.

※이 책은 10부로 제작되며, 각 부 16권씩 총160권으로 구성됩니다.※

1부	2부	3부	4부	5부	**6부**	7부	8부	9부	10부
1권	17권	33권	49권	65권	81권	97권	113권	129권	145권
2권	18권	34권	50권	66권	82권	98권	114권	130권	146권
3권	19권	35권	51권	67권	83권	99권	115권	131권	147권
4권	20권	36권	52권	68권	84권	100권	116권	132권	148권
5권	21권	37권	53권	69권	85권	101권	117권	133권	149권
6권	22권	38권	54권	70권	86권	102권	118권	134권	150권
7권	23권	39권	55권	71권	87권	103권	119권	135권	151권
8권	24권	40권	56권	72권	88권	104권	120권	136권	152권
9권	25권	41권	57권	73권	89권	105권	121권	137권	153권
10권	26권	42권	58권	74권	90권	106권	122권	138권	154권
11권	27권	43권	59권	75권	91권	107권	123권	139권	155권
12권	28권	44권	60권	76권	92권	108권	124권	140권	156권
13권	29권	45권	61권	77권	93권	109권	125권	141권	157권
14권	30권	46권	62권	78권	94권	110권	126권	142권	158권
15권	31권	47권	63권	79권	95권	111권	127권	143권	159권
16권	32권	48권	64권	80권	96권	112권	128권	144권	160권